D1750475

Fabienne Stulz

Rechnungswesen für Kaufleute

1

Jürg Leimgruber | Urs Prochinig

Rechnungswesen für Kaufleute

1

VERLAG:SKV

Dr. Jürg Leimgruber und Dr. Urs Prochinig schlossen ihre Studien an der Universität Zürich mit dem Doktorat ab. Sie verfügen über Abschlüsse als MBA (Master of Business Administration) und MASSHE (Master of Advanced Studies in Secondary and Higher Education). Nebst ihrer wissenschaftlichen Tätigkeit arbeiten sie als Unternehmensberater und als Dozenten in der Erwachsenenbildung. Sie sind Mitglieder verschiedener eidg. Prüfungsgremien.

2. Auflage 2013   ISBN 978-3-286-34512-6

© Verlag SKV AG, Zürich
www.verlagskv.ch

Alle Rechte vorbehalten.
Ohne Genehmigung des Verlages ist es nicht gestattet,
das Buch oder Teile daraus in irgendeiner Form zu reproduzieren.

Umschlag: Brandl & Schärer AG

Klimaneutral gedruckt auf FSC-Papier
Klimaneutral gebunden

Vorwort

Das vorliegende Lehrbuch ist der erste Band eines dreibändigen Werks, das die Lernenden nach abgeschlossenem Studium befähigt, das Rechnungswesen in der Praxis zu verstehen und richtig anzuwenden. Das Lehrmittel berücksichtigt alle für die neue kaufmännische Lehre (E- und M-Profil) formulierten Leistungsziele.

Der erste Band setzt keinerlei Buchhaltungskenntnisse voraus. Er umfasst folgende Teile:

▷ Der **Theorieteil** vermittelt in übersichtlicher Weise die wichtigsten Theoriegrundlagen. Er ist auch für das Selbststudium geeignet.

▷ Der **Aufgabenteil** enthält zu jedem Kapitel vielfältige Aufgabenstellungen mit zahlreichen Lösungshilfen, die ein attraktives Aufgabenlösen und rasches Lernen ermöglichen.

Zur Erreichung der Lernziele des M-Profils dienen die Aufgaben zur Vertiefung.

▷ Mit der speziell entwickelten Software **EasyAccounting** wird die buchhalterische Praxis gebührend berücksichtigt. Das Programm kann beim Verlag gratis im Internet unter **www.verlagskv.ch/EasyAccounting** heruntergeladen werden. Es ist so überschaubar aufgebaut, dass eine Anwendung ohne spezielle Einführung möglich ist.

▷ Es ist ein separater ausführlicher **Lösungsband** erhältlich.

▷ Lehrpersonen können beim Verlag im Internet gratis **Folienvorlagen** für den Unterricht herunterladen. Auf der Homepage des Verlags wird unter «Downloads» auch eine periodisch nachgeführte **Korrigenda** veröffentlicht, die auf Änderungen von gesetzlichen Vorschriften sowie Druckfehler hinweist.

Wir danken allen, die uns mit Rat und Tat bei der Entwicklung dieses modernen Lehrmittels unterstützt haben. Besonderer Dank gebührt René Schmid für die kompetente Produktionsleitung und Theres Schwaiger für die umsichtige Durchsicht des Manuskripts. Aufbauende Kritik freut uns immer.

Nun wünschen wir viel Spass beim Lernen und viel Erfolg beim Anwenden des Gelernten.

Forch und Rafz, September 2013   Jürg Leimgruber
                                    Urs Prochinig

Vorwort zur 2. Auflage

Die bisherige Auflage fand bei der Leserschaft eine gute Aufnahme, sodass die Neuauflage nur wenige Änderungen aufweist und im Unterricht zusammen mit der ersten Auflage verwendet werden kann.

Die beiden Neuerungen sind:

Kapitel 21 Fremde Währung	Zusätzlich wird die Verbuchung von Geschäftsfällen in fremder Währung behandelt, um die Leistungsziele des M-Profils zu erfüllen. Diese ergänzenden Übungen sind als **Aufgaben zur Vertiefung** gekennzeichnet.
Anhang 3 Kontenrahmen KMU	Der neue Kontenrahmen KMU wurde berücksichtigt.

Wir danken für Anregungen und wünschen viel Erfolg.

Forch und Rafz, September 2013   Die Autoren

Inhaltsverzeichnis

			Theorie	Aufgaben
1. Teil		**Das System der doppelten Buchhaltung**	**10**	**75**
	10	Einleitung	11	
	11	Vermögen, Fremd- und Eigenkapital	12	76
	12	Die Bilanz	14	83
	13	Veränderungen der Bilanz durch Geschäftsfälle	18	98
	14	Das Konto	20	106
	15	Journal und Hauptbuch	22	116
	16	Die Erfolgsrechnung	26	130
	17	Doppelter Erfolgsnachweis	32	152
2. Teil		**Kaufmännisches Rechnen**	**35**	**177**
	20	Zinsrechnen	36	178
	21	Fremde Währungen	42	195
3. Teil		**Warenhandel**	**46**	**209**
	30	Wareneinkauf und Warenverkauf	47	211
	31	Dreistufige Erfolgsrechnungen	58	236
	32	Mehrwertsteuer	60	240
	33	Kalkulation im Handel	67	264
Anhang 1		Fallbeispiel mit EasyAccounting		283
Anhang 2		Fachwörterverzeichnis (Glossar)		292
Anhang 3		Kontenrahmen KMU		298

Inhaltsangaben zu Band 2

4. Teil	**Ausgewählte Themen**
40	Abschreibungen
41	Debitorenverluste und Delkredere[1]
42	Rechnungsabgrenzung (Transitorische Konten)
43	Rückstellungen
44	Lohnabrechnungen[1]
45	Wertschriften[1]
46	Immobilien[1]
47	Offenposten-Buchhaltung[1]
5. Teil	**Der Jahresabschluss**
50	Einzelunternehmung
51	Aktiengesellschaft
52	Bewertung und stille Reserven
6. Teil	**Analyse**
60	Break-even-Analyse
61	Bilanz und Erfolgsanalyse

Inhaltsangaben zu Band 3[2]

7. Teil	**Geldflussrechnung**
70	Geldflussrechnung
71	Analyse von Bilanz, Erfolgs- und Geldflussrechnung
8. Teil	**Kostenrechnung**
80	Finanz- und Betriebsbuchhaltung
81	Vollkostenrechnung
82	Teilkostenrechnung

[1] Um den Anforderungen des M-Profils gerecht zu werden, wird der Band 2 ab der 2. Auflage um folgende Themen erweitert: Delkredere, Verbuchung der Löhne, Wertschriften, Immobilien und Offenposten-Buchhaltung.

[2] Band 3 erscheint voraussichtlich auf Anfang 2015.

Theorie

1. Teil Das System der doppelten Buchhaltung

Einleitung

Schon immer waren sich die Menschen der beschränkten Speicherfähigkeit ihres Gehirns bewusst, sodass sie sich wünschten, Tatsachen und Erkenntnisse irgendwie festzuhalten, damit sie nicht verloren gingen.

Die ersten bekannten Schrift- und Zahlzeichen wurden schon im dritten Jahrtausend vor Christus von sumerischen Priestern zum Zweck erfunden, die Einkünfte der Tempelbetriebe auf Tontafeln festzuhalten, also eine Art Buchhaltung zu führen. Auch die alten Ägypter erstellten bereits Verzeichnisse über die Lagerbestände und den Kreditverkehr zur Verwaltung der pharaonischen Speicher und Schatzhäuser.

Je umfangreicher die Geschäftstätigkeit ist, desto wichtiger sind systematische und geordnete Aufzeichnungen über den Güter- und Geldverkehr. Deshalb entwickelte sich die Technik der Buchführung im Laufe der Jahrhunderte immer weiter.

Zu Beginn der wirtschaftlichen Blütezeit der norditalienischen Handelsstädte (Genua, Venedig, Florenz) im hohen Mittelalter trugen die Kaufleute ihre Waren- und Kreditgeschäfte der Reihe nach in so genannte Handlungsbücher ein. Bald schon wurden aber die Einnahmen und Ausgaben, die Zu- und Abnahmen von gegebenen und erhaltenen Krediten sowie die Zu- und Abgänge von Waren nicht mehr nur in zeitlicher Reihenfolge, sondern auch nach sachlichen Gesichtspunkten festgehalten (zum Beispiel aufgeteilt nach Personen oder einzelnen Warengruppen). Damit waren die Konten erfunden. Man führte sie erst auf losen Blättern, dann in Büchern. Von daher stammt der Name «Buchhaltung».

Aus der Überlegung, dass sich zum Beispiel die Rückzahlung eines erhaltenen Krediteszweifach auf die Vermögenslage einer Unternehmung auswirkt (erstens als Abnahme der Schuld und zweitens als Abnahme des Kassenbestandes), leitete man bald einmal ab, jedem Eintrag in ein Konto (zum Beispiel in das Konto «Schulden») müsse ein Eintrag in ein anderes Konto (zum Beispiel in das Konto «Kasse») entsprechen. Dies ist bis heute der Grundgedanke der doppelten Buchhaltung geblieben. Der Franziskanermönch Luca Pacioli hat diese Form der Buchführung 1494 zum ersten Mal zusammenfassend beschrieben.

Für den durch die Industrialisierung im 19. Jahrhundert enorm ausgeweiteten Geschäftsverkehr waren die ursprünglichen Buchungsverfahren mit mehreren Arbeitsgängen je Geschäftsfall zu aufwändig. Die amerikanische Buchführung und die Durchschreibebuchhaltung, die um die Jahrhundertwende aufkamen, brachten hier wesentliche Arbeitserleichterungen, indem sie weniger Eintragungen nötig machten.

Heute wird die Buchhaltung in beinahe allen Betrieben mit elektronischen Geräten – vielfach unter Einsatz von Standard-Software – erstellt. Am System der doppelten Buchhaltung ändert das nichts. Nur wer dieses System wirklich verstanden hat, erkennt hinter den auf dem Bildschirm aufleuchtenden Zahlen die für das Unternehmen wichtigen Informationen und Zusammenhänge.

Vermögen, Fremd- und Eigenkapital

Die Buchhaltung vermittelt einen Überblick über die finanzielle Lage einer Unternehmung. Wie bei Privatpersonen wird auch bei Unternehmungen zwischen Vermögen und Schulden (Fremdkapital) unterschieden. Der Überschuss des Vermögens über die Schulden wird als Reinvermögen (rein im Sinne von netto) oder Eigenkapital bezeichnet und nach folgendem Schema berechnet:

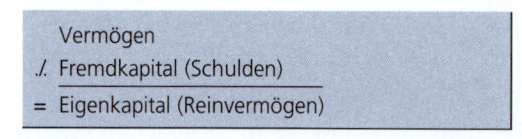

```
   Vermögen
./ Fremdkapital (Schulden)
=  Eigenkapital (Reinvermögen)
```

■ **Beispiel 1** **Vermögensübersicht bei einer Privatperson**

Über die Vermögenslage einer Privatperson sind am 31. Dezember 20_1 folgende Angaben bekannt:

Vermögen	Bargeld	400.–
	Guthaben auf dem Salärkonto bei der UBS	8 600.–
	Wohnungseinrichtung	42 000.–
	Auto	17 000.–
	Schmuck	4 000.–
	Personal Computer (PC)	2 000.–
		74 000.–
./ **Schulden (Fremdkapital)**	Noch nicht bezahlte Rechnungen (Steuern, Zahnarzt, Handy)	– 4 000.–
= **Reinvermögen (Eigenkapital)**		70 000.–

Die Vermögenslage dieser Privatperson kann grafisch wie folgt dargestellt werden:

```
              ┌─────────────────────────┐
              │ Schulden        4 000.– │
              ├─────────────────────────┤
Vermögen  74 000.– │                         │
              │ Reinvermögen   70 000.– │
              │                         │
              └─────────────────────────┘
```

Vermögen, Fremd- und Eigenkapital **11**

■ **Beispiel 2** **Vermögensübersicht bei einer Unternehmung**

Einen guten Einblick in die Vermögenslage einer Unternehmung erhält man aufgrund des Inventars. Unter **Inventar** versteht man ein detailliertes Verzeichnis aller Vermögens- und Schuldenteile. Die buchführungspflichtigen Unternehmungen müssen gemäss Obligationenrecht (OR) am Ende jedes Geschäftsjahres ein Inventar aufnehmen. Diese Tätigkeit nennt man Inventur.

Im Folgenden ist das **Inventar eines CD-Shops** (Verkauf von Compactdiscs) vom 31. Dezember 20_1 abgebildet:

Vermögen	Kassabestand		4 000.–
	Guthaben bei der Post		6 000.–
DEBITOREN sind die Personen, die mir Geld schulden	Guthaben gegenüber Kunden (unbezahlte Rechnungen)		
	▷ Wildcat-Disco, Cham	400.–	
	▷ West-End-Dancing, Zug	600.–	1 000.–
	Vorräte an Compactdiscs zu Einkaufspreisen		
	▷ 400 Stück zu Fr. 15.–	6 000.–	
	▷ 500 Stück zu Fr. 18.–	9 000.–	
	▷ 200 Stück zu Fr. 20.–	4 000.–	19 000.–
	Ladeneinrichtung		
	▷ 4 CD-Abspielgeräte mit Kopfhörern zu Fr. 1500.–	6 000.–	
	▷ 7 Regale zu Fr. 1 000.–	7 000.–	
	▷ 5 Stühle zu Fr. 400.–	2 000.–	
	▷ 1 Verkaufskorpus	3 000.–	
	▷ 1 Personal Computer	2 000.–	20 000.–
	Geschäftsliegenschaft		450 000.–
			500 000.–
./. Fremdkapital (Schulden)	*KREDITOREN sind die Personen denen ICH Geld schulde* Schulden gegenüber Lieferanten (unbezahlte Rechnungen)		
	▷ Polydor International GmbH, Hamburg	– 4 400.–	
	▷ Atlantic Recording Corporation, London	– 5 600.–	– 10 000.–
	Hypothekardarlehen① von der Zuger Kantonalbank		–190 000.–
= Eigenkapital (Reinvermögen)			300 000.–

Grafisch lässt sich die Vermögenslage dieser Unternehmung wie folgt veranschaulichen:

	Fremdkapital 200 000.– (Schulden)
Vermögen 500 000.–	Eigenkapital 300 000.– (Reinvermögen)

① Darlehen, bei dem die Liegenschaft als Pfand haftet.

Die Bilanz

In der Buchhaltung verwendet man für das Vermögen den Ausdruck **Aktiven.** Fremdkapital und Eigenkapital zusammen bilden die **Passiven.**

In der **Bilanz** werden die Aktiven und Passiven einander gegenübergestellt. Dabei werden die im Inventar detailliert aufgeführten Vermögens- und Schuldenteile in Form von verschiedenen Bilanzpositionen zusammengefasst.

■ **Beispiel**

Aufgrund des Inventars des CD-Shops auf Seite 13 kann durch Zusammenzug der einzelnen Vermögens- und Schuldenteile die Bilanz vom 31. Dezember 20_1 errichtet werden:

Bilanz vom 31. Dezember 20_1[1]
Aktiven[2]   Passiven[3]

Umlaufvermögen			Fremdkapital		
Kasse	4 000		Kreditoren[5]	10 000	
Post	6 000		Hypotheken	190 000	200 000
Debitoren[4]	1 000				
Vorräte	19 000	30 000			
Anlagevermögen			**Eigenkapital**		
Mobilien[6]	20 000		Eigenkapital		300 000
Immobilien[7]	450 000	470 000			
		500 000[8]			500 000[8]

Im Begriff Bilanz steckt das italienische Wort *bilancia* (Waage), womit ausgedrückt werden soll, dass die Summe der Aktiven mit der Summe der Passiven im Gleichgewicht steht.

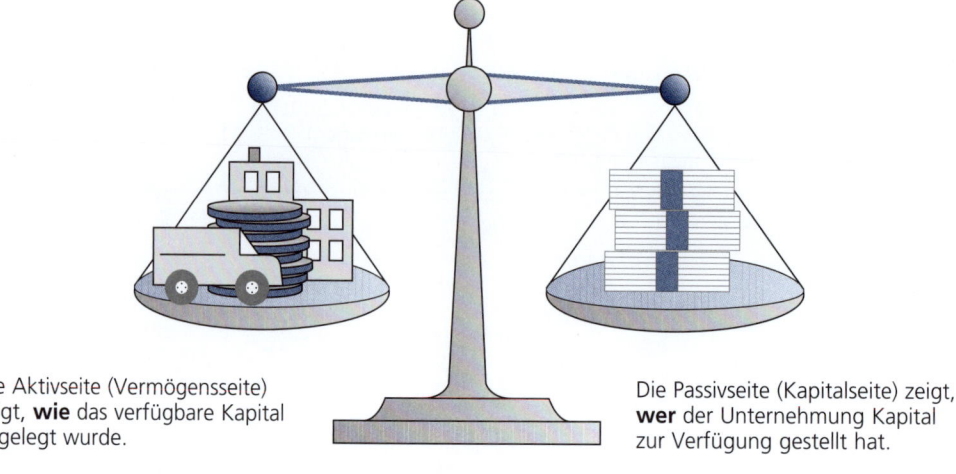

Die Aktivseite (Vermögensseite) zeigt, **wie** das verfügbare Kapital angelegt wurde.

Die Passivseite (Kapitalseite) zeigt, **wer** der Unternehmung Kapital zur Verfügung gestellt hat.

Die Bilanz

① Die Bilanz wird immer auf einen bestimmten Zeitpunkt erstellt. Sie ist einer Fotografie vergleichbar, die nur einen Augenblick festhalten kann. Der häufigste **Bilanzstichtag** ist der 31. Dezember.

② Aktiven (Vermögen) | ③ Passiven (Kapital)

Aktiven (Vermögen)

Die Aktiven zeigen das für die Unternehmungstätigkeit zur Verfügung stehende **Vermögen**. Sie werden in Umlauf- und Anlagevermögen gegliedert.

Umlaufvermögen

Zum Umlaufvermögen gehören die flüssigen Mittel (Kasse, Post, Bankguthaben) und die Vermögensteile (z.B. Debitoren, Vorräte), die innerhalb eines Jahres zur Umwandlung in flüssige Mittel bestimmt sind.

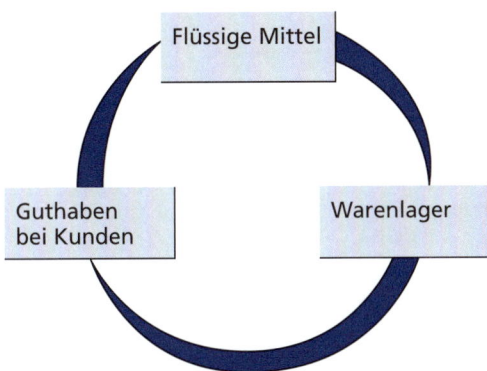

Das Umlaufvermögen wird nach der Liquidierbarkeit geordnet: Zuerst werden die liquiden (flüssigen) Mittel aufgeführt, dann jene Vermögensteile, die am schnellsten in liquide Mittel umgewandelt werden sollen.

Anlagevermögen

Das Anlagevermögen, auch stehendes Vermögen genannt, umfasst die Vermögensteile, die der Unternehmung für lange Zeit (meistens über ein Jahr) zur Nutzung bereitstehen (z.B. Büroeinrichtung, Geschäftsliegenschaft).

Passiven (Kapital)

Die Passiven zeigen die Ansprüche der Geldgeber am Unternehmungsvermögen. Sie werden in Fremd- und Eigen**kapital** gegliedert.

Fremdkapital (Schulden)

Unter Fremdkapital oder Schulden werden die Ansprüche aussenstehender Geldgeber am Unternehmungsvermögen zusammengefasst. Das Fremdkapital wird nach der Fälligkeit der Rückzahlung geordnet (früher fällige Ansprüche werden zuerst aufgezählt).

Eigenkapital (Reinvermögen)

Unter Eigenkapital versteht man die Eigentümeransprüche am Unternehmungsvermögen. Es entspricht der Differenz zwischen den Aktiven und dem Fremdkapital:

Aktiven (Vermögen)
./. Fremdkapital (Schulden)
= Eigenkapital (Reinvermögen)

④ **Debitoren** sind Guthaben gegenüber Kunden. Sie entstehen aus Verkäufen, die nicht sofort bar bezahlt werden. Debitoren werden auch Forderungen aus Lieferungen und Leistungen genannt.

⑤ **Kreditoren** sind Schulden bei Lieferanten. Sie entstehen aus Käufen, die nicht sofort bezahlt werden. Kreditoren werden auch Verbindlichkeiten aus Lieferungen und Leistungen genannt.

⑥ **Mobilien** ist ein übergeordneter Begriff und umfasst das Mobiliar (= Büro- und Ladeneinrichtungen), EDV-Anlagen und manchmal auch Fahrzeuge.

⑦ **Immobilien** sind Liegenschaften. Sie umfassen die Gebäude (manchmal nur Stockwerke) und Grundstücke.

⑧ Die **Bilanzsumme** stellt das Total der in Franken bewerteten Aktiven dar, das dem Total der Passiven entsprechen muss.

Die Bilanz

Oft ist aus der Zusammensetzung der Aktiven und teilweise auch der Passiven die Zugehörigkeit zu einem **Wirtschaftssektor** bzw. einer Branche erkennbar.

Wirtschaftssektoren

Primärer Wirtschaftssektor (Urproduktion)

Beispiele:
▷ Landwirtschaft, Fischerei
▷ Energieerzeugung
▷ Bergbau

Kraftwerk

Bilanz 31. 12. 20_1

Aktiven		Passiven	
Umlaufvermögen		**Fremdkapital**	
Flüssige Mittel[1]	5	Kreditoren	10
Debitoren	6	Hypothek	20
Vorräte	4	Obligationen	40
Anlagevermögen		**Eigenkapital**	
Mobilien	5	Eigenkapital	30
Maschinen	20		
Immobilien	60		
	100		100

Beim Kraftwerk ist der hohe Anteil des Anlagevermögens an der gesamten Bilanzsumme typisch.

Da der Bau eines Kraftwerkes sehr teuer ist, werden für die Kapitalbeschaffung oft Obligationenanleihen ausgegeben. Das sind langfristige Darlehen in Wertpapierform.

Sekundärer Wirtschaftssektor (Verarbeitung)

Beispiele:
▷ Industrie (z. B. Chemie, Textil, Maschinenbau)
▷ Handwerk

Fabrikationsbetrieb

Bilanz 31. 12. 20_1

Aktiven		Passiven	
Umlaufvermögen		**Fremdkapital**	
Flüssige Mittel[1]	5	Kreditoren	30
Debitoren	15	Hypothek	20
Rohmaterial	10		
Fertigfabr.	10		
Anlagevermögen		**Eigenkapital**	
Mobilien	5	Eigenkapital	50
Maschinen	20		
Immobilien	35		
	100		100

Ein Fabrikationsbetrieb (Produktionsbetrieb) kauft Rohmaterial ein und stellt mithilfe von Arbeitskraft und Maschinen ein neues Produkt (Erzeugnis, Fabrikat) her. Deshalb setzen sich die Vorräte bei Industriebetrieben aus Rohmaterial und Fertigfabrikaten zusammen, und die Maschinen sind eine wesentliche Bilanzposition.

Tertiärer Wirtschaftssektor (Dienstleistungen)

Beispiele:
▷ Handel
▷ Banken, Versicherungen
▷ Verkehr, Gastgewerbe

Handelsbetrieb

Bilanz 31. 12. 20_1

Aktiven		Passiven	
Umlaufvermögen		**Fremdkapital**	
Flüssige Mittel[1]	5	Kreditoren	30
Debitoren	15	Hypothek	20
Waren	40		
Anlagevermögen		**Eigenkapital**	
Mobilien	5	Eigenkapital	50
Immobilien	35		
	100		100

Ein Handelsbetrieb kauft Waren ein und verkauft diese an seine Kunden weiter, ohne die Waren zu verändern. Im Handelsbetrieb werden deshalb normalerweise keine Maschinen eingesetzt. (Ausnahmen sind z. B. Verpackungsmaschinen und Maschinen für kleinere Reparaturen.)

[1] Zu den flüssigen Mitteln zählen die Bargeldbestände sowie die Post- und Bankguthaben.

Die Bilanz — 12

Die Zusammensetzung des Eigenkapitals gibt Auskunft über die **Rechtsform**[1] einer Unternehmung.

Einzelunternehmung

Bilanz 31. 12. 20_1

Aktiven			Passiven		
Umlaufvermögen			**Fremdkapital**		
Flüssige Mittel	5		Kreditoren	20	
Debitoren	20		Hypotheken	30	50
Vorräte	30	55			
Anlagevermögen			**Eigenkapital**[2]		
Mobilien	5		Eigenkapital		50
Immobilien	40	45			
		100			100

Aktiengesellschaft

Bilanz 31. 12. 20_1

Aktiven			Passiven		
Umlaufvermögen			**Fremdkapital**		
Flüssige Mittel	5		Kreditoren	20	
Debitoren	20		Hypotheken	30	50
Vorräte	30	55			
Anlagevermögen			**Eigenkapital**[3]		
Mobilien	5		Aktienkapital	30	
Immobilien	40	45	Reserven	18	
			Gewinnvortrag	2	50
		100			100

[1] Die verschiedenen Rechtsformen von Unternehmungen sind im Obligationenrecht geregelt. Die Wahl einer bestimmten Rechtsform ist abhängig von verschiedenen Gesichtspunkten:
  ▷ Grösse der Unternehmung, Kapitalbedarf
  ▷ Haftung/Risiko für die Unternehmer
  ▷ Steuerliche Belastung
  ▷ Wunsch nach Anonymität der Unternehmer
  ▷ Regelung der Nachfolge/Erbschaft

[2] Die Einzelunternehmung gehört einem einzelnen Geschäftsinhaber (bzw. einer einzelnen Geschäftsinhaberin). Darum ist das Eigenkapital nicht weiter gegliedert.

[3] Zur Gründung einer Aktiengesellschaft braucht es mindestens ein Aktionär. Das Aktienkapital entspricht dem Grundkapital, das die Aktionäre einbezahlt haben. Wenn die Aktiengesellschaft Gewinne erzielt und diese zurückbehält (nicht an die Aktionäre ausschüttet), entstehen Reserven. Der Gewinnvortrag ist unverteilter Gewinn.

13

Veränderungen der Bilanz durch Geschäftsfälle

Die Bilanz ist eine Momentaufnahme des Vermögens- und Kapitalbestandes einer Unternehmung zu einem bestimmten Zeitpunkt. Während des Geschäftsjahres verändert sich die Bilanz durch Geschäftsfälle.

■ **Beispiel**

T. Schwaiger gründet am 1. September 20_1 ein kleines Treuhandbüro. Sie leistet aus ihrem Privatvermögen eine Kapitaleinlage von Fr. 50000.– auf das Bankkonto des Geschäfts.

Wie lautet die Bilanz nach der Geschäftseröffnung, und wie verändert sich die Bilanz durch die nachfolgenden Geschäftsfälle?

Veränderungen der Bilanz — 13

Geschäftsfälle	Bilanzen				Auswirkungen in der Bilanz
1.9. Eröffnung durch Einzahlung von Fr. 50 000.–	**Bilanz vom 1. 9. 20_1** Aktiven — *Bank / EK 50'000.–* — Passiven				
	Bank	50 000	Eigenkapital	50 000	+ Aktiven + Passiven Die Bilanzsumme wird grösser. (Kapitalbeschaffung)
2.9. Kauf von Mobilien für Fr. 40 000.– auf Kredit	**Bilanz vom 2. 9. 20_1** Aktiven — *Mobilien / Kreditoren 40'000.–* — Passiven				
	Bank Mobilien	50 000 40 000 90 000	Kreditoren Eigenkapital	40 000 50 000 90 000	+ Aktiven + Passiven Die Bilanzsumme wird grösser. (Kapitalbeschaffung)
5.9. Bankzahlung an die Kreditoren Fr. 15 000.–	**Bilanz vom 5. 9. 20_1** Aktiven — *Kreditoren / Bank 15'000.–* — Passiven				
	Bank Mobilien	35 000 40 000 75 000	Kreditoren Eigenkapital	25 000 50 000 75 000	– Aktiven – Passiven Die Bilanzsumme wird kleiner. (Kapitalrückzahlung)
8.9. Barbezug ab dem Bankkonto Fr. 5 000.–	**Bilanz vom 8. 9. 20_1** Aktiven — *Kasse / Bank 5000.–* — Passiven				
	Kasse Bank Mobilien	5 000 30 000 40 000 75 000	Kreditoren Eigenkapital	25 000 50 000 75 000	+ Aktiven – Aktiven Die Bilanzsumme bleibt unverändert (Aktivtausch).
9.9. Umwandlung eines Lieferantenkredites von Fr. 10 000.– in ein langfristiges Darlehen	**Bilanz vom 9. 9. 20_1** Aktiven — *Kreditoren / Darlehen 10'000.–* — Passiven				
	Kasse Bank Mobilien	5 000 30 000 40 000 75 000	Kreditoren Darlehen Eigenkapital	15 000 10 000 50 000 75 000	+ Passiven – Passiven Die Bilanzsumme bleibt unverändert (Passivtausch).

Bei all diesen Geschäftsfällen bleibt die Bilanzgleichung (Summe der Aktiven = Summe der Passiven) erhalten, da durch einen Geschäftsfall zugleich zwei Bilanzpositionen verändert werden.

Das Konto

Durch die Geschäftsfälle werden die Aktiven und Passiven laufend verändert. Es wäre natürlich viel zu aufwändig, nach jedem Geschäftsfall wieder eine neue Bilanz zu erstellen. In der Praxis werden die Vorgänge deshalb nur gerade bei jenen Bilanzpositionen festgehalten, die sich durch den Geschäftsfall verändern. Dazu führt man für jeden Bilanzposten **ein Konto**, d. h. eine zweiseitige Rechnung für die Aufzeichnung der durch die Geschäftsfälle verursachten Zu- und Abnahmen. Die Regeln für die Verbuchung von Zu- und Abnahmen ergeben sich durch die Verknüpfung der Aktiv- und Passivkonten mit der Bilanz.

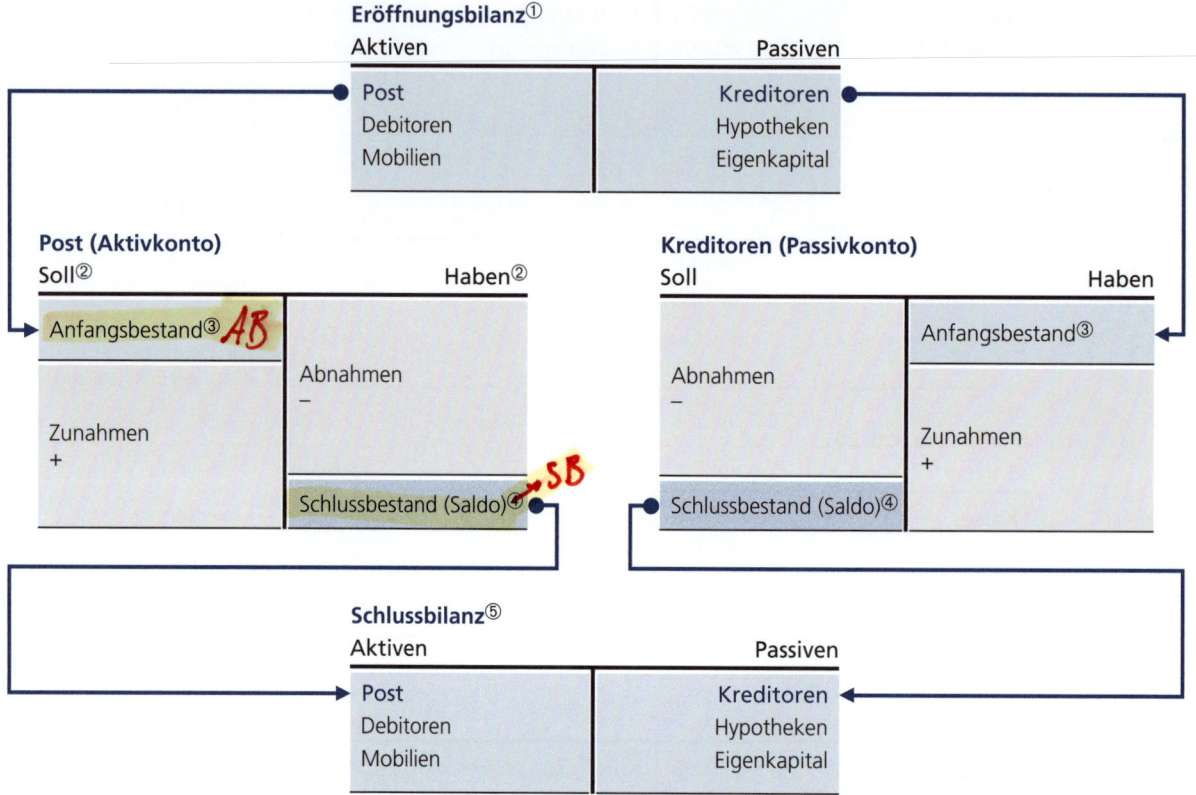

① Unter Eröffnungsbilanz versteht man die Bilanz, mit welcher eine neue Rechnungsperiode eröffnet wird. Das Datum in der Eröffnungsbilanz ist meist der 1. Januar als Beginn des neuen Geschäftsjahres.

② Die linke Seite eines Kontos wird immer mit Soll bezeichnet, die rechte Seite immer mit Haben. Diese Bezeichnungen basieren auf einer falschen Übersetzung aus dem Italienischen und haben ausser links und rechts keine weitere Bedeutung.

③ Die Anfangsbestände in den Konten werden aus der Eröffnungsbilanz übernommen. Die Anfangsbestände stehen im Konto auf derselben Seite wie das Konto in der Bilanz, deshalb werden die Aktivkonten im Soll (links) eröffnet und die Passivkonten im Haben (rechts).

Das Konto

14

Die folgenden zwei Beispiele zeigen die Verbuchung der Geschäftsfälle in den Aktiv- und Passivkonten (welche hier monatlich abgeschlossen werden). Nebst den Spalten für Soll und Haben gehören zu einem Konto auch das Datum sowie der Text. Oft wird in einer zusätzlichen Spalte laufend der Saldo nachgeführt.

■ Beispiel 1   Post (Aktivkonto)

Datum	Text (Geschäftsverkehr)	Soll	Haben	Saldo
1. 1.	Anfangsbestand (Saldovortrag)	8 000		8 000
8. 1.	Überweisung an Kreditor D. Fluder		3 000	5 000
8. 1.	Barbezug am Postomaten		1 000	4 000
11. 1.	Überweisung von Debitor S. Schmitt	5 000		9 000
22. 1.	Belastung Swisscom		600	8 400
31. 1.	Schlussbestand (Saldo)		**8 400**	
		13 000	13 000	
1. 2.	Anfangsbestand (Saldovortrag)	8 400		8 400

■ Beispiel 2   Kreditoren (Passivkonto)

Datum	Text (Geschäftsverkehr)	Soll	Haben	Saldo
1. 4.	Anfangsbestand (Saldovortrag)		13 000	13 000
15. 4.	Banküberweisung an Lieferant U. Matter AG	6 000		7 000
16. 4.	Rechnung von Lieferant Elektro GmbH		3 000	10 000
19. 4.	Rabatt von Lieferant Elektro GmbH	600		9 400
30. 4.	Schlussbestand (Saldo)	**9 400**		
		16 000	16 000	
1. 5.	Anfangsbestand (Saldovortrag)		9 400	9 400

Die Buchungsregeln für die Aktiv- und Passivkonten sind spiegelbildlich.

④ Die Schlussbestände (auch Salden genannt) ergeben sich in den Konten als Differenz zwischen Soll- und Habenseite. Sie gleichen das Konto aus und werden in die Schlussbilanz übertragen.

⑤ Unter Schlussbilanz versteht man die Momentaufnahme aller Vermögens- und Kapitalbestände einer Unternehmung am Ende einer Rechnungsperiode, meist am Schluss des Geschäftsjahres am 31. Dezember. Zur besseren Überwachung des Geschäftsganges werden vor allem bei mittleren und grossen Unternehmungen auch Monats- oder Quartalsabschlüsse durchgeführt. Die Schlussbilanz wird immer zur Eröffnungsbilanz für die neue Periode.

Journal und Hauptbuch

Unter **Hauptbuch** versteht man die Gesamtheit aller für die Verbuchung der Geschäftsfälle notwendigen Konten.

Mithilfe des Hauptbuchs kann der Geschäftsverkehr des Treuhandbüros T. Schwaiger vom September 20_1 (siehe Kapitel 13) wie folgt aufgezeichnet werden:

Hauptbuch

Geschäftsfälle	Kasse S	Kasse H	Bank S	Bank H	Mobilien S	Mobilien H	Kreditoren S	Kreditoren H	Darlehen S	Darlehen H	Eigenkapital S	Eigenkapital H
1.9 Geschäftsgründung durch Bankeinzahlung			50 000									50 000
2.9 Kauf von Mobilien für Fr. 40 000.– auf Kredit					40 000			40 000				
5.9 Bankzahlung an die Kreditoren Fr. 15 000.–				15 000			15 000					
8.9 Barbezug ab dem Bankkonto Fr. 5 000.–	5 000			5 000								
9.9 Umwandlung eines Lieferantenkredites von Fr. 10 000.– in ein langfristiges Darlehen							10 000			10 000		
30.9 Abschluss (Salden)		5 000		30 000		40 000	15 000			10 000	50 000	
	5 000	5 000	50 000	50 000	40 000	40 000	40 000	40 000	10 000	10 000	50 000	50 000

Schlussbilanz 30. 9. 20_1

Aktiven		Passiven	
Kasse	5 000	Kreditoren	15 000
Bank	30 000	Darlehen	10 000
Mobilien	40 000	Eigenkapital	50 000
	75 000		75 000

Jeder Geschäftsfall bewirkt eine Soll- und eine Habenbuchung. Daraus ergibt sich: Die Summe aller Solleintragungen entspricht der Summe aller Habeneintragungen.

Total Soll = Total Haben

Grundlage für die Verbuchung des einzelnen Geschäftsfalls bildet der **Buchungsbeleg**. Das ist ein Dokument, welches den Geschäftsfall und seine Verbuchung nachweist (belegt). Beispiele für Belege sind:

▷ die Faktura an einen Kunden
▷ die Faktura eines Lieferanten
▷ die Quittung für eine Barzahlung
▷ die Belastungs- oder Gutschriftsanzeige einer Bank
▷ der Kontoauszug der Post

Auf den Belegen wird durch die Buchhalterin bzw. den Buchhalter die **Kontierung** vermerkt. Die Kontierung gibt an, in welchen Konten der Geschäftsfall zu verbuchen ist. In der Praxis werden die Belege zwecks Kontierung oft mit einem so genannten **Kontierungsstempel** abgestempelt, der Platz für folgende Eintragungen bietet:

▷ Sollbuchung (Im Beispiel auf der nächsten Seite erfolgt die Sollbuchung im Konto Kreditoren.①)
▷ Habenbuchung (Im Beispiel auf der nächsten Seite erfolgt die Habenbuchung im Konto Bank.①)
▷ Betrag (im folgenden Beispiel Fr. 15 000.–)
▷ Visa (Unter Visum versteht man die Kurzunterschrift der zuständigen Person. Visum 1 wird zum Beispiel durch die verantwortliche Linienperson erteilt und Visum 2 durch die Buchhalterin. Zum Visum gehört auch das aktuelle Datum.)
▷ Belegnummer (Diese gewährleistet eine eindeutige Zuordnung von Beleg und Buchung. Sie wird auch als Ordnungsmerkmal für die Ablage gebraucht.)

Ein Beispiel für einen Beleg mit Kontierungsstempel finden Sie auf der nächsten Seite.

---

① Zur Bezeichnung eines Kontos werden in diesem Lehrbuch die Kontennamen verwendet. In der Praxis erfolgt die Kontenbezeichnung meist mit Nummern. Die Zuordnung der Kontennummern zu den Kontennamen ist im **Kontenplan** ersichtlich. Der Kontenplan ist ein übersichtlich gegliedertes und systematisch geordnetes Verzeichnis aller Konten, die in einer Unternehmung verwendet werden. Ein Beispiel für einen Kontenplan finden Sie zuhinterst in diesem Buch. In jenem Kontenplan trägt das Konto Bank zum Beispiel die Kontennummer 1020 oder 2100 und das Konto Kreditoren die Kontennummer 2000.

Journal und Hauptbuch 15

■ Beispiel Für die Überweisung von Fr. 15 000.– an den Möbellieferanten schickt die Zürcher Kantonalbank am 5. 9. 20_1 eine Belastungsanzeige, die vom Treuhandbüro T. Schwaiger mit einem Kontierungsstempel versehen und kontiert wird.

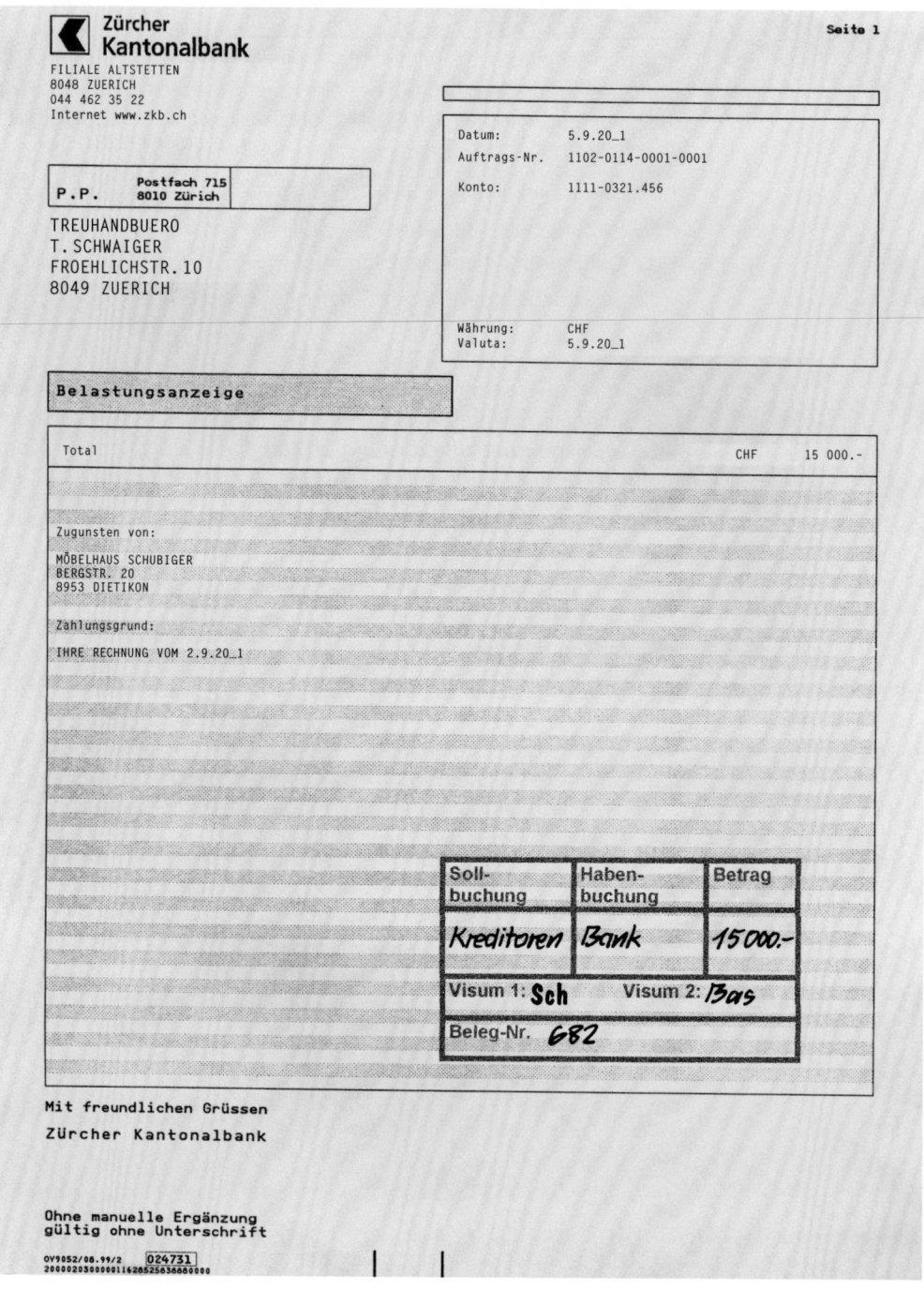

Journal und Hauptbuch 15

Um die Verbuchung eines Geschäftsfalls so kurz wie möglich darzustellen, bedient man sich des **Buchungssatzes**. Der Buchungssatz ist gleich aufgebaut wie der Kontierungsstempel: Zuerst wird jenes Konto aufgeführt, in das die Solleintragung erfolgt, und nachher das Konto mit der Habenbuchung.

Die auf der linken Seite dargestellte Belastungsanzeige der Bank für die Zahlung an einen Kreditor wird beispielsweise mithilfe des Buchungssatzes wie folgt dargestellt:

■ **Beispiel**

Kreditoren	/①	**Bank**	**Fr. 15 000.–**
(Sollbuchung)		(Habenbuchung)	(Betrag)

Die Aufzeichnung der Geschäftsfälle in chronologischer (d.h. zeitlich geordneter) Reihenfolge geschieht im **Journal**. Nebst dem Buchungsdatum und dem Text für die Beschreibung der Geschäftsfälle enthält das Journal die Buchungssätze.

Journal und Hauptbuch werden nebeneinander geführt: Im Journal werden die Geschäftsfälle in zeitlicher Reihenfolge festgehalten; im Hauptbuch werden die Geschäftsfälle nach Konten geordnet aufgezeichnet. Wenn die Buchhaltung am Computer erfolgt, muss die Buchhalterin bzw. der Buchhalter nur das Journal führen; das Hauptbuch wird aufgrund der Journal-Buchungen automatisch durch das EDV-System erstellt.

Die Geschäftsfälle des Treuhandbüros T. Schwaiger (siehe Seite 22) werden im Journal wie folgt verbucht:

Journal

Datum	Text (Geschäftsfälle)	Buchungssatz		
		Soll	Haben	Betrag
1. 9	Kapitaleinlage auf Bank	Bank	Eigenkapital	50 000
2. 9	Kauf von Mobilien auf Kredit	Mobilien	Kreditoren	40 000
5. 9	Bankzahlung an die Kreditoren	Kreditoren	Bank	15 000
8. 9	Barbezug ab dem Bankkonto	Kasse	Bank	5 000
9. 9	Umwandlung eines Lieferantenkredites in ein langfristiges Darlehen	Kreditoren	Darlehen	10 000

① Schriftlich werden die Soll- und die Habeneintragung durch einen Schrägstrich voneinander getrennt. Mündlich liest man diesen Buchungssatz: «Kreditoren **an** Bank, 15000». Dabei ist das Wort «an» ein bedeutungsloses Füllwort, das die Trennung von Soll- und Habenbuchung zum Ausdruck bringt.

Die Erfolgsrechnung

Die bisherigen Geschäftsfälle bewirkten nur Vermögens- und Kapitalveränderungen. Buchungen innerhalb der Aktiven und Passiven führen aber weder zu Gewinnen noch zu Verlusten. Ziel der meisten Unternehmungen ist es jedoch, Güter und Dienstleistungen so zu produzieren und zu verkaufen, dass Gewinne entstehen.

Die Erfolgsrechnung als Gegenüberstellung von Aufwand und Ertrag

Die Produktion und der Verkauf von Gütern und Dienstleistungen verursachen Aufwände und Erträge, welche einander in der Erfolgsrechnung gegenübergestellt werden. Als Differenz resultiert der **Erfolg,** d.h. ein Gewinn oder ein Verlust.

Die Erfolgsrechnung ist immer auf einen **Zeitraum** bezogen. Je nach Unternehmung wird sie monatlich, viertel-, halb- oder jährlich erstellt.

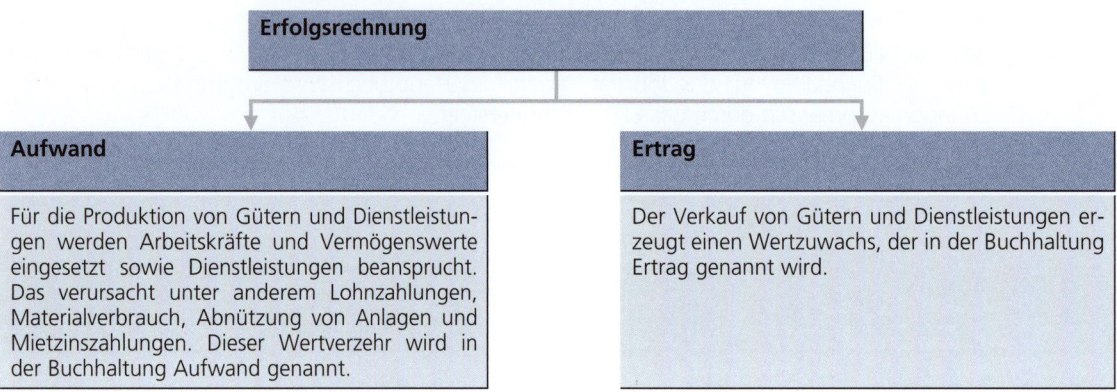

Die Erfolgsrechnung 16

■ **Beispiel 1**   Erfolgsrechnung① der Treuhandunternehmung T. Schwaiger für das Jahr 20_2.

Erfolgsrechnung für 20_2

Aufwand			Ertrag
Personalaufwand	65 000	Honorarertrag	100 000
Mietaufwand	12 000		
Zinsaufwand	1 000		
Werbeaufwand	4 000		
Büromaterialverbrauch	3 000		
Abschreibungen auf Mobilien②	5 000		
Übriger Betriebsaufwand	6 000		
Gewinn③	**4 000**		
	100 000		100 000

① Die Erfolgsrechnung wird auch als Gewinn- und Verlustrechnung bezeichnet, da sie als Saldo den Gewinn bzw. Verlust zeigt.

Für die Reihenfolge der Aufwands- und Ertragspositionen gibt es weniger klare Richtlinien als bei der Bilanzgliederung. Häufig werden sie nach ihrer Bedeutung eingereiht. In vielen Branchen werden die Erfolgsrechnungen nach einheitlichem Muster erstellt.

② Anlagegüter wie Fahrzeuge, Mobilien, Maschinen und Immobilien, die während mehrerer Jahre genutzt werden können, werden beim Kauf als Zunahme des Anlagevermögens gebucht. Der Wertverzehr infolge Abnutzung oder technischer Veralterung wird als Abschreibungsaufwand berücksichtigt.

③ Der Erfolg ist als Saldo zum Ausgleich der Erfolgsrechnung eingetragen. Im Gegensatz zum allgemeinen Sprachgebrauch, wo «erfolgreich sein» als etwas Positives empfunden wird, ist in der Buchhaltung auch ein negativer Erfolg, d.h. ein Verlust, möglich.

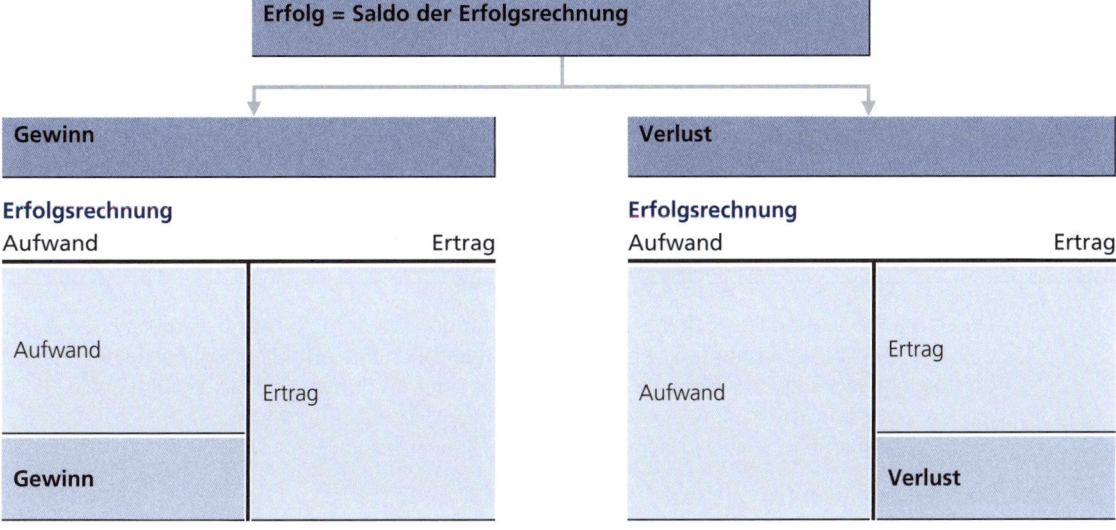

Die Erfolgsrechnung

Der Einfluss von Aufwand und Ertrag auf das Reinvermögen

Das Eigenkapital oder Reinvermögen einer Unternehmung errechnet sich als Saldo zwischen dem Vermögen (Aktiven) und den Schulden (Fremdkapital). Erfolgswirksame Geschäftsfälle (das sind Geschäftsfälle, die den Erfolg verändern) beeinflussen immer das Reinvermögen:

Bilanz

Aktiven	Passiven
Umlaufvermögen	Fremdkapital (Schulden)
Anlagevermögen	Eigenkapital (Reinvermögen)

> Aufwandsbuchungen führen zu einer Abnahme des Reinvermögens (man wird «ärmer»). Ertragsbuchungen führen zu einer Zunahme des Reinvermögens (man wird «reicher»).

Wie für die Aktiven und Passiven werden auch für Aufwand und Ertrag eigene Konten geführt. Anlass für die Verbuchung ist während des Jahres meistens ein Zahlungsvorgang oder eine Rechnungsstellung. Die Buchungsregeln ergeben sich zwangsläufig aus ihrer Verbindung mit den Aktiv- und Passivkonten.

■ **Beispiel 2**   Welche Auswirkungen haben die folgenden Aufwandsbuchungen im Treuhandbüro T. Schwaiger?

Aufwandsverbuchung

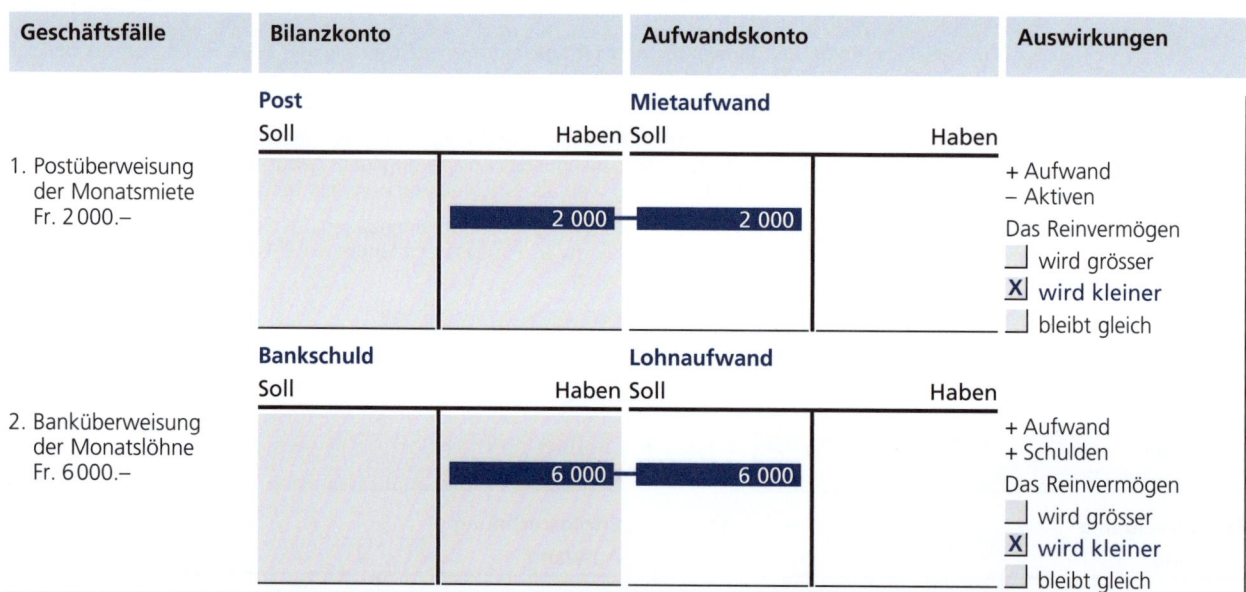

Durch die Produktion von Gütern und Dienstleistungen entsteht Aufwand. Dieser wird auf der Sollseite der Aufwandskonten verbucht. Die Gegenbuchung erfolgt im Haben eines Bilanzkontos: entweder als Abnahme eines Aktivkontos oder als Zunahme eines Schuldkontos.

> Aufwände sind Vermögensabnahmen oder Schuldzunahmen. Sie werden in den Aufwandskonten immer im Soll gebucht.

Die Erfolgsrechnung 16

■ **Beispiel 3** Welche Auswirkungen haben die folgenden Ertragsbuchungen im Treuhandbüro T. Schwaiger?

Ertragsverbuchung

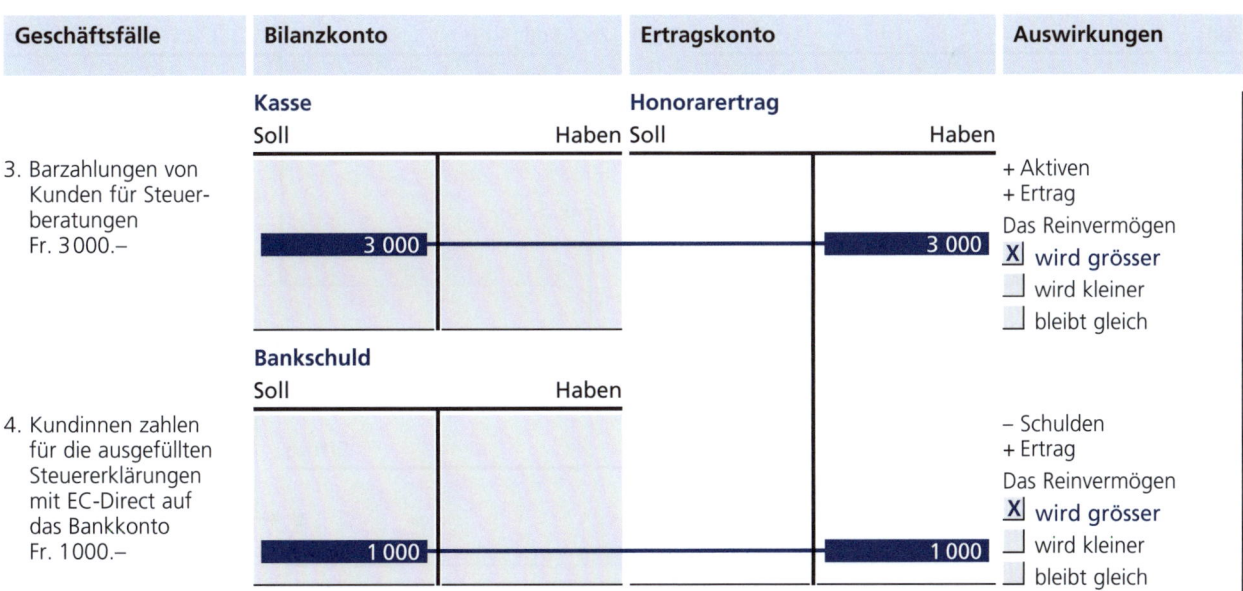

Durch den Verkauf von Gütern und Dienstleistungen entsteht Ertrag. Dieser wird auf der Habenseite der Ertragskonten verbucht. Die Gegenbuchung erfolgt im Soll eines Bilanzkontos: entweder als Zunahme eines Aktivkontos oder als Abnahme eines Schuldkontos.

> Erträge sind Vermögenszunahmen oder Schuldabnahmen. Sie werden in den Ertragskonten immer im Haben gebucht.

Die Erfolgsrechnung 16

Aufwands- und Ertragskonten①

Die Verbuchung in den Aufwands- und Ertragskonten kann an den Beispielen Unterhalt und Reparaturen sowie Verkaufsertrag wie folgt dargestellt werden:

Unterhalt und Reparaturen (Aufwand)

Datum	Text	Soll	Haben
25. 1.	Rechnung der Mechanik AG für Servicearbeiten	2 000	
24. 2.	Rechnung der Sanitas GmbH für Unterhaltsarbeiten	600	
24. 2.	Nachträglich gewährter Rabatt von 10% durch die Mechanik AG		200
25. 3.	Barzahlung für Reparaturen	150	
25. 3.	Rückforderbare Mehrwertsteuer (MWST)②		189
31. 3.	Saldo		2 361
		2 750	2 750

Verkaufsertrag

Datum	Text	Soll	Haben
30. 1.	Total Verkäufe Januar		20 000
31. 1.	Gewährte Rabatte und Skonti	1 300	
28. 2.	Total Verkäufe Februar		18 000
2. 3.	Rücknahme mangelhafter Ware	700	
25. 3.	Total Verkäufe März		24 000
31. 3.	Abzuliefernde Mehrwertsteuer (MWST)③	4 444	
31. 3.	Saldo	55 556	
		62 000	62 000

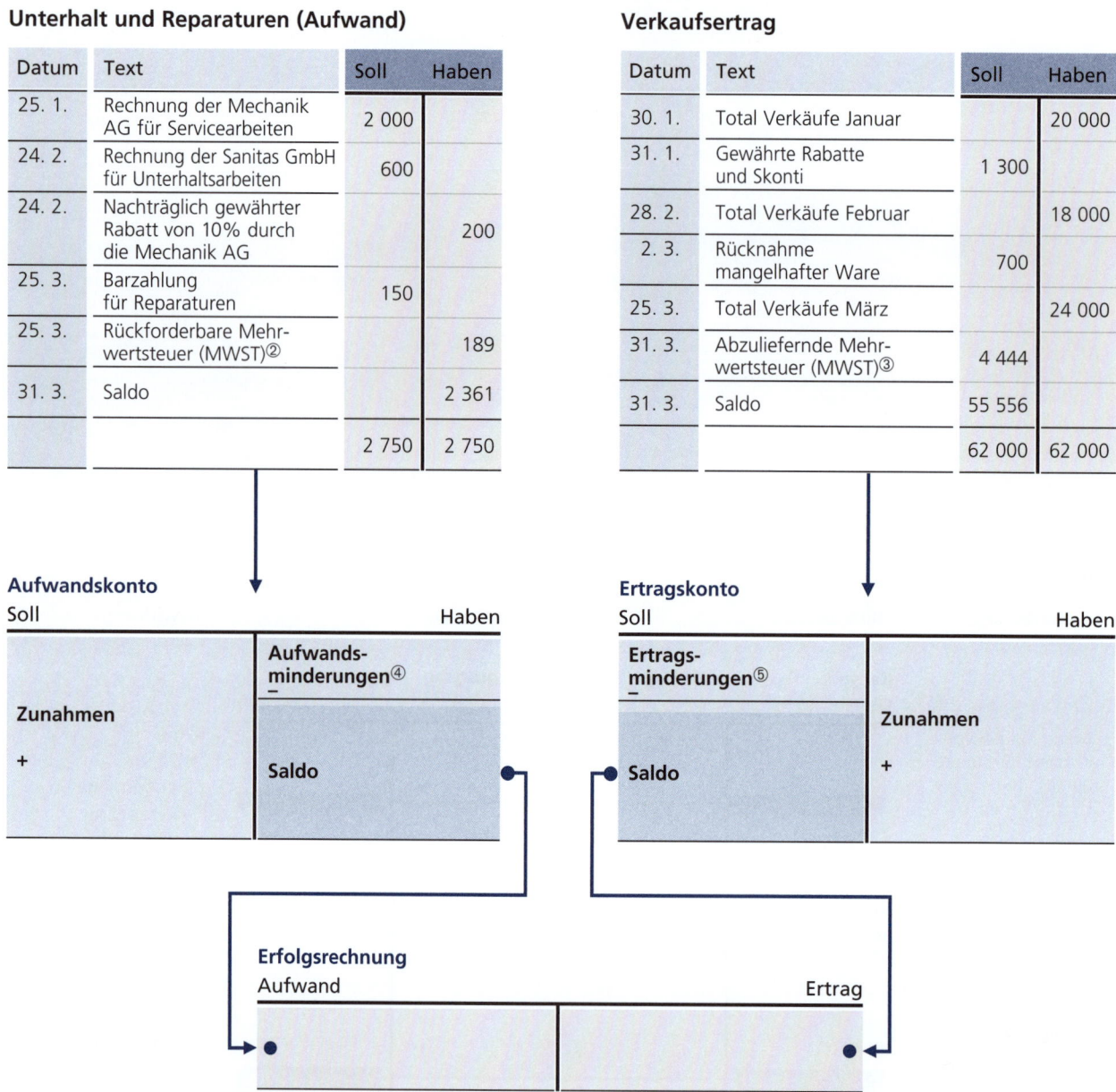

Die Erfolgsrechnung ist eine Zeitraumrechnung. Die Erfassung von Aufwand und Ertrag beginnt jede Periode wieder bei Null. Erfolgskonten weisen deshalb nie einen Anfangsbestand auf.

Die Erfolgsrechnung — 16

① Aufwands- und Ertragskonten werden als Erfolgskonten bezeichnet, weil sie den Erfolg beeinflussen.

② Die in Rechnungen ausgewiesene Mehrwertsteuer (MWST) kann von der eidgenössischen Steuerverwaltung als Vorsteuer zurückgefordert werden. Die Mehrwertsteuer wird in Kapitel 32 genauer erklärt.

③ In den Verkaufspreisen enthalten ist eine Mehrwertsteuer (MWST). Diese muss der eidgenössischen Steuerverwaltung quartalsweise abgeliefert werden.

④ Aufwandsminderungen kommen vor allem bei erhaltenen Rabatten und Skonti sowie bei Vorsteuerabzügen (MWST) vor.

⑤ Ertragsminderungen kommen vor allem bei Verkäufen vor in Form von gewährten Rabatten, Skonti und Rücknahmen mangelhafter Ware sowie abzuliefernder MWST.

Doppelter Erfolgsnachweis

Im System der doppelten Buchhaltung werden die Bilanz und die Erfolgsrechnung miteinander verknüpft. Weil jeder erfolgswirksame Geschäftsfall zugleich ein Bilanz- und ein Erfolgskonto verändert, muss in beiden Rechnungen derselbe Erfolg resultieren.

■ Beispiel

Die Buchhaltung des Taxiunternehmers T. Maurer wird gemäss Angaben a) bis e) für das Jahr 20_1 geführt. Die Verbuchung ist auf der nebenstehenden Seite dargestellt. Der Geschäftsverkehr ist stark zusammengefasst worden. Die Zahlen verstehen sich in Fr. 1000.–.

a) Die Eröffnungsbilanz für das Jahr 20_1 wird erstellt.

b) Die Konten des Hauptbuches (auf der rechten Seite dargestellt) werden eröffnet. Die Anfangsbestände sind mit A in die Konten eingetragen.

c) Der Geschäftsverkehr wird aufgrund des folgenden Journals in den Konten des Hauptbuches verbucht. (Nummern ① bis ⑥).

Journal

Nr.	Text	Buchungssatz Soll	Haben	Betrag
①	Fahrzeugsteuern, Versicherungen und Taxifunk	Übriger Aufwand	Bank	7
②	Einnahmen aus Taxifahrten	Kasse	Fahrgeldertrag	106
③	Lohnzahlungen bar	Personalaufwand	Kasse	54
④	Einlagen auf die Bank	Bank	Kasse	47
⑤	Benzin, Unterhalt, Reparaturen und übriger Aufwand	Übriger Aufwand	Bank	36
⑥	Abschreibungen auf dem Auto	Abschreibungen	Auto	7

d) Die Konten des Hauptbuches werden abgeschlossen und die Salden auf die Schlussbilanz und die Erfolgsrechnung übertragen.

e) In der Bilanz wird der Erfolg als Überschuss des Vermögens über das eingesetzte Kapital ermittelt; die Erfolgsrechnung zeigt die Entstehung des Erfolgs als Differenz zwischen Aufwand und Ertrag.

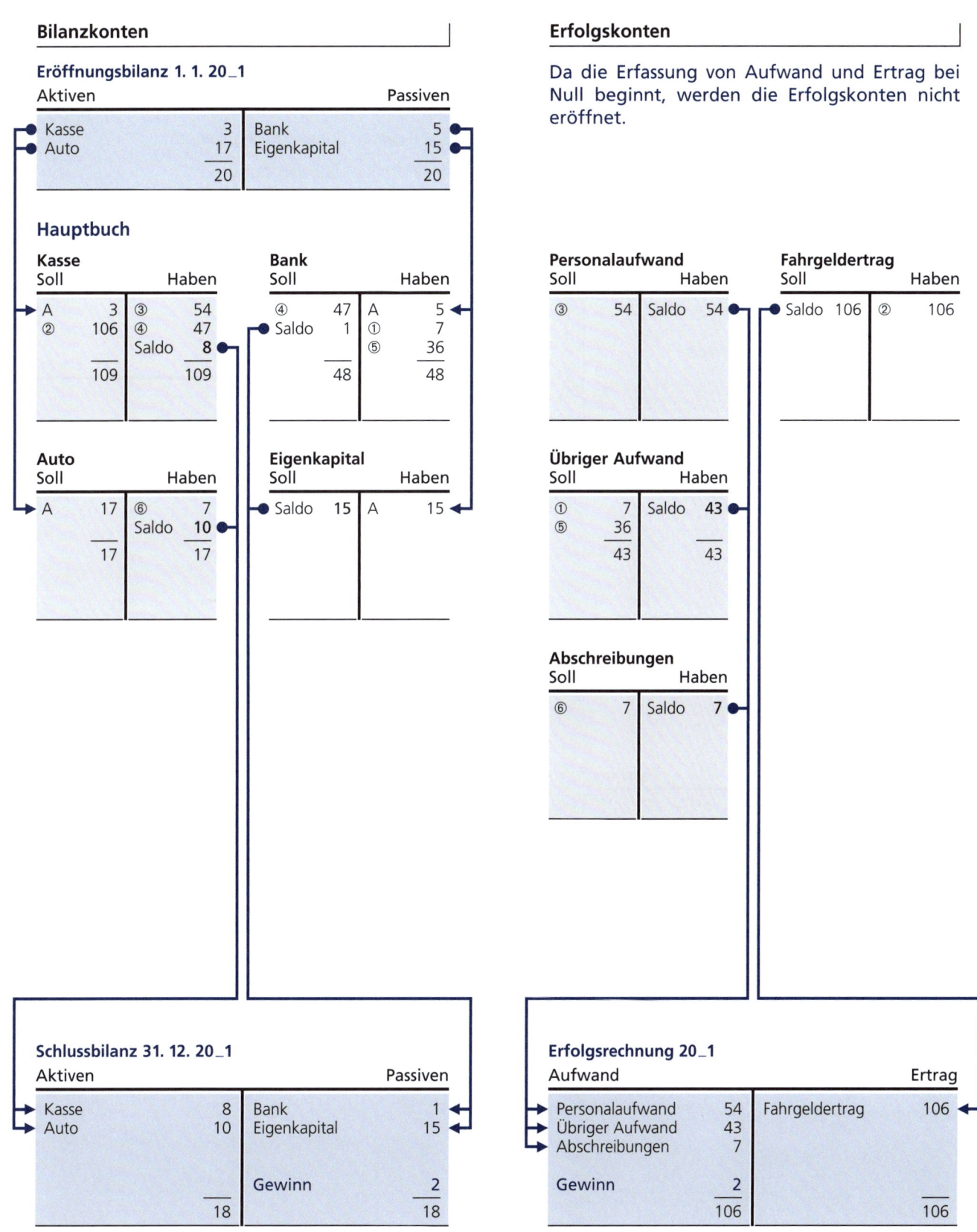

Doppelter Erfolgsnachweis 17

Erfolgswirksame Buchungen haben einen Einfluss auf Bilanz **und** Erfolgsrechnung:

▷ Durch den Ertrag nimmt das Vermögen zu oder das Fremdkapital ab.
▷ Durch den Aufwand nimmt das Vermögen ab oder das Fremdkapital zu.

Deshalb wird auch der Erfolg (im Beispiel ein Gewinn) doppelt nachgewiesen:

▷ in der Erfolgsrechnung als Überschuss des Ertrages über den Aufwand
▷ in der Schlussbilanz als Zunahme des Eigenkapitals (Reinvermögens) gegenüber der Eröffnungsbilanz.

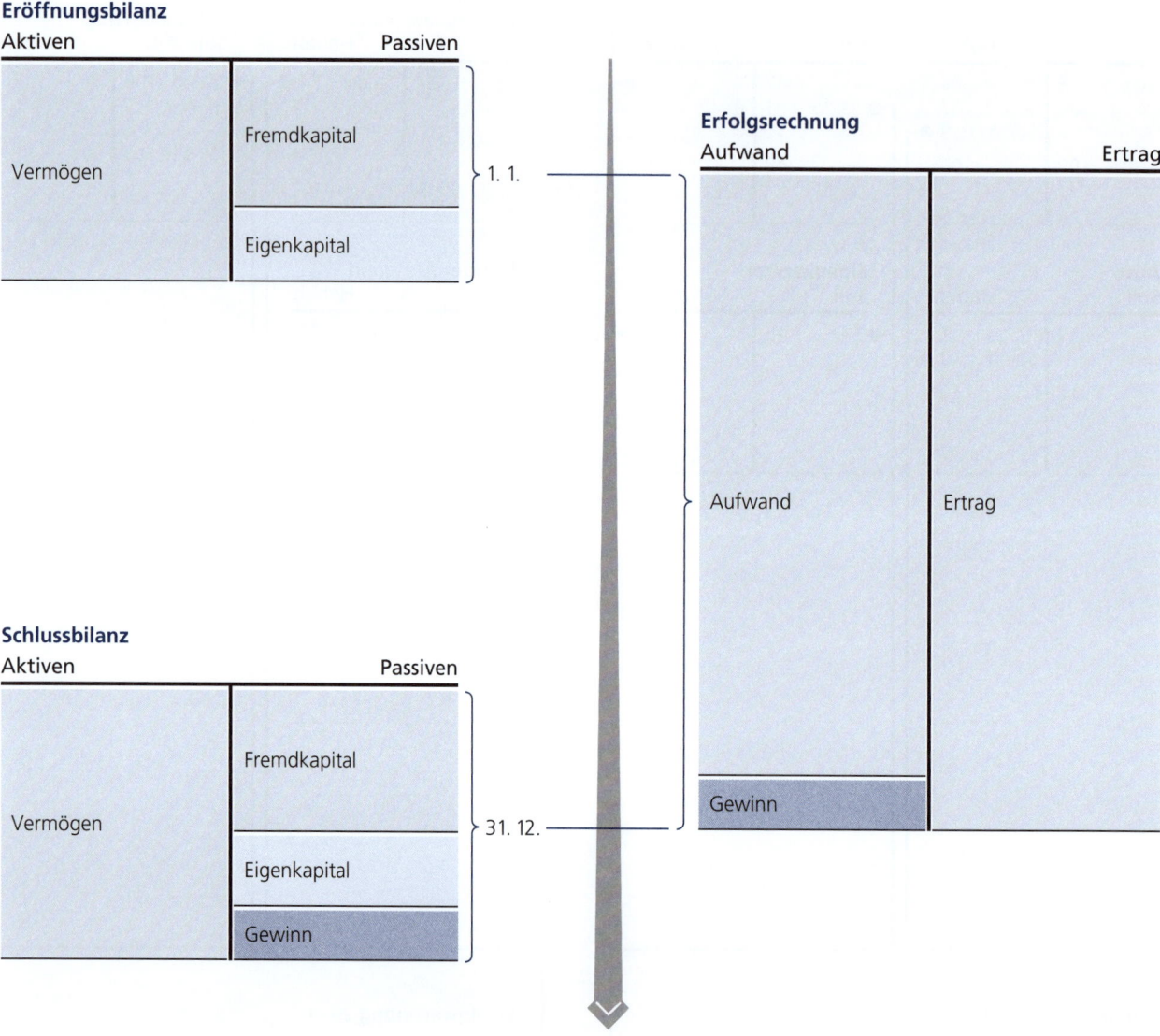

34

2. Teil Käufmännisches Rechnen

Einleitung

In diesem Teil werden das Zinsrechnen und das Rechnen mit fremden Währungen behandelt:

- Wie wird die Zinsformel angewandt, und wie lassen sich die Grössen Kapital, Zinssatz und Zeit ableiten?
- Wie wird mit den verschiedenen Zinsusanzen gerechnet?
- Wie wird ein Kontokorrent geführt, und wie ist das Abschlussbetreffnis zu verbuchen?
- Was sind Noten- und Devisenkurse, was sind Ankaufs- und Verkaufskurse?
- Wie werden Beträge in Schweizer Franken in fremde Währungen umgerechnet?
- Wie können Beträge in fremden Währungen in Schweizer Franken umgerechnet werden?

Zinsrechnen

Der Zins (von census, Abgabe) ist der Preis für eine vorübergehende Kapitalüberlassung. Dem Kapitalgeber (Gläubiger, Darleiher) wird Zins vergütet, der Kapitalnehmer (Schuldner, Borger) muss Zins bezahlen. Die Vermittlung von Kapital gehört zum klassischen Aufgabenbereich der Banken:

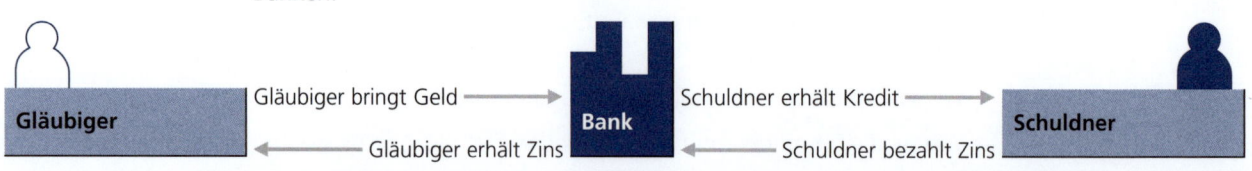

Gläubiger	→ Gläubiger bringt Geld →	Bank	→ Schuldner erhält Kredit →	Schuldner
	← Gläubiger erhält Zins ←		← Schuldner bezahlt Zins ←	

Im Altertum und auch im frühen Mittelalter war der Zins als Wucher verpönt, und Gelddarlehen wurden gewöhnlich zinslos gewährt. Erst seit dem 13. Jahrhundert, als Geld in grösserem Umfang Gewinn bringend in Gewerbe und Handel und später in der Industrie angelegt wurde, begann man die Berechtigung des Zinsnehmens anzuerkennen.

Für den Kapitalgeber stellt der Zins eine Entschädigung für das Verlustrisiko sowie den Verzicht auf Konsum und Liquidität dar. Für den kommerziellen Kapitalnehmer ist die Zinszahlung gerechtfertigt, da er durch die Kapitalaufnahme mehr produzieren kann.

Die allgemeine Zinsformel

Der Zins (Z) ist abhängig von der Höhe
▷ des investierten Kapitals (K)
▷ des Zinsfusses (p)
▷ der Anlagedauer (t)

Dementsprechend lässt sich der Zins für ein Jahr oder für den Bruchteil eines Jahres wie folgt berechnen:

■ Beispiel 1   Berechnung des Jahreszinses

H. Koch verfügt über ein Guthaben von Fr. 20 000.– bei der Zürcher Kantonalbank. Dieses Kapital wird von der Bank zu 3% p.a.[1] verzinst.

Wie viel Jahreszins erhält H. Koch von der Bank?

$$Z = \frac{K \cdot p}{100} = \frac{20\,000 \cdot 3}{100} = \text{Fr. } 600.-$$

---

[1] Der Zinsfuss (p; von per centum, Prozent) ist ein Prozentsatz des Kapitals. Er bezieht sich ohne weitere Angaben auf ein ganzes Jahr (p.a. = per annum, im Jahr).

Zinsrechnen

Beispiel 2 — Berechnung des Marchzines[1] (allgemeine Zinsformel)

H. Haller legt Ende August ein Kapital von Fr. 30 000.– bei der UBS an. Die Bank verzinst dieses Kapital zu 3,5 %.

Wie viel Zins erhält H. Haller für die 120 Tage bis Ende Jahr?

$$Z = \frac{K \cdot p \cdot t}{100 \cdot 360} = \frac{30\,000 \cdot 3{,}5 \cdot 120}{100 \cdot 360} = \text{Fr. 350.–}$$

Die schweizerischen Banken berechnen die Anlagedauer in Tagen (t; von tempus, Zeit) traditionell nicht genau nach Kalender, sondern nach den Regeln der so genannten **deutschen Zinsusanz**[2] (Usanz = Brauch, Gepflogenheit im Geschäftsverkehr). Diese lautet:

▷ Das Zinsjahr hat 360 Tage.
▷ Der Zinsmonat hat 30 Tage.
▷ Der letzte Kalendertag jeden Monats gilt für die Zinsberechnung immer als der dreissigste Tag des Monats.

Die folgenden Beispiele sollen die Tageberechnung nach deutscher Zinsusanz verdeutlichen:

Periode	Anzahl Tage	Kommentar
14.03.–19.03.	5	Es zählt die Differenz zwischen zwei Daten.
19.03.–31.03.	11	Der 31. März ist der letzte Kalendertag des Monats; er gilt für die Zinsberechnung als der 30. Tag.
19.03.–15.04.	26	11 Tage im März und 15 Tage im April.
24.02.–28.02.2015	6	In einem gewöhnlichen Jahr ist der 28. Februar der letzte Kalendertag im Monat; er gilt als der Dreissigste.
24.02.–28.02.2016	4	In einem Schaltjahr[3] ist der 28. Februar ein normaler Monatstag.

---

[1] Das Wort March bedeutet im Alltag so viel wie Flurgrenze, Grenzstein. Unter Marchzins versteht man den Zins für den Bruchteil des Jahres.

[2] Die schweizerischen Banken verwenden im traditionellen Kreditgeschäft (Sparkonten, Kontokorrente, Hypotheken) meist die deutsche Zinsusanz. Mit der zunehmenden internationalen Verflechtung der Banken gewinnen allerdings andere Zinsusanzen an Bedeutung. Beispiele:
▷ Bei der englischen Zinsusanz werden die Tage genau nach Kalender gerechnet, und das Jahr umfasst 365 Tage.
▷ In Europa und den USA wird oft die französische Usanz angewandt (auch Euro-Usanz genannt). Danach werden die Tage nach Kalender gerechnet, aber das Jahr mit 360 Tagen.
▷ Bei der japanischen Usanz wird zu den nach Kalender gerechneten Tagen noch ein Tag hinzugezählt, und das Jahr umfasst 365 Tage.

[3] Da der Umlauf der Erde um die Sonne nicht genau 365 Tage dauert, sondern 365,2425 Tage, muss in bestimmten Jahren jeweils ein zusätzlicher Tag (der so genannte Schalttag) eingeschaltet werden. In einem Schaltjahr dauert der Monat Februar 29 Tage und das Jahr 366 Tage. Die Grundregel zur Bestimmung der Schaltjahre lautet: Wenn man die Jahreszahl eines Schaltjahres durch die Zahl 4 teilt, erhält man als Resultat eine ganze Zahl, d.h., die Rechnung «geht auf». Schaltjahre sind zum Beispiel die Jahre 2012, 2016, 2020, 2024 oder 2028.

Zinsrechnen

Beispiel 3

Umkehrungen der allgemeinen Zinsformel

Die allgemeine Formel zur Berechnung des Zinses lässt sich algebraisch so umformen, dass bei vorgegebenem Zins entweder der Zinsfuss, das Kapital oder die Anlagedauer ermittelt werden können.

Bei welchem **Zinsfuss** gibt ein Kapital von Fr. 30 000.– in 130 Tagen einen Zins von Fr. 650.–?

$$Z = \frac{K \cdot p \cdot t}{100 \cdot 360} \Leftrightarrow p = \frac{Z \cdot 100 \cdot 360}{K \cdot t} = \frac{650 \cdot 100 \cdot 360}{30\,000 \cdot 130} = 6\%$$

Welches **Kapital** ergibt bei einem Zinsfuss von 4% und einer Anlagedauer von 220 Tagen einen Zins von Fr. 660.–?

$$Z = \frac{K \cdot p \cdot t}{100 \cdot 360} \Leftrightarrow K = \frac{Z \cdot 100 \cdot 360}{p \cdot t} = \frac{660 \cdot 100 \cdot 360}{4 \cdot 220} = \text{Fr. } 27\,000.–$$

Bei welcher **Anlagedauer** erzeugt ein Kapital von Fr. 52 000.– bei einem Zinsfuss von 3,75% einen Zins von Fr. 1300.–?

$$Z = \frac{K \cdot p \cdot t}{100 \cdot 360} \Leftrightarrow t = \frac{Z \cdot 100 \cdot 360}{K \cdot p} = \frac{1300 \cdot 100 \cdot 360}{52\,000 \cdot 3{,}75} = 240 \text{ Tage}$$

Kontokorrente

Fast alle Zahlungen werden heute bargeldlos über Bank- oder Postkonten abgewickelt. Weil sich die Höhe des Kontostandes durch die Ein- und Auszahlungen laufend ändert, werden für die Ermittlung des Kontostandes (des Saldos) und des Zinses so genannte Kontokorrente[1] geführt. Der Unterschied zwischen einem Darlehen (fester Vorschuss) und einem Kontokorrent lässt sich grafisch gut veranschaulichen:

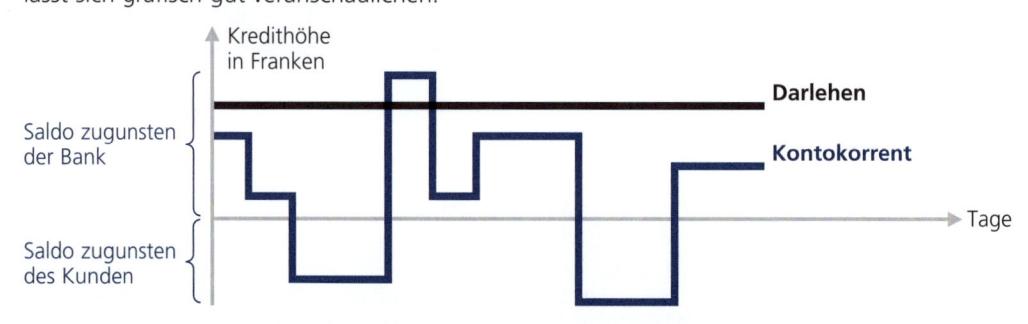

Der laufende Saldo in einem Kontokorrent kann entweder zugunsten der Bank oder zugunsten des Kunden lauten. Beim wechselnden Kreditverhältnis ist die Bank zeitweise Gläubigerin und zeitweise Schuldnerin. (Die obige Grafik illustriert ein wechselndes Kreditverhältnis.)

[1] Der Begriff Kontokorrent kommt aus dem Italienischen: Conto corrente heisst wörtlich übersetzt laufendes Konto.

Zinsrechnen

20

■ Beispiel 4   Kontokorrent (Kontoauszug der Bank)

Der Kontoauszug für den Monat Mai besteht aus zwei Teilen: Der in diesem Beispiel schwarz dargestellte Teil wird dem Kunden geschickt. Der blau hervorgehobene Teil ist für den Kunden nicht sichtbar; er dient der Bank zur Zinsberechnung.

Datum	Text	Verkehr		Saldo		Valuta	Tage	Zins	
		Soll	Haben	Soll	Haben			Soll	Haben
01. 05.	Saldo zu Ihren Gunsten		20 000.00		20 000.00	30. 04. 06	10		2.80
10. 05.	Zahlungen an Lieferanten	24 000.00		4 000.00		10. 05. 06	2	1.10	
12. 05.	Zahlungen von Kunden		70 000.00		66 000.00	12. 05. 06	15		13.75
24. 05.	Kauf von Wertpapieren	32 000.00			34 000.00	27. 05. 06	1		0.45
28. 05.	Zahlungen an Lieferanten	5 000.00			29 000.00	28. 05. 06	2		0.80
01. 06.	Sollzins (p = 5%)	1.10			28 998.90	31. 05. 06	30	1.10	17.80
01. 06.	Habenzins (p = 0,5%)		17.80		29 016.70	31. 05. 06			
01. 06.	Verrechnungssteuer 35%	5.85			29 010.85	31. 05. 06			
01. 06.	Spesen	8.00			29 002.85	31. 05. 06			
01. 06.	Saldo zu Ihren Gunsten	29 002.85							
		90 017.80	90 017.80						

Auszug für den Kunden   Zinsberechnung durch die Bank

Anmerkungen zum Kontoauszug

▷ Die Bank erstellt den Kontoauszug aus ihrer Sicht. Wenn hier das Konto im Haben eröffnet wird, heisst dies, dass die Bank gegenüber dem Kunden eine Schuld aufweist. Am 10. Mai wechselt das Kreditverhältnis, und der Saldo steht im Soll, d. h. zugunsten der Bank. Ab 12. Mai bis Ende Monat steht der Saldo wieder im Haben, d. h. zugunsten des Kunden.

▷ In der **Valutaspalte** erscheint das für die Zinsberechnung massgebliche Datum. Die Datumspalte gibt den Tag der Verbuchung des Geschäfts durch die Bank wieder. Dieses Datum hat keinen Einfluss auf die Zinsberechnung.

▷ Für die Sollsalden belastet die Bank dem Kunden einen Sollzins; für die Habensalden schreibt die Bank dem Kunden einen Habenzins gut. Der Sollzinsfuss ist bedeutend höher als der Habenzinsfuss.

▷ Für die Zinsdifferenz zugunsten des Kunden muss die Bank die **Verrechnungssteuer** von 35% abziehen und an die eidg. Steuerverwaltung abliefern. Die Verrechnungssteuer wird auf der nächsten Seite erklärt.

▷ Die Bank belastet dem Bankkunden **Spesen** (z. B. Portoauslagen oder bestimmte Gebühren je Buchung oder Pauschalbeträge je Monat). Die Spesenansätze sind von Bank zu Bank verschieden.

▷ Bei Kontokorrenten mit Salden zugunsten der Bank wird oft zusätzlich zum Zins eine **Kommission** erhoben, die für den Kunden in der Regel eine Verteuerung des Krediteses von etwa 1% p. a. zur Folge hat.

Zinsrechnen

Die Verrechnungssteuer

Der Bund erhebt eine Verrechnungssteuer (VSt) von 35% auf dem Ertrag von beweglichem Kapitalvermögen (z. B. auf Dividenden- und Zinserträgen), auf gewissen Versicherungsleistungen sowie auf Lotteriegewinnen.[1] Mit der Verrechnungssteuer versucht der Staat hauptsächlich, seine Bürgerinnen und Bürger zu zwingen, die Steuererklärungen wahrheitsgetreu auszufüllen.

Mit dem folgenden Beispiel lässt sich das Wesen der Verrechnungssteuer gut darstellen:

■ Beispiel 5   Verrechnungssteuer bei einem Zinsertrag

Das Beispiel basiert auf den Zahlen des Kontokorrents von Beispiel 4.

Bruttozins	Fr.	16.70[2]	100%
./. Verrechnungssteuer 35%	Fr.	5.85	35%
Nettozins	Fr.	10.85	65%

Der Ablauf kann in drei Schritten dargestellt werden:

1 Abzug Verrechnungssteuer 35%

Die Bank muss vom Bruttozinsertrag von Fr. 16.70 eine Verrechnungssteuer von 35% abziehen und den Betrag von Fr. 5.85 an die eidg. Steuerverwaltung überweisen.

2 Gutschrift Nettozins

Der Nettozins von Fr. 10.85 wird dem Kunden gutgeschrieben.

3 Rückforderung/Rückerstattung

Der Bankkunde kann den Betrag von Fr. 5.85 Verrechnungssteuer von den Steuerbehörden zurückfordern, sofern er den Bruttozins von Fr. 16.70 ordnungsgemäss versteuert.[3]

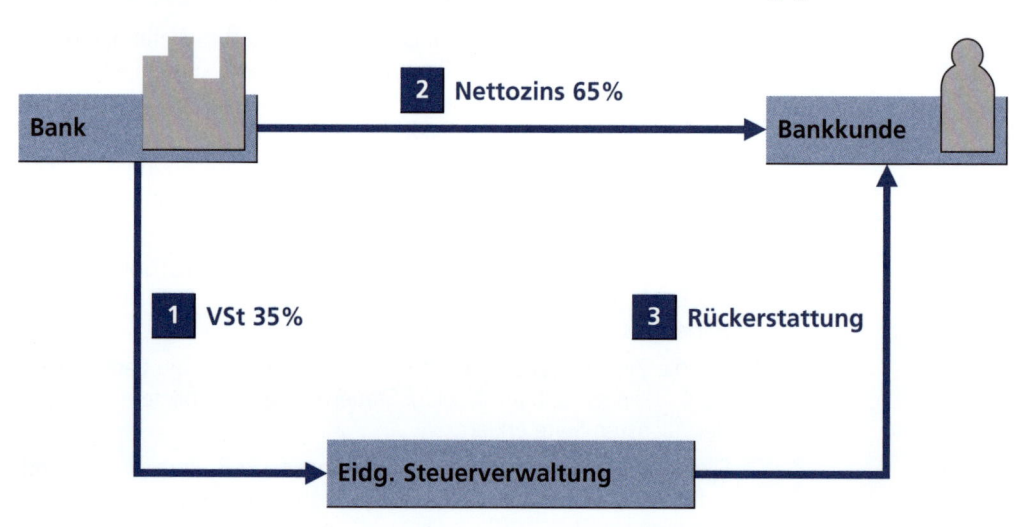

20 Zinsrechnen

Ordnungsgemässe Verbuchung von Kapitalerträgen

Voraussetzung für die Rückforderung der Verrechnungssteuer ist die ordnungsgemässe Verbuchung des Ertrags. Im obigen Beispiel muss der Zinsertrag wie folgt verbucht werden:

Soll	Haben	Betrag
Bank	Zinsertrag[4]	10.85
Debitor Verrechnungssteuer[5]	Zinsertrag	5.85

[1] Von der Verrechnungssteuer ausgenommen sind gemäss Bundesgesetz über die Verrechnungssteuer unter anderem:
  ▷ Dividenden- und Zinserträge auf von Ausländern ausgegebenen Aktien und Obligationen
  ▷ Zinserträge von Kundenguthaben, wenn der Zinsbetrag Fr. 200.– nicht übersteigt und das Konto nur einmal jährlich abgeschlossen wird (Im Beispiel erfolgt der Abschluss monatlich, weshalb Verrechnungssteuer abgezogen wurde.)
  ▷ Lottotreffer bis Fr. 1000.–

[2] Der steuerpflichtige Bruttozinsertrag beträgt in diesem Kontokorrent Fr. 16.70. Er wird errechnet als Differenz zwischen dem Habenzins von Fr. 17.80 und dem Sollzins von Fr. 1.10:

	Habenzins zugunsten des Kunden	17.80
./.	Sollzins zugunsten der Bank	– 1.10
=	Vom Kunden zu versteuernder Bruttozinsertrag	16.70

[3] Die Verrechnungssteuer wird dem Empfänger der steuerbaren Leistung frühestens nach Ablauf des Kalenderjahres zurückerstattet:
  ▷ Natürliche Personen haben Anspruch auf Rückerstattung, wenn sie die erzielten Erträge in der Steuererklärung angeben und bei Fälligkeit des Ertrages ihren Wohnsitz in der Schweiz hatten. Das Ausfüllen des Wertschriften- und Guthabenverzeichnisses ist gleichzeitig der Verrechnungsantrag. Dieser wird der kantonalen Steuerbehörde eingereicht. Die Steuerbehörden verrechnen dann das Verrechnungssteuer-Guthaben des Steuerpflichtigen mit seiner Steuerschuld. Dieser Vorgang hat der Steuer den Namen gegeben.
  ▷ Juristische Personen können bei der eidg. Steuerverwaltung einen Antrag auf Rückerstattung einreichen, wenn sie den Ertrag ordnungsgemäss verbuchten und ihren Sitz bei Fälligkeit des Ertrags in der Schweiz hatten.

[4] Sinngemäss muss bei anderen Erträgen aus beweglichem Kapital das passende Ertragskonto ausgewählt werden, zum Beispiel Dividendenertrag, Beteiligungsertrag oder Wertschriftenertrag.

[5] Forderungen gegenüber Kunden werden allgemein Debitoren genannt. Verrechnungssteuer-Forderungen gegenüber dem Staat werden mit Debitor Verrechnungssteuer bezeichnet.

21

Fremde Währungen

Durch die Globalisierung der Märkte wird das Rechnen mit fremden Währungen zur täglichen Routine. Die starke internationale Verflechtung der Schweiz ist ein Markenzeichen unseres kleinen Landes:

▷ Schweizer reisen ins Ausland und benötigen dazu fremde Währungen. Ausländische Touristen verbringen ihre Ferien in der Schweiz und tauschen ihre Währungen in Schweizer Franken.

▷ Einfuhren aus dem Ausland werden in ausländischer Währung bezahlt. In schweizerischen Produktionsstätten im Ausland oder durch Ausfuhren schweizerischer Produkte ins Ausland verdienen schweizerische Unternehmungen Geld in fremder Währung.

Eine Grundlage für die Währungsumrechnungen sind die von den Banken veröffentlichten Kursblätter, die aufgrund der täglich weltweit getätigten Fremdwährungstransaktionen zustande kommen.

Devisen- und Notenkurse[1] **vom 20. Januar 20_2**

Devisen[2]		Land	Noten[3]		Währung	ISO-Kürzel[5]	Notierung in Einheiten
Kauf[4]	Verkauf[4]		Kauf	Verkauf			
0.96	0.99	Australien	0.93	1.03	Australischer Dollar	AUD	1
16.04	16.44	Dänemark	15.42	17.06	Dänische Kronen	DKK	100
1.20	1.23	EWU-Länder[6]	1.19	1.24	Euro	EUR	1
1.43	1.47	Grossbritannien	1.37	1.53	Pfund-Sterling	GBP	1
1.20	1.23	Japan	1.15	1.28	Yen	JPY	100
0.90	0.94	Kanada	0.88	0.95	Kanadische Dollar	CAD	1
15.53	15.96	Norwegen	14.93	16.55	Norwegische Kronen	NOK	100
13.57	13.94	Schweden	12.95	14.56	Schwedische Kronen	SEK	100
0.92	0.95	USA	0.90	0.97	US-Dollar	USD	1

[1] Unter **Kurs** versteht man in der Schweiz den Preis in Franken für eine Einheit (für Dollar, Pfund und Euro) oder für 100 Einheiten (bei den übrigen Währungen) der fremden Währung. Beispiele:
  ▷ Ein Kurs in Zürich auf Grossbritannien von 1.53 bedeutet, dass für ein englischen Pfund (GBP) in Zürich CHF 1.53 bezahlt werden muss.
  ▷ Ein Kurs in Zürich auf Japan von 1.28 bedeutet, dass für 100 Yen (JPY) in Zürich CHF 1.28 bezahlt werden muss.

[2] Der **Devisenkurs** kommt beim bargeldlosen Zahlungsverkehr vor. Zum Beispiel bei Zahlungen mit Kreditkarten und Checks oder bei Überweisungen von einem Konto auf ein anderes.

[3] Der **Notenkurs** kommt bei der Ein- oder Auszahlung von Bargeld (Münzen und Noten) zur Anwendung.

[4] **Kauf** bedeutet, dass die Bank fremde Währungen kauft (auch **Geld**kurs genannt).
  Verkauf bedeutet, dass die Bank fremde Währungen verkauft (auch **Brief**kurs genannt).

Fremde Währungen

21

■ **Beispiel 1** **Verkauf von Noten (Betrag in Schweizer Franken gesucht)**

Für eine Reise nach Japan kauft U. Schweizer am 31. März bei einer Schweizer Bank JPY 50 000.–. Die Bank erstellt die folgende Abrechnung:

Change		Verkauf – Vente – Sale
Fremde Währung – Monnaie étrangère – Foreign currency	Kurs – Cours – Rate	Betrag – Montant – Amount CHF
JPY 50 000.–	**1.28**	**640.–**

Zur Kursermittlung dient das Kursblatt auf der nebenstehenden Seite:

▷ Da der Kunde Bargeld benötigt, wählt der Bankkassier den Notenkurs.
▷ Da die Bank fremde Währungen an den Kunden verkauft, verwendet sie den Verkaufskurs.
▷ Der Kurs von 1.28 bedeutet, dass 100 japanische Yen für CHF 1.28 verkauft werden.

Der Betrag in Schweizer Franken errechnet sich am einfachsten mittels eines Dreisatzes:
JPY   100.– = CHF 1.28
JPY 50 000.– = CHF x

$$\text{CHF } x = \frac{\text{JPY } 50\,000.- \cdot \text{CHF } 1.28}{\text{JPY } 100} = \textbf{CHF 640.–}$$

■ **Beispiel 2** **Verkauf von Noten (Betrag in fremder Währung gesucht)**

P. Huber kauft für eine Ferienreise nach Schweden für CHF 1000.– SEK. Wie viele Kronen erhält P. Huber, wenn die Bank aufgrund des nebenstehenden Kursblattes umrechnet?

CHF   14.56 = SEK 100.–
CHF 1000.– = SEK x

$$\text{SEK } x = \frac{\text{SEK } 100.- \cdot \text{CHF } 1000.-}{\text{CHF } 14.56} = \textbf{SEK 6868.15}$$

■ **Beispiel 3** **Berechnung des angewandten Kurses**

Vor der Abreise in die USA wechselt S. Dürr bei einer Bank Schweizer Franken in USD um. Für CHF 1000.– erhält sie USD 1030.95. Mit welchem Kurs hat der Kassier gerechnet?

USD   1030.95 = CHF 1000.–
USD   1.– = CHF x

$$\text{CHF } x = \frac{\text{CHF } 1000.- \cdot \text{USD } 1.-}{\text{USD } 1030.95} = \textbf{CHF 0.97}$$

⑤ Die internationalen ISO-Währungskürzel haben den Vorteil, dass sie in allen Sprachen gleich lauten. Die ersten beiden Buchstaben der Abkürzung bezeichnen normalerweise das Land, der dritte die Währung.

⑥ 2013 gehören folgende Länder zur EWU: Belgien, Deutschland, Estland, Finnland, Frankreich, Griechenland, Irland, Italien, Luxemburg, Malta, Niederlande, Österreich, Portugal, Slowakei, Slowenien, Spanien, Zypern.

Fremde Währungen

■ Beispiel 4 Verbuchung eines Kaufes in fremder Währung

Ein Schweizer Industrieller kauft in Frankreich eine Maschine für EUR 10 000.– auf Kredit. Die Buchhaltung wird in CHF geführt.

Journal

Nr.	Geschäftsfall	Buchung Soll	Buchung Haben	Betrag in CHF
1	Kreditkauf der Maschine in Lyon für EUR 10 000, Buchkurs 1.25	Maschine	Kreditoren	12 500
2	Bankbelastung für die Zahlung obiger Maschine, Kurs 1.22	Kreditoren	Bank	12 200
3	Verbuchung der Kursdifferenz	Kreditoren	Maschine	300

Da der Buchkurs höher ist als der bei der Zahlung von der Bank belastete Kurs, handelt es sich bei der Kursdifferenz um einen buchmässigen **Kursgewinn**.

■ Beispiel 5 Verbuchung eines Verkaufes in fremder Währung

Eine Schweizer Industrieunternehmung verkauft eine Anlage für GBP 50 000.– auf Kredit. Die Buchhaltung wird in CHF geführt.

Journal

Nr.	Geschäftsfall	Buchung Soll	Buchung Haben	Betrag in CHF
1	Kreditverkauf der Anlage nach Birmingham für GBP 50 000, Buchkurs 1.40	Debitoren	Fabrikateverkauf	70 000
2	Bankgutschrift für die Zahlung obiger Anlage, Kurs 1.35	Bank	Debitoren	67 500
3	Verbuchung der Kursdifferenz	Fabrikateverkauf	Debitoren	2 500

Da der Buchkurs höher ist als der bei der Zahlung von der Bank gutgeschriebene Kurs, handelt es sich bei der Kursdifferenz um einen buchmässigen **Kursverlust**.

3. Teil   Warenhandel

Einleitung

In diesem Teil werden Problemstellungen aus der Praxis von Handelsbetrieben besprochen:

▷ Wie werden die Einkäufe und Verkäufe von Waren erfasst?

▷ Wie kann der Jahreserfolg mehrstufig analysiert werden?

▷ Wie wird die Mehrwertsteuer verbucht und abgerechnet?

▷ Welche Probleme ergeben sich bei der Kalkulation von Kosten und Preisen für Produkte und Leistungen?

30

Wareneinkauf und Warenverkauf

Eine Handelsunternehmung kauft von verschiedenen Produzenten oder von anderen Handelsbetrieben Waren meist in grösseren Mengen ein, bildet damit ein Sortiment und bietet dieses ihren Kunden in kleineren Mengen zum Kauf an.

Der Handelsbetrieb stellt im Gegensatz zum Fabrikationsbetrieb keine neuen Produkte her, sondern erfüllt eine Vermittlerfunktion zwischen Produzenten und Verbrauchern; er gehört als Dienstleistungsbetrieb zum tertiären Wirtschaftssektor.

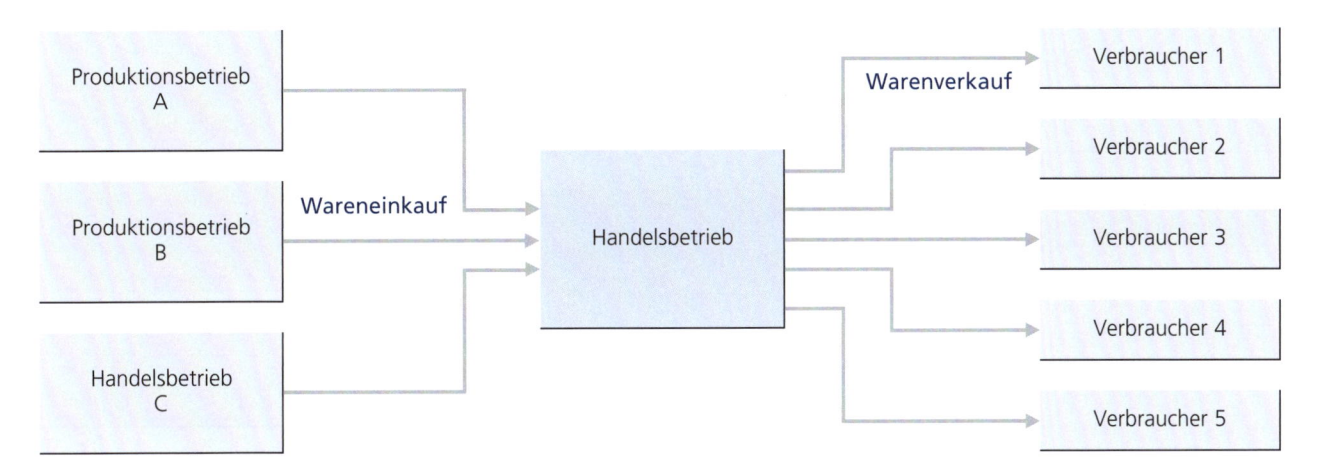

```
Produktionsbetrieb A  ─┐                                    ┌─► Verbraucher 1
                       │         Warenverkauf               │
Produktionsbetrieb B  ─┤─► Handelsbetrieb ──────────────────┼─► Verbraucher 2
       Wareneinkauf    │                                    ├─► Verbraucher 3
Handelsbetrieb C      ─┘                                    ├─► Verbraucher 4
                                                            └─► Verbraucher 5
```

Die Verbuchung von Wareneinkauf und Warenverkauf ist auf der nächsten Doppelseite schematisch dargestellt. Dabei wird vorausgesetzt, dass die eingekauften Waren in der gleichen Periode wieder verkauft werden können, sodass sich der Warenvorrat nicht ändert.

Wareneinkauf und Warenverkauf — 30

Verbuchung von Wareneinkauf und Warenverkauf

Warenaufwand

Soll	Haben
Einkäufe brutto	Rabatte von Lieferanten
	Skonti von Lieferanten
	Rücksendungen an Lieferanten
	Saldo = Einstandswert① = Warenaufwand
Bezugskosten zulasten des Käufers wie Transport oder Zoll	

Warenertrag

Soll	Haben
Rabatte an Kunden	Verkäufe brutto
Skonti an Kunden	
Rücksendungen von Kunden	
Versandkosten zulasten des Verkäufers	
Saldo = Nettoerlös = Warenertrag = Umsatz	

Am Jahresende werden die Salden auf die Erfolgsrechnung übertragen:

Erfolgsrechnung

Aufwand	Ertrag
Warenaufwand	**Warenertrag**
Übriger Aufwand wie Personal, Miete, Abschreibung, Zinsen	
Gewinn	

Bruttogewinn { Übriger Aufwand + Gewinn }

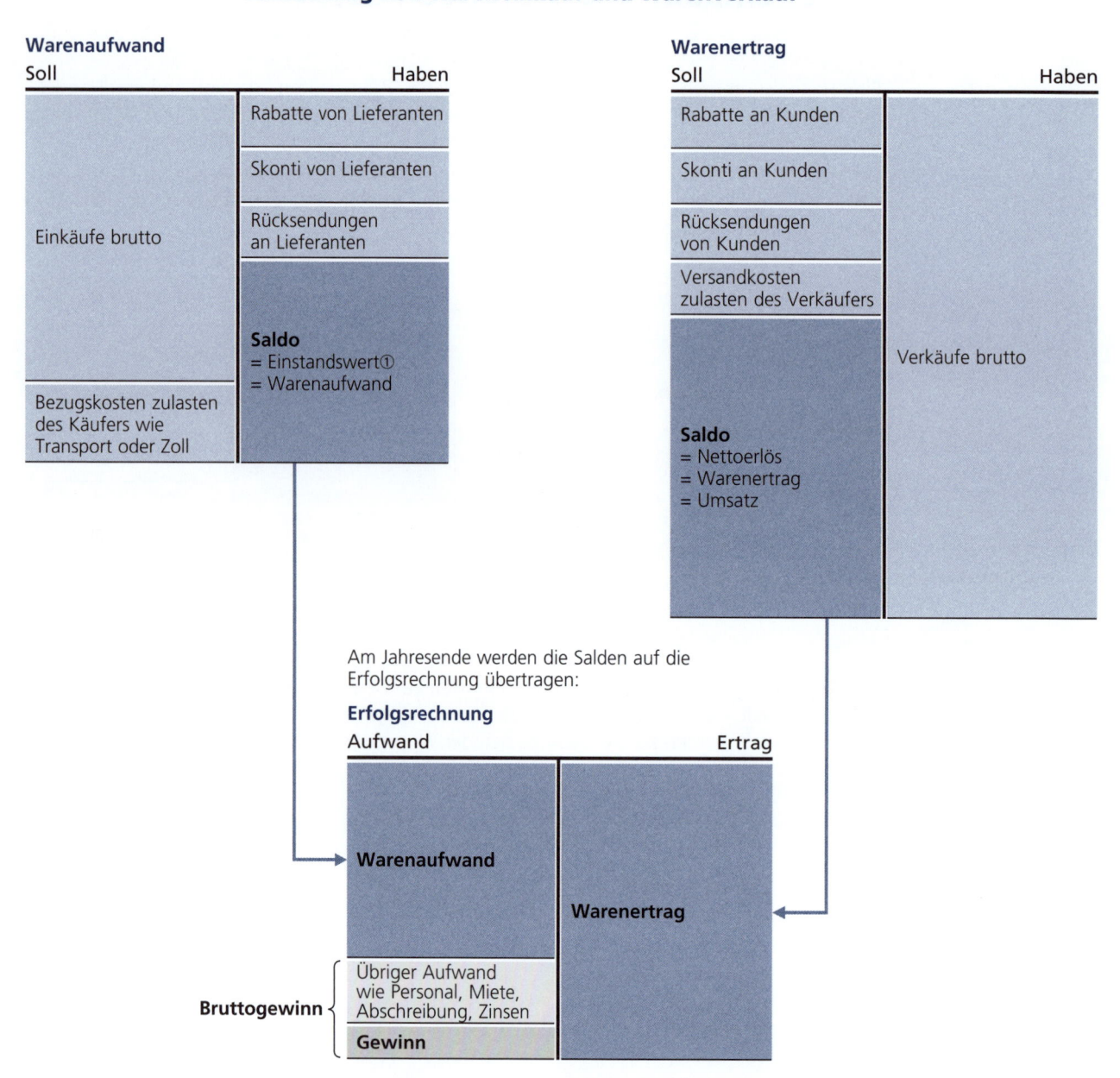

① Unter **Einstandspreis** versteht man den Einkaufspreis für eine Ware samt Bezugskosten. Er wird wie folgt ermittelt:

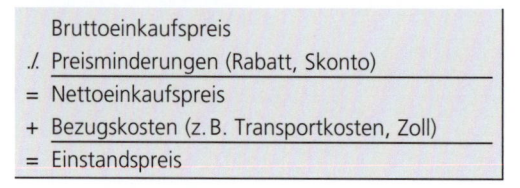

	Bruttoeinkaufspreis
./.	Preisminderungen (Rabatt, Skonto)
=	Nettoeinkaufspreis
+	Bezugskosten (z. B. Transportkosten, Zoll)
=	Einstandspreis

Der **Einstandswert** ergibt sich durch die Multiplikation des Einstandspreises mit der Menge.

Wareneinkauf und Warenverkauf **30**

■ Beispiel 1   Wareneinkauf

Alle mit dem Wareneinkauf zusammenhängenden Geschäftsfälle werden auf dem Konto **Warenaufwand** verbucht. (Geschäftsverkehr summarisch in Kurzzahlen.)

Nr.	Geschäftsfall	Buchungssatz	Kreditoren		Warenaufwand	
1	Anfangsbestand Kreditoren 40	Bilanz/Kreditoren		40		
2	Wareneinkäufe gegen Rechnung 350	Warenaufwand/Kreditoren		350	350	
3	Gutschriften von Lieferanten für nachträglich erhaltene Rabatte 16	Kreditoren/Warenaufwand	16			16
4	Gutschriften von Lieferanten für Rücksendungen mangelhafter Ware 10	Kreditoren/Warenaufwand	10			10
5	Barzahlung für Transportkosten 8	Warenaufwand/Kasse			8	
6	Zahlung von Lieferantenrechnungen:					
	▷ Skontoabzüge 2	Kreditoren/Warenaufwand	2			2
	▷ Bankzahlungen 330	Kreditoren/Bank	330			
7	Abschluss	Kreditoren/Bilanz Erfolgsrechnung/Warenaufwand	**32**			**330**
			390	390	358	358

■ Beispiel 2   Warenverkauf

Alle mit dem Warenverkauf zusammenhängenden Geschäftsfälle werden auf dem Konto **Warenertrag** verbucht. (Geschäftsverkehr summarisch in Kurzzahlen.)

Nr.	Geschäftsfall	Buchungssatz	Debitoren		Warenertrag	
1	Anfangsbestand Debitoren 70	Debitoren/Bilanz	70			
2	Warenverkäufe gegen Rechnung 560	Debitoren/Warenertrag	560			560
3	Gutschriften an Kunden für nachträglich gewährte Rabatte 30	Warenertrag/Debitoren		30	30	
4	Gutschriften an Kunden für Rücknahmen mangelhafter Waren 20	Warenertrag/Debitoren		20	20	
5	Barzahlung von Versandfrachten zulasten des Verkäufers 7	Warenertrag/Kasse			7	
6	Zahlung von Kunden:					
	▷ Skontoabzüge 3	Warenertrag/Debitoren		3	3	
	▷ Bankzahlungen 487	Bank/Debitoren		487		
7	Abschluss	Bilanz/Debitoren Warenertrag/Erfolgsrechnung		**90**	**500**	
			630	630	560	560

Rabatte und Skonti werden auf der übernächsten Doppelseite erläutert.

Bruttogewinn und zweistufige Erfolgsrechnung

Die Salden aller Aufwands- und Ertragskonten werden beim Abschluss auf die Erfolgsrechnung übertragen. Als Ergebnis ergibt sich ein Gewinn oder Verlust. (Die Zahlen für den Warenaufwand und den Warenertrag beziehen sich auf die vorangehenden Beispiele.)

Erfolgsrechnung 20_1 (in Fr. 1000.–)

Aufwand		Ertrag	
Warenaufwand	330	Warenertrag	500
Personalaufwand	70		
Raumaufwand	30		
Abschreibungen	10		
Übriger Aufwand	40		
Gewinn	**20**		
	500		500

Für eine vertiefte Analyse des Ergebnisses ist es für einen Handelsbetrieb sinnvoll, die Erfolgsrechnung in zwei Stufen zu unterteilen und als Zwischenergebnis den Bruttogewinn auszuweisen:

■ **Beispiel 3**   **Zweistufige Erfolgsrechnung**

Mit den obigen Zahlen lässt sich der Erfolg zweistufig nachweisen:

Erfolgsrechnung 20_1 (in Fr. 1000.–)

Aufwand		Ertrag		
Warenaufwand	330	Warenertrag	500	
Bruttogewinn	**170**			1. Stufe = Bruttogewinn
	500		500	
Personalaufwand	70	Bruttogewinn	170	
Raumaufwand	30			
Abschreibungen	10			2. Stufe = Reingewinn
Übriger Aufwand	40			
Reingewinn①	**20**			
	170		170	

(Gemeinaufwand umfasst Personalaufwand, Raumaufwand, Abschreibungen und Übriger Aufwand.)

Die zweistufige Erfolgsrechnung lässt sich wie folgt charakterisieren:

① Zur besseren Unterscheidung gegenüber dem Bruttogewinn wird der Gewinn oft auch als **Reingewinn** (im Sinne von Nettogewinn) bezeichnet.

1. Stufe   Aus der Gegenüberstellung von Warenertrag und Warenaufwand ergibt sich auf der ersten Stufe der **Bruttogewinn.** Er dient zur Deckung des Gemeinaufwands und ist eine zentrale Grösse bei der Beurteilung der Kosten- und Preispolitik einer Handelsunternehmung.

2. Stufe   Der Bruttogewinn steht als Ergebnis der ersten Stufe im Soll. Als Ausgangsgrösse für die zweite Stufe wird er im Haben vorgetragen.

Die zweite Stufe zeigt, ob der Bruttogewinn ausreicht, um die Gemeinaufwände zu decken und darüber hinaus einen angemessenen **Reingewinn** zu erzielen.

Unter **Gemeinaufwand** werden jene Aufwände zusammengefasst, die ohne unmittelbaren Zusammenhang mit einem konkreten Warengeschäft gemeinsam für alle Waren entstehen, zum Beispiel der Personalaufwand, Raumaufwand, Verwaltungsaufwand, Zinsaufwand oder Abschreibungsaufwand.

Kontoform und Berichtsform der zweistufigen Erfolgsrechnung

Auf der linken Seite wurde die zweistufige Erfolgsrechnung im Sinne der doppelten Buchhaltung in Form eines Kontos dargestellt (= Kontoform). Allerdings werden in der Praxis zweistufige Erfolgsrechnungen immer in Form eines staffelförmigen Berichts ausgewiesen (= Berichtsform), weil dies einfacher und übersichtlicher ist:

Erfolgsrechnung (in Fr. 1000.–)

Warenertrag	500	
./. Warenaufwand	– 330	} 1. Stufe = Bruttogewinn
= **Bruttogewinn**	**170**	
./. Personalaufwand	– 70	
./. Raumaufwand	– 30	
./. Abschreibungen	– 10	} 2. Stufe = Reingewinn
./. Übriger Aufwand	– 40	
= **Reingewinn**	**20**	

Gemeinaufwand umfasst: Personalaufwand, Raumaufwand, Abschreibungen, Übriger Aufwand.

Rabatte werden vor allem gewährt als:

▷ Mengenrabatt bei Bezug von grossen Mengen
▷ Mängelrabatt bei mangelhafter Lieferung
▷ Wiederverkaufsrabatt bei Lieferungen an Händler
▷ Sonderrabatt zur Absatzförderung bei besonderen Gelegenheiten (z. B. Geschäftseröffnung, Firmenjubiläum, Liquidationen, Dorffest, Frühlingsbeginn, Januarloch)

Die Rabatte werden auf den Rechnungen ausgewiesen, und sowohl bei Wareneinkäufen als auch bei Warenverkäufen wird nach Möglichkeit immer der Nettobetrag nach Abzug des Rabatts verbucht, sodass die in Beispiel 1 gezeigte Rabattbuchung eher selten ist und nur bei nachträglich gewährten Rabatten vorkommt.

Der **Skonto** ist eine Belohnung für vorzeitige Bezahlung. Er wird in der Rechnung als Zahlungsbedingung erwähnt, aber er ist noch nicht abgezogen, weil der Schuldner ein Wahlrecht hat: Er kann die Rechnung vorzeitig unter Abzug von Skonto bezahlen, oder er kann die Rechnung später netto begleichen.

Das folgende Beispiel einer Lieferantenrechnung verdeutlicht den Unterschied zwischen Rabatt und Skonto:

■ **Beispiel 4** **Lieferantenrechnung mit Rabatt und Skonto**

Schreibzeugfabrik AG   Bergstrasse 27
5000 Aarau

Office Center GmbH
Limmatstrasse 310
Aarau, 3. April 20_1   8005 Zürich

Rechnung Nr. 2338

10 000 Schreibblöcke A4 kariert

Bruttopreis (Listenpreis)   Fr. –.50/Stück   Fr. 5 000.–
./. 20% Mengenrabatt   Fr. 1 000.–
Nettopreis (Rechnungsbetrag)   Fr. 4 000.–

Zahlungsbedingungen:
▷ 10 Tage 2% Skonto
▷ 30 Tage netto

Die Buchungssätze für den Krediteinkauf und die Bezahlung der 10 000 Schreibblöcke in Beispiel 2 sind verschieden, je nachdem, ob der Käufer früher oder später bezahlt:

	Mit Skontoabzug (bei Zahlung innert 10 Tagen)		Ohne Skontoabzug (bei Zahlung innert 11 bis 30 Tagen)	
Krediteinkauf	Warenaufwand / Kreditoren	4 000	Warenaufwand / Kreditoren	4 000
Zahlung	Kreditoren / Warenaufwand Kreditoren / Bank	80 3 920	Kreditoren / Bank	4 000

Der Käufer erhält im obigen Beispiel vom Lieferanten grundsätzlich einen Kredit für 30 Tage. Wenn er die Schuld schon nach 10 Tagen begleicht (also 20 Tage früher), kann er einen Skonto von 2% abziehen.

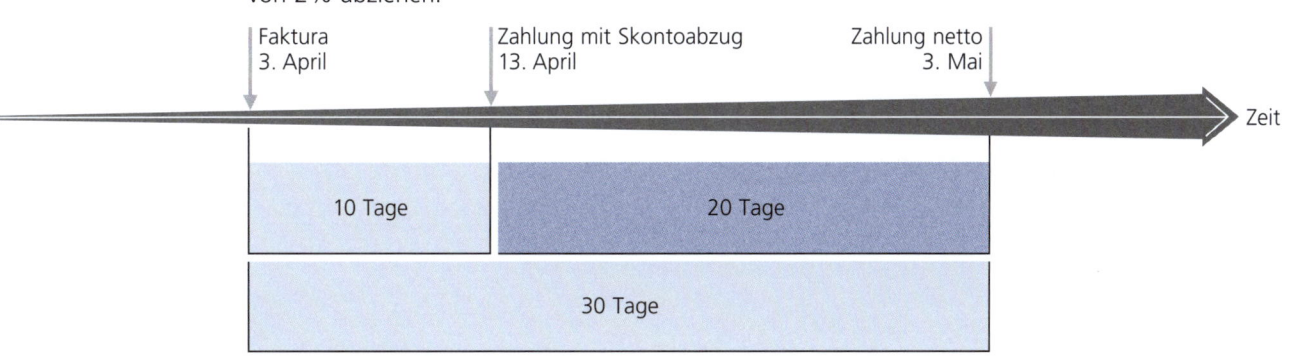

Faktura
3. April

Zahlung mit Skontoabzug
13. April

Zahlung netto
3. Mai

Zeit

10 Tage

20 Tage

30 Tage

Damit wird klar, dass der Skonto den Charakter eines Zinses hat, und es stellt sich die Frage, welcher **Zinsfuss** dieser Skontogewährung zugrunde liegt. Da sich die Zinsfüsse normalerweise auf ein Jahr beziehen, muss der Skonto auf ein ganzes Jahr umgerechnet werden:

Zinsfuss (Skonto) für **20 Tage**	**2%**
Zinsfuss für 360 Tage (Jahreszinsfuss)	**36%**

$$\frac{2\% \cdot 360 \text{ Tage}}{20 \text{ Tage}} = 36\% \text{ p.a.}$$

Für den Kunden lohnt es sich meist, den Skonto abzuziehen, weil der zugrunde liegende Jahreszinsfuss in der Regel hoch ist.

Auf der anderen Seite bietet ein Lieferant den Skonto aus folgenden Gründen an:

▷ Der Lieferant braucht dringend Geld und kann dies nicht anderweitig beschaffen, weil seine Bonität zu gering ist.
▷ Der Lieferant versucht mit der Skontogewährung, das Delkredere-Risiko (Risiko, dass der Kunde nicht zahlt) zu vermindern.
▷ Die Gewährung von Skonto kann branchenüblich sein (z. B. Baubranche).

Wegen des hohen Zinsfusses ist der Skonto heutzutage nicht mehr verbreitet.

Bestandesänderungen im Warenvorrat

Obwohl sich die Vorräte in einem Handelsbetrieb laufend verändern, werden die Bestandesänderungen in der Buchhaltung erst am Ende jeder Rechnungsperiode (meist Ende Jahr) erfasst. **Das Warenvorratskonto wird damit zum ruhenden Konto.** Dies bedeutet:

▷ Nach der Eröffnung des Kontos Warenvorrat werden unter dem Jahr keine Buchungen mehr auf diesem Konto vorgenommen (das Konto ruht).

▷ Am Jahresende ist das Konto Warenvorrat durch eine Korrekturbuchung anzupassen. Dabei gelten folgende Regeln:

1. Am Jahresende wird der neue Bestand aufgrund des Wareninventars[1] ermittelt und im Konto Warenvorrat als Schlussbestand (Saldo) eingetragen.
2. Die Bestandesänderung wird im Konto Warenvorrat als Differenz zwischen dem Anfangs- und dem Schlussbestand ermittelt.
3. Die Bestandesänderung wird als Korrekturbuchung im Konto Warenvorrat und als Gegenkonto im Warenaufwand erfasst.

---

[1] Bei der Inventur werden Ende Jahr alle Waren gezählt, gemessen oder gewogen. Durch Multiplikation der Lagermengen mit den entsprechenden Einstandspreisen ergibt sich der Wert des Warenvorrats. Das detaillierte Verzeichnis aller Waren mit Mengen und Einstandspreisen heisst Wareninventar.

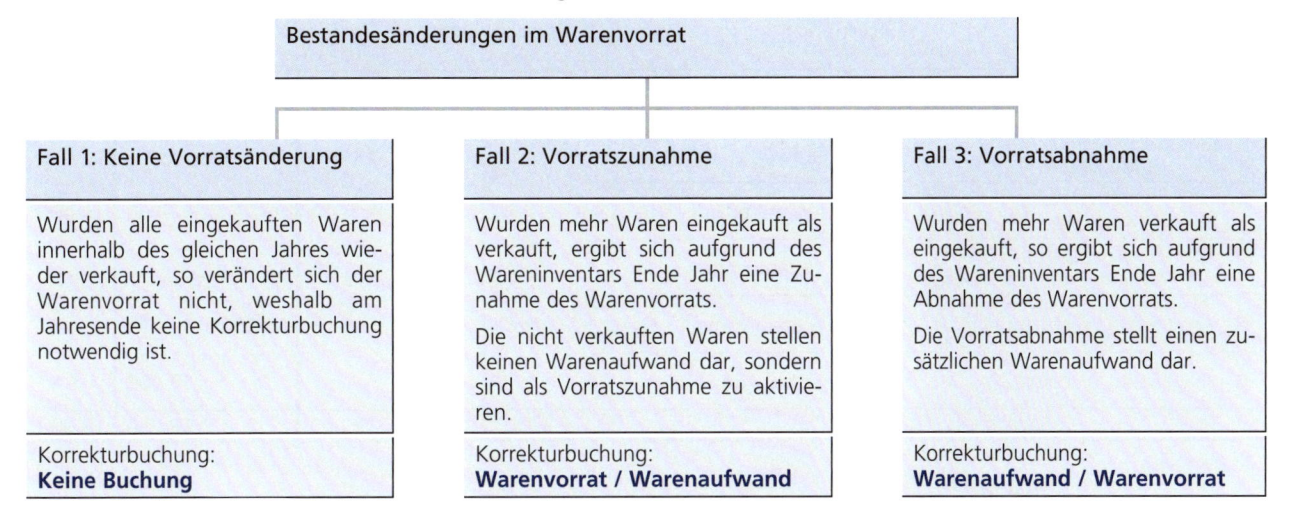

Wareneinkauf und Warenverkauf — 30

Bei den Bestandesänderungen sind drei Fälle zu unterscheiden:

Bestandesänderungen im Warenvorrat

Fall 1: Keine Vorratsänderung	Fall 2: Vorratszunahme	Fall 3: Vorratsabnahme
Wurden alle eingekauften Waren innerhalb des gleichen Jahres wieder verkauft, so verändert sich der Warenvorrat nicht, weshalb am Jahresende keine Korrekturbuchung notwendig ist.	Wurden mehr Waren eingekauft als verkauft, ergibt sich aufgrund des Wareninventars Ende Jahr eine Zunahme des Warenvorrats. Die nicht verkauften Waren stellen keinen Warenaufwand dar, sondern sind als Vorratszunahme zu aktivieren.	Wurden mehr Waren verkauft als eingekauft, so ergibt sich aufgrund des Wareninventars Ende Jahr eine Abnahme des Warenvorrats. Die Vorratsabnahme stellt einen zusätzlichen Warenaufwand dar.
Korrekturbuchung: **Keine Buchung**	Korrekturbuchung: **Warenvorrat / Warenaufwand**	Korrekturbuchung: **Warenaufwand / Warenvorrat**

In Beispiel 3 werden diese drei Fälle mit summarischen Zahlen erläutert.

■ Beispiel 5   Bestandesänderungen

A. Schmidlin kauft das Trendgetränk BLUE DOG von einer Getränkefabrik für Fr. 2.–/Dose ein und verkauft es an schweizerische Diskotheken für Fr. 3.–/Dose.

Einstandspreis je Dose	Fr. 2.–
+ Bruttogewinnzuschlag je Dose[1]	Fr. 1.–
= Verkaufspreis je Dose	Fr. 3.–

Die Einkäufe und Verkäufe werden zur Vereinfachung gegen bar abgewickelt.

---

[1] Der Bruttogewinn dient dem Händler zur Deckung der allgemeinen Aufwände wie Personal, Miete, Abschreibungen oder Zinsen sowie zur Erzielung eines Reingewinns.

Wareneinkauf und Warenverkauf

Fall 1: Keine Vorratsveränderung

Datum	Geschäftsfall	Buchung	Warenvorrat		Warenaufwand		Warenertrag	
01. 01.	Anfangsbestand Warenvorrat 2 000 Dosen	Warenvorrat / Bilanz	4 000					
Diverse	Wareneinkäufe 6 000 Dosen	Warenaufwand / Kasse			12 000			
Diverse	Warenverkäufe 6 000 Dosen	Kasse / Warenertrag						18 000
31. 12.	Schlussbestand Warenvorrat 2 000 Dosen	Bilanz / Warenvorrat		4 000				
31. 12.	Saldo Warenaufwand	ER / Warenaufwand				12 000		
31. 12.	Saldo Warenertrag	Warenertrag / ER					18 000	
			4 000	4 000	12 000	12 000	18 000	18 000

Fall 2: Vorratszunahme

Datum	Geschäftsfall	Buchung	Warenvorrat		Warenaufwand		Warenertrag	
01. 01.	Anfangsbestand Warenvorrat 2 000 Dosen	Warenvorrat / Bilanz	4 000					
Diverse	Wareneinkäufe 6 000 Dosen	Warenaufwand / Kasse			12 000			
Diverse	Warenverkäufe 5 000 Dosen	Kasse / Warenertrag						15 000
31. 12.	**Korrekturbuchung** Vorratszunahme 1 000 Dosen	**Warenvorrat / Warenaufwand**	**2 000**			**2 000**		
31. 12.	Schlussbestand Warenvorrat 3 000 Dosen	Bilanz / Warenvorrat		6 000				
31. 12.	Saldo Warenaufwand	ER / Warenaufwand				10 000		
31. 12.	Saldo Warenertrag	Warenertrag / ER					15 000	
			6 000	6 000	12 000	12 000	15 000	15 000

Fall 3: Vorratsabnahme

Datum	Geschäftsfall	Buchung	Warenvorrat		Warenaufwand		Warenertrag	
01. 01.	Anfangsbestand Warenvorrat 2 000 Dosen	Warenvorrat / Bilanz	4 000					
Diverse	Wareneinkäufe 6 000 Dosen	Warenaufwand / Kasse			12 000			
Diverse	Warenverkäufe 7 000 Dosen	Kasse / Warenertrag						21 000
31. 12.	**Korrekturbuchung** Vorratsabnahme 1 000 Dosen	**Warenaufwand / Warenvorrat**		2 000	2 000			
31. 12.	Schlussbestand Warenvorrat 1 000 Dosen	Bilanz / Warenvorrat		2 000				
31. 12.	Saldo Warenaufwand	ER / Warenaufwand				14 000		
31. 12.	Saldo Warenertrag	Warenertrag / ER					21 000	
			4 000	4 000	14 000	14 000	21 000	21 000

Wareneinkauf und Warenverkauf **30**

Grafisch können die Konten Warenvorrat und Warenaufwand mit den Zahlen von Beispiel 3 wie folgt dargestellt werden (die Grössenverhältnisse sind nicht massstäblich):

Fall 1: Keine Vorratsveränderung

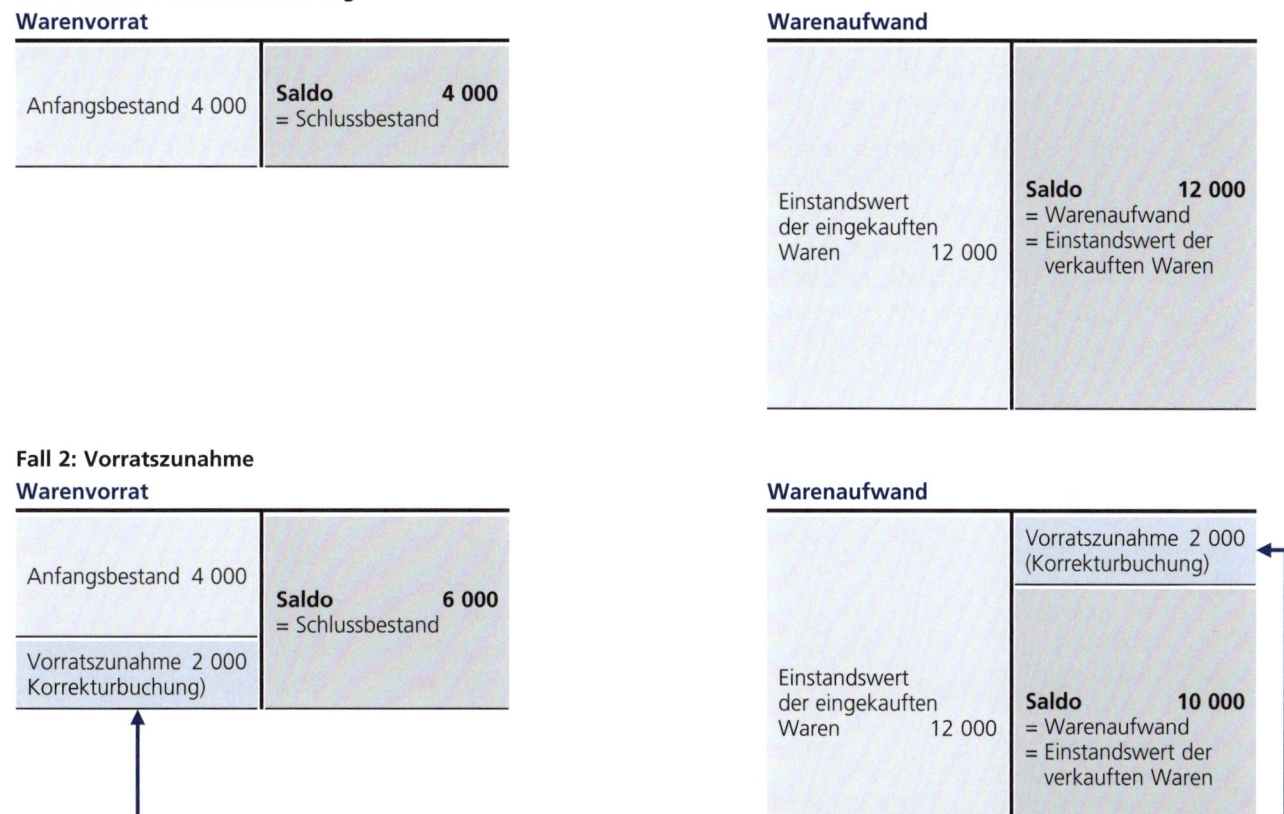

Warenvorrat

| Anfangsbestand 4 000 | **Saldo** 4 000 = Schlussbestand |

Warenaufwand

| Einstandswert der eingekauften Waren 12 000 | **Saldo** 12 000 = Warenaufwand = Einstandswert der verkauften Waren |

Fall 2: Vorratszunahme

Warenvorrat

| Anfangsbestand 4 000 | **Saldo** 6 000 = Schlussbestand |
| Vorratszunahme 2 000 Korrekturbuchung | |

Warenaufwand

| | Vorratszunahme 2 000 (Korrekturbuchung) |
| Einstandswert der eingekauften Waren 12 000 | **Saldo** 10 000 = Warenaufwand = Einstandswert der verkauften Waren |

Fall 3: Vorratsabnahme

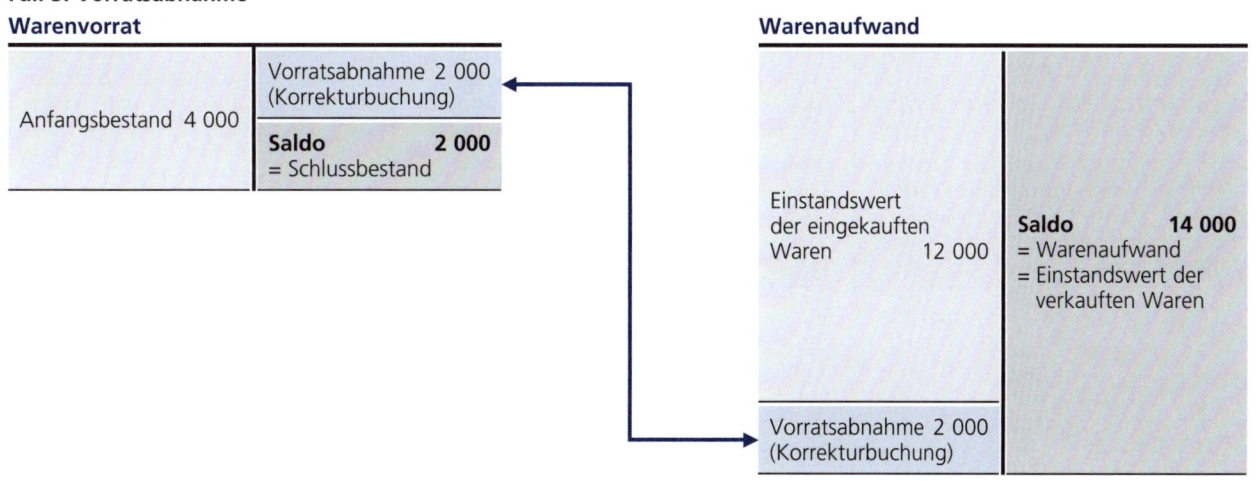

Warenvorrat

| Anfangsbestand 4 000 | Vorratsabnahme 2 000 (Korrekturbuchung) |
| | **Saldo** 2 000 = Schlussbestand |

Warenaufwand

| Einstandswert der eingekauften Waren 12 000 | **Saldo** 14 000 = Warenaufwand = Einstandswert der verkauften Waren |
| Vorratsabnahme 2 000 (Korrekturbuchung) | |

Dreistufige Erfolgsrechnungen

Für die Analyse des Jahresergebnisses ist eine mehrstufige Gliederung unerlässlich.

Das Beispiel zeigt, dass nur der mehrstufige Erfolgsausweis eine differenzierte Analyse der unternehmerischen Tätigkeit ermöglicht:

▷ Mit **Betrieb** bezeichnet man die Haupttätigkeit der Unternehmung; das ist in dieser Unternehmung der Handel mit Waren. In der einstufigen Erfolgsrechnung wird nicht sichtbar, dass der Betrieb verlustbringend ist.

▷ Der Unternehmungsgewinn kommt nur dank dem positiven Einfluss von **neutralem** Ertrag zustande. Neutral bedeutet: nicht zum betrieblichen Kernbereich gehörend. Hier zum Beispiel der Ertrag und der Aufwand eines nicht betriebsnotwendigen Wohnblocks sowie ein Gewinn bei der Veräusserung von Anlagevermögen.[1]

■ **Beispiel**   **Einstufige und dreistufige Erfolgsrechnung**

Einstufige Erfolgsrechnung

	Warenertrag	100
+	Liegenschaftenertrag	15
+	Veräusserungsgewinn	9
./.	Warenaufwand	– 60
./.	Personalaufwand	– 25
./.	Mietaufwand	– 7
./.	Übriger Gemeinaufwand	– 16
./.	Liegenschaftenaufwand	– 6
=	**Gewinn**	**10**

Dreistufige Erfolgsrechnung

	Warenertrag		100
./.	Warenaufwand		– 60
=	**Bruttogewinn**		**40**
./.	Personalaufwand	⎫	– 25
./.	Mietaufwand	⎬ Gemeinaufwand	– 7
./.	Übriger Gemeinaufwand	⎭	– 16
=	**Betriebsverlust**		**– 8**
+	Liegenschaftenertrag	⎫ Neutraler	15
./.	Liegenschaftenaufwand	⎬ Aufwand und	– 6
+	Veräusserungsgewinn	⎭ Ertrag	9
=	**Unternehmungsgewinn**		**10**

Je nach Branche und Informationsbedürfnissen ist eine andere Anzahl Stufen zweckmässig. Erfolgsrechnungen von Handelsbetrieben sind in der Praxis oft dreistufig:

1. Stufe: Bruttogewinn	2. Stufe: Betriebserfolg	3. Stufe: Unternehmungserfolg
Der Bruttogewinn ergibt sich aus der Gegenüberstellung von Warenertrag und Warenaufwand.	Vom Bruttogewinn wird der Gemeinaufwand abgezogen und als Ergebnis der Betriebserfolg ausgewiesen.	In der dritten Stufe werden zusätzlich die neutralen Aufwände und Erträge berücksichtigt und als Resultat der Unternehmungserfolg (Gesamterfolg der Unternehmung) ermittelt.
Der Bruttogewinn dient zur Deckung des Gemeinaufwands und ist eine zentrale Grösse bei der Beurteilung der Kosten- und Preispolitik einer Handelsunternehmung.	Sämtliche Aufwände und Erträge der beiden ersten Stufen sind betrieblicher Natur, d.h., sie stehen im Zusammenhang mit dem eigentlichen Betriebszweck (hier der Handel mit Waren).	Neutrale Aufwände sind entweder betriebsfremd oder ausserordentlich (siehe nächste Seite).

[1] Wenn Anlagevermögen zu einem über dem Buchwert liegenden Verkaufspreis veräussert wird, entsteht ein so genannter Veräusserungsgewinn.

Dreistufige Erfolgsrechnungen **31**

Schematisch dargestellt ergibt sich folgende Gliederung von Aufwand und Ertrag:

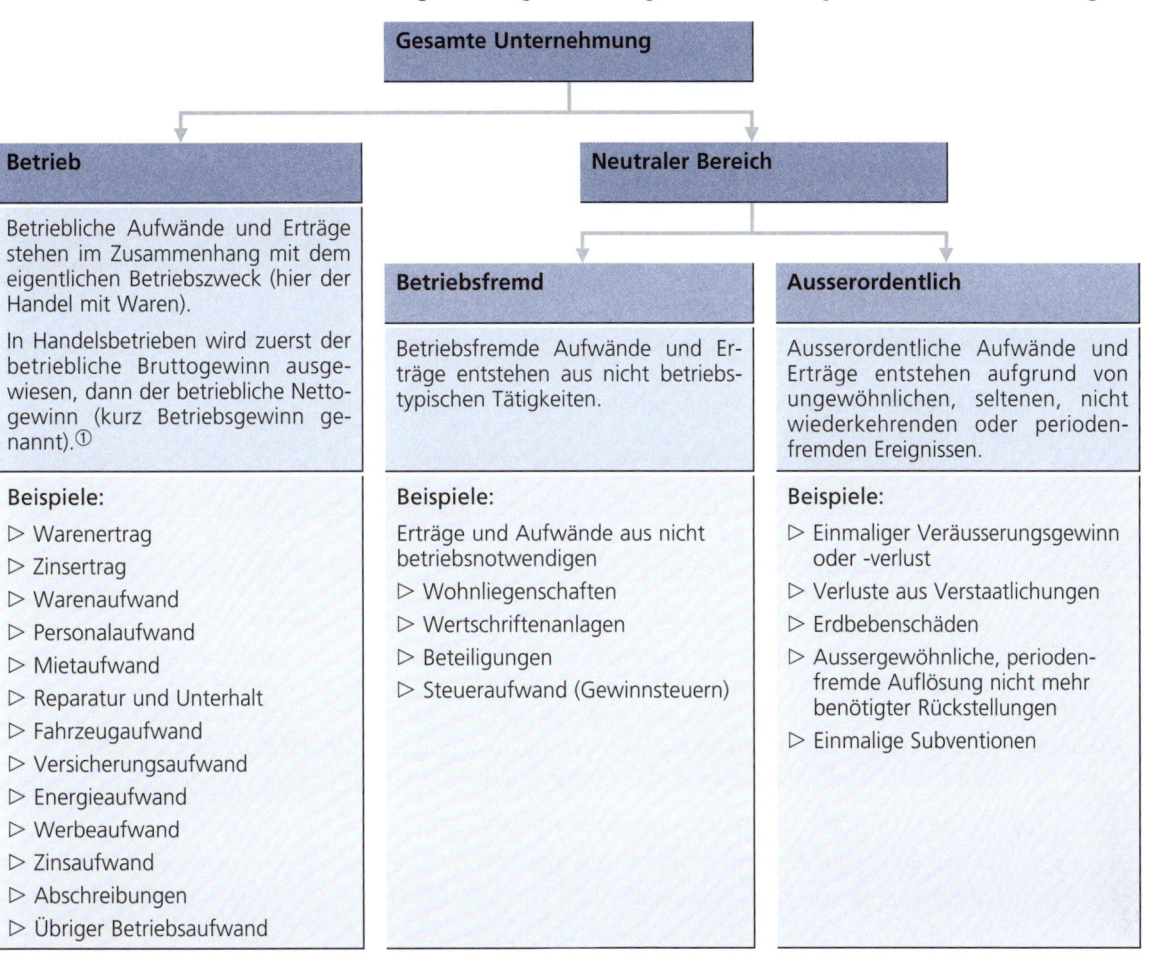

Gesamte Unternehmung

Betrieb

Betriebliche Aufwände und Erträge stehen im Zusammenhang mit dem eigentlichen Betriebszweck (hier der Handel mit Waren).

In Handelsbetrieben wird zuerst der betriebliche Bruttogewinn ausgewiesen, dann der betriebliche Nettogewinn (kurz Betriebsgewinn genannt).[1]

Beispiele:
- Warenertrag
- Zinsertrag
- Warenaufwand
- Personalaufwand
- Mietaufwand
- Reparatur und Unterhalt
- Fahrzeugaufwand
- Versicherungsaufwand
- Energieaufwand
- Werbeaufwand
- Zinsaufwand
- Abschreibungen
- Übriger Betriebsaufwand

Neutraler Bereich

Betriebsfremd

Betriebsfremde Aufwände und Erträge entstehen aus nicht betriebstypischen Tätigkeiten.

Beispiele:
Erträge und Aufwände aus nicht betriebsnotwendigen
- Wohnliegenschaften
- Wertschriftenanlagen
- Beteiligungen
- Steueraufwand (Gewinnsteuern)

Ausserordentlich

Ausserordentliche Aufwände und Erträge entstehen aufgrund von ungewöhnlichen, seltenen, nicht wiederkehrenden oder periodenfremden Ereignissen.

Beispiele:
- Einmaliger Veräusserungsgewinn oder -verlust
- Verluste aus Verstaatlichungen
- Erdbebenschäden
- Aussergewöhnliche, periodenfremde Auflösung nicht mehr benötigter Rückstellungen
- Einmalige Subventionen

---

[1] Gemäss Obligationenrecht wird der Betrieb nicht weiter unterteilt. Hingegen scheidet der Kontenrahmen KMU in der Kontenklasse 7 noch **Nebenbetriebe** separat aus (vgl. Anhang 3 dieses Buchs):
- In der Praxis wird häufig die **Betriebsliegenschaft** als Nebenbetrieb betrachtet (im Sinne eines Profit Centers). Um die Aufwände und Erträge der Betriebsliegenschaft separat zu erfassen, werden die Konten Liegenschaftsaufwand (Immobilienaufwand) und Liegenschaftsertrag (Immobilienertrag) geführt.
- Die ertragsbringende Anlage von überschüssiger Liquidität des Betriebs in Form von **Wertpapieren** kann auch als Nebenbetrieb mit den Konten Wertschriftenaufwand und Wertschriftenertrag erfasst werden.
- Ebenfalls als Nebenbetrieb betrachtet werden können betriebsnotwendige **Beteiligungen** an anderen Unternehmen mit den Konten Beteiligungsaufwand und Beteiligungsertrag.

32

Mehrwertsteuer

Die Mehrwertsteuer (MWST) ist eine **indirekte Bundessteuer.** Sie ist mit über einem Drittel der Gesamteinnahmen die wichtigste Geldquelle des Bundes.

Der Name Mehrwertsteuer rührt daher, dass der von einer Unternehmung geschaffene Mehrwert besteuert wird. Bei einer Kleiderfabrik beispielsweise besteht dieser Mehrwert hauptsächlich aus der Wertdifferenz zwischen den eingekauften Stoffen und den verkauften Kleidern. Die Steuer wird jeweils auf dem Nettobetrag der Wertschöpfung erhoben; die auf den vorangehenden Stufen bezahlte MWST kann als Vorsteuer in Abzug gebracht werden.

Die Abrechnung mit der Eidgenössischen Steuerverwaltung erfolgt in der Regel vierteljährlich.

Steuerpflichtig ist gemäss Bundesgesetz über die Mehrwertsteuer Art. 10

> ... wer unabhängig von Rechtsform, Zweck und Gewinnabsicht ein Unternehmen betreibt ... und unter eigenem Namen nach aussen auftritt.

Von der Steuerpflicht befreit sind:

▷ Unternehmen mit einem Jahresumsatz von weniger als 100 000 Franken.

▷ Nicht gewinnstrebige, ehrenamtlich geführte Sportvereine und gemeinnützige Institutionen mit einem Jahresumsatz von weniger als 150 000 Franken.

Besteuert werden folgende durch Steuerpflichtige getätigte **Umsätze,** sofern sie nicht ausdrücklich von der Steuer ausgenommen sind:

▷ die im Inland erbrachten Lieferungen von Gegenständen

▷ die im Inland erbrachten Dienstleistungen

▷ die Einfuhr von Gegenständen[1]

▷ der Bezug von Dienstleistungen von Unternehmen mit Sitz im Ausland[2]

---

[1] Die MWST bei der Einfuhr von Gegenständen wird durch die Eidgenössische Zollverwaltung erhoben.

[2] Beispiele für Einfuhren von Dienstleistungen sind: Bezug von Computerprogrammen eines ausländischen Anbieters übers Internet, Werbung für eine schweizerische Unternehmung in einer ausländischen Zeitung oder die Vermögensverwaltung durch eine ausländische Bank.

Mehrwertsteuer 32

Zur Anwendung gelangen folgende **Steuersätze:**

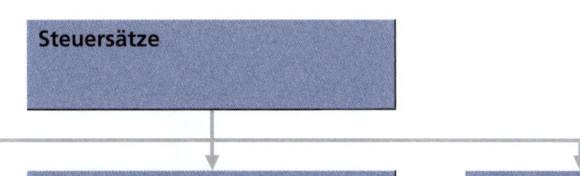

Steuersätze

Normalsatz 8,0%

Grundsätzlich werden alle Umsätze zum Normalsatz von 8,0% besteuert. Zusammengefasst sind dies:

▷ Gegenstände wie Waren, Rohstoffe, Fahrzeuge, Maschinen, Mobiliar
▷ Energie wie Elektrizität, Gas, Heizöl, Treibstoffe
▷ Dienstleistungen von Reisebüros, Taxiunternehmen, Coiffeuren, Ingenieuren, Rechtsanwälten, Architekten, Werbebüros, Transportunternehmungen, Restaurants und Hotels[2]
▷ Gegenstände zum Eigenverbrauch

Reduzierter Satz 2,5%

Der reduzierte Satz von 2,5% kommt für Güter und Dienstleistungen des täglichen Bedarfs zur Anwendung:

▷ Nahrungsmittel
▷ Alkoholfreie Getränke
▷ Futtermittel
▷ Medikamente
▷ Zeitungen, Bücher
▷ Pflanzen, Sämereien
▷ Wasser in Leitungen
▷ Radio- und Fernsehgebühren
▷ Gegenstände zum Eigenverbrauch

Von der Steuer ausgenommene oder steuerbefreite Umsätze mit 0%

Von der Steuer **ausgenommen** sind folgende Umsätze:[1]

▷ Ärzte, Zahnärzte, Heilbehandlungen
▷ Schulen
▷ Kirche, soziale Institutionen
▷ Kino, Theater, Konzerte
▷ Lotterien
▷ Sportanlässe
▷ Geld- und Kapitalverkehr
▷ Versicherungen
▷ Wohnungs- und Geschäftsmieten
▷ Liegenschaftskäufe
▷ Im eigenen Betrieb gewonnene Erzeugnisse der Landwirtschaft

Der Export von Gütern und Dienstleistungen ist grundsätzlich von der MWST **befreit.**[3]

---

[1] Durch die Steuersatzreduktion bzw. das Ausnehmen bestimmter Umsätze von der Steuer soll die Deckung der Grundbedürfnisse für sozial schlechter gestellte Bevölkerungsschichten erleichtert werden. Auf den von der Steuer ausgenommenen Umsätzen ist **ein Abzug der Vorsteuer nicht möglich.**

Für verschiedene von der Steuer ausgenommene Umsätze kann die freiwillige Versteuerung beantragt werden. Ein häufiges Beispiel sind Sportanlässe, sofern die auf Eintritten oder Startgeldern geschuldeten Umsatzsteuern tiefer sind als die Vorsteuerabzüge.

[2] Für Beherbergungsleistungen (Übernachtung und Frühstück) gilt ein Sondersatz von 3,8%.

[3] Die Steuerbefreiung der Exporte soll die internationale Konkurrenzfähigkeit der Schweiz fördern, was im Hinblick auf die Arbeitsplatzsicherung im Inland von Bedeutung ist. Diese Steuerbefreiung entspricht auch den internationalen Gepflogenheiten, wonach Exporte nur im Bestimmungsland besteuert werden. **Ein Vorsteuerabzug ist möglich.**

Wie funktioniert die Mehrwertsteuer?

Stoffhändler	Kleiderfabrik	Boutique

Der Stoffhändler importiert Stoffe im Wert von Fr. 6000.– und verkauft diese weiter an eine Kleiderfabrik für Fr. 10000.–.

Die Kleiderfabrik verarbeitet die Stoffe zu Kleidern und verkauft diese an eine Boutique für Fr. 30000.–.

Die Boutique verkauft die Kleider an die Kundinnen für Fr. 70000.–.

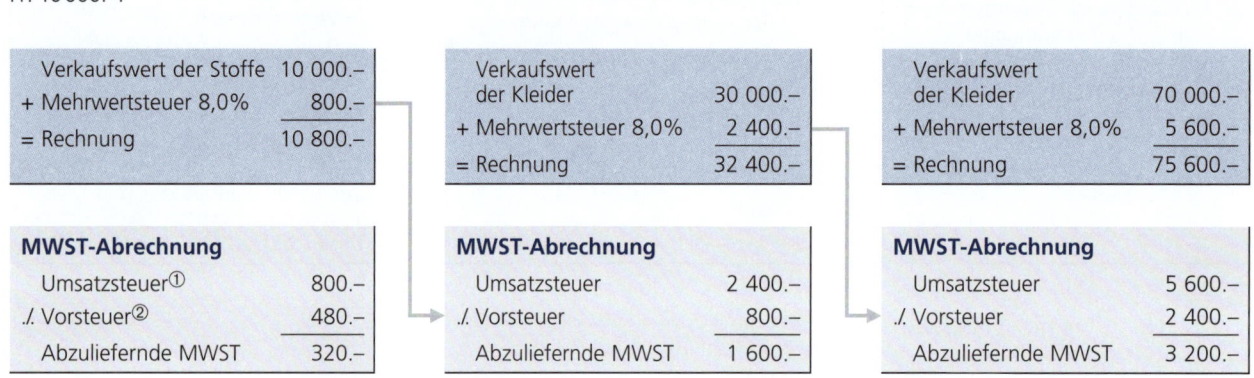

Verkaufswert der Stoffe	10 000.–
+ Mehrwertsteuer 8,0%	800.–
= Rechnung	10 800.–

Verkaufswert der Kleider	30 000.–
+ Mehrwertsteuer 8,0%	2 400.–
= Rechnung	32 400.–

Verkaufswert der Kleider	70 000.–
+ Mehrwertsteuer 8,0%	5 600.–
= Rechnung	75 600.–

MWST-Abrechnung	
Umsatzsteuer[1]	800.–
./. Vorsteuer[2]	480.–
Abzuliefernde MWST	320.–

MWST-Abrechnung	
Umsatzsteuer	2 400.–
./. Vorsteuer	800.–
Abzuliefernde MWST	1 600.–

MWST-Abrechnung	
Umsatzsteuer	5 600.–
./. Vorsteuer	2 400.–
Abzuliefernde MWST	3 200.–

Am Beispiel der Kleiderfabrik wird das Wesen der MWST gut veranschaulicht:

Verkaufswert der Kleider an die Kleiderboutique	30 000.–	
./. Einkaufswert der Stoffe (= Vorleistung)	10 000.–	
Geschaffener Mehrwert	20 000.–	100,0%
Mehrwertsteuer	**1 600.–**	**8,0%**

Auf der nächsten Seite wird die Verbuchung der Mehrwertsteuer am Beispiel einer Kleiderboutique dargestellt.

[1] Unter **Umsatzsteuer** versteht man die auf dem Umsatz geschuldete Mehrwertsteuer.

[2] Unter **Vorsteuer** versteht man die auf empfangenen Lieferungen und Leistungen bezahlte Mehrwertsteuer. Sie kann von der geschuldeten Umsatzsteuer in Abzug gebracht werden. Den abzugsfähigen Betrag nennt man auch Vorsteuerabzug. Er beträgt hier 8,0% von Fr. 6000.– und wird am Zoll erhoben.

Die Abrechnung der Vorsteuer ist in diesem Beispiel vereinfacht dargestellt. In der Praxis könnten auch die auf der Beschaffung von Maschinen, Mobiliar und Zutaten wie Faden und Knöpfen bezahlten Vorsteuern in Abzug gebracht werden (siehe Beispiel nächste Seite).

Mehrwertsteuer **32**

■ Beispiel   Verbuchung der MWST

Datum	Geschäftsverkehr			Buchung		Betrag	Debitor Vorsteuer[1]		Kreditor Umsatzsteuer
				Soll	Haben				
4. 1.	Kauf Ladeneinrichtung								
	Kaufpreis	10 000.–		Mobiliar	Kreditoren	10 000.–			
	+ MWST 8,0%	800.–		Debitor Vorsteuer	Kreditoren	800.–	800		
	Rechnung	10 800.–							
5. 1.	Kleidereinkauf								
	Kaufpreis	30 000.–		Warenaufwand	Kreditoren	30 000.–			
	+ MWST 8,0%	2 400.–		Debitor Vorsteuer	Kreditoren	2 400.–	2 400		
	Rechnung	32 400.–							
Div.	Kleiderverkäufe								
	Verkaufspreis	70 000.–		Kasse	Warenertrag	70 000.–			
	+ MWST 8,0%	5 600.–		Kasse	Kreditor Umsatzsteuer	5 600.–			5 600
	Kassabeleg	75 600.–							
20. 2.	Energierechnungen								
	Nettobetrag	1 500.–		Energieaufwand	Kreditoren	1 500.–			
	+ MWST 8,0%	120.–		Debitor Vorsteuer	Kreditoren	120.–	120		
	Rechnung	1 620.–							
10. 3.	Kleidereinkauf								
	Kaufpreis	20 000.–		Warenaufwand	Kreditoren	20 000.–			
	+ MWST 8,0%	1 600.–		Debitor Vorsteuer	Kreditoren	1 600.–	1 600		
	Rechnung	21 600.–							
Div.	Kleiderverkäufe								
	Verkaufspreis	40 000.–		Kasse	Warenertrag	40 000.–			
	+ MWST 8,0%	3 200.–		Kasse	Kreditor Umsatzsteuer	3 200.–			3 200
	Kassabeleg	43 200.–							
31. 3.	MWST-Abrechnung								
	Umsatzsteuerschuld	8 800.–							
	./. Vorsteuerguthaben	4 920.–		Kreditor Umsatzsteuer	Debitor Vorsteuer	4 920.–		4 920	4 920
	abzuliefernde MWST	3 880.–							
5. 4.	Postüberweisung der MWST netto	3 880.–		Kreditor Umsatzsteuer	Post	3 880.–			3 880
							4 920	4 920	8 800	8 800

[1] Für die Vorsteuerverbuchung werden von der Steuerverwaltung zwei getrennte Konten verlangt:
  ▷ Debitor Vorsteuer für Material- und Dienstleistungsaufwand
  ▷ Debitor Vorsteuer für Investitionen und übriger Betriebsaufwand
  Aus methodischen Gründen wird hier ein einziges Konto verwendet.

MWST-Abrechnung mit Saldosteuersätzen

Zur Vereinfachung von Buchhaltung und Administration kann auf Antrag des Steuerpflichtigen die MWST-Abrechnung mittels **Saldosteuersätzen** gewählt werden. Diese Abrechnungsart hat den Vorteil, dass die auf dem Umsatz anrechenbare Vorsteuer nicht ermittelt und verbucht werden muss und lediglich der Umsatz mittels eines branchenabhängigen Saldosteuersatzes besteuert wird[1]. Die Steuerabrechnung mit der MWST-Verwaltung erfolgt zudem nur halbjährlich.

Voraussetzungen für die Abrechnung mittels Saldosteuersatz sind:

▷ Der steuerbare Jahresumsatz (inklusive MWST) darf nicht mehr als Fr. 5 020 000.– betragen.

▷ Die nach dem massgebenden Saldosteuersatz zu bezahlenden Steuern dürfen pro Jahr Fr. 109 000.– nicht übersteigen.

▷ Der Steuerpflichtige hat diese Abrechnungsmethode während einer Steuerperiode beizubehalten; ein Wechsel von der effektiven zur Abrechnung mit Saldosteuersatz ist frühestens nach drei Jahren möglich.

---

[1] Branchenbezogene Saldosteuersätze sind z.B.

▷ Bäckerei	0,6%
▷ Drogerie	1,3%
▷ Möbelgeschäft	2,1%
▷ Reisebüro	2,1%
▷ Optiker	3,7%
▷ Maler/Tapezierer	5,2%
▷ Treuhänder	6,1%
▷ Temporärfirma	6,7%

Mehrwertsteuer

32

■ **Beispiel** **Verbuchung der MWST nach der Saldomethode**

Ein Architekt erzielt einen Halbjahresumsatz von Fr. 200 000.– ohne Mehrwertsteuer. Gegenüber den Kunden rechnet er die MWST mit 8,0% ab, gegenüber der Steuerverwaltung hingegen nur zum bewilligten Saldosteuersatz von 6,1%, da er auf den Vorsteuerabzug verzichtet.

	Geschäftsverkehr		Buchung		Betrag	Kreditor Umsatzsteuer		Honorarertrag	
			Soll	Haben					
iv.	Honorarrechnungen								
	Nettopreis	200 000.–							
	+ MWST 8,0% ①	16 000.–							
	Rechnungen	216 000.–	Debitoren	Honorarertrag	216 000.–				216 000
0. 6.	Mobiliarkauf								
	Kaufpreis	10 000.–							
	+ MWST 8,0%	800.–							
	Rechnung	10 800.–	Mobiliar	Kreditoren	10 800.–				
0. 6.	Energierechnungen								
	Nettobetrag	1 500.–							
	+ MWST 8,0%	120.–							
	Rechnung	1 620.–	Energieaufwand	Kreditoren	1 620.–				
30. 6.	MWST-Abrechnung								
	MWST 6,1% vom Honorarumsatz von 216 000.– ②		Honorarertrag	Kreditor Umsatzsteuer	13 176.–	13 176		13 176	
2. 7.	Postüberweisung der geschuldeten MWST		Kreditor Umsatzsteuer	Post	13 176.–		13 176		
	Saldo		Honorarertrag	Erfolgsrechnung				202 824	
						13 176	13 176	216 000	216 000

① In seinen Rechnungen an die Kunden macht der Architekt keinen Hinweis auf den Saldosteuersatz, sondern verrechnet ausschliesslich 8,0% MWST.

② Die Ermittlung der Vorsteuer entfällt. Im Gegensatz zur normalen MWST-Abrechnung ist der an die Kunden verrechnete Umsatz hier 100%.

Die Steuerpflichtigen rechnen mit der Eidgenössischen Steuerverwaltung in der Regel nach vereinbartem Entgelt ab. Die Abrechnung erfolgt grundsätzlich vierteljährlich, bei der Anwendung von Saldosteuersätzen halbjährlich. Der geschuldete Betrag muss innert 60 Tagen bezahlt werden.

Abrechnungsart

Nach vereinbartem Entgelt (Rechnungen)

Die Umsatzsteuer wird aufgrund der Rechnungen an die Kunden abgerechnet, die Vorsteuer aufgrund der Rechnungen der Lieferanten.

Diese Abrechnungsart entspricht dem Normalfall.

Für die Eidgenössische Steuerverwaltung ist von Vorteil, dass sie rascher zu ihrem Geld kommt, weil die Rechnungsstellung an die Kunden zeitlich vor der Zahlung erfolgt.

Vorteilhaft für den Steuerpflichtigen ist, dass er die Vorsteuer bereits bei Erhalt der Lieferantenrechnung geltend machen kann (und nicht erst bei deren Bezahlung).

Nachteilig ist, dass bei Rabatt- und Skontoabzug, bei Rücksendungen und bei Debitorenverlusten die Zahlung niedriger ist als der Rechnungsbetrag und deshalb der steuerbare Umsatz nachträglich korrigiert werden muss.

Nach vereinnahmtem Entgelt (Zahlungen)

Die Umsatzsteuer wird aufgrund der eingegangenen Zahlungen der Kunden abgerechnet, die Vorsteuer aufgrund der an die Lieferanten geleisteten Zahlungen.

Diese Abrechnungsart ist nur mit einer speziellen Bewilligung der Eidgenössischen Steuerverwaltung möglich. Sie ist vor allem für Geschäfte mit grossem Barverkehr geeignet.

Kalkulation im Handel

Unter Kalkulation[1] wird im Rechnungswesen die Ermittlung der Kosten für eine bestimmte Leistungseinheit (Stück, Kilogramm, Meter, Liter usw.) verstanden. Im Handel hat die Kalkulation zwei Ziele:

▷ Bestimmung des Einstandspreises, der Selbstkosten und des Nettoerlöses[2]
▷ Ermittlung der Zuschlagssätze zur Preisfindung bei neuen Warenangeboten, für die kein Marktpreis besteht.

Von Einzelkalkulation spricht man, wenn die Berechnungen sich auf einen einzelnen Artikel beziehen, von Gesamtkalkulation, wenn die Kalkulation eine ganze Abteilung oder einen ganzen Betrieb umfasst.

Kalkulation	
Gesamtkalkulation	**Einzelkalkulation**
▷ Die Gesamtkalkulation erfasst die gesamten Kosten für alle Artikel oder Leistungen einer Abteilung bzw. eines Betriebes. ▷ Aus der Gesamtkalkulation werden die Zuschlagssätze für die Einzelkalkulation abgeleitet.	▷ Die Einzelkalkulation erfasst nur die Kosten für einen bestimmten Artikel oder eine bestimmte Leistung. ▷ In der Einzelkalkulation werden die Zuschlagssätze aus der Gesamtkalkulation zur Bestimmung der Selbstkosten und des Nettoerlöses für das einzelne Verkaufsobjekt angewandt.

---

[1] Früher wurden die Preise mithilfe von Kalkkügelchen (Calculi) berechnet. Diese Berechnungsart hat der heutigen Preisfindung mittels Kalkulation den Namen gegeben.

[2] In der Kalkulation wird meistens von Kosten und Erlösen gesprochen, statt von Aufwand und Ertrag, um den unternehmungsinternen Charakter solcher Rechnungen zum Ausdruck zu bringen.

Kalkulation im Handel 33

■ Beispiel 1 Gesamtkalkulation und Berechnung der Zuschlagssätze

Ausgangslage bildet die Erfolgsrechnung eines Optikergeschäfts:

Erfolgsrechnung für 20_1

Nettoerlös[1]		420 000
./. Warenaufwand		– 200 000
= **Bruttogewinn**		**220 000**
./. Gemeinaufwand		
▷ Personalaufwand	– 150 000	
▷ Raumaufwand	– 30 000	
▷ Übriger Aufwand	– 20 000	– 200 000
= **Reingewinn**		**20 000**

Die Zusammenhänge zwischen den verschiedenen Grössen der Erfolgsrechnung lassen sich grafisch wie folgt veranschaulichen:

Bruttogewinn Fr. 220 000.–	Gemeinkosten Fr. 200 000.–	Reingewinn Fr. 20 000.–	Nettoerlös Fr. 420 000.–
Einstandswert (Warenkosten) Fr. 200 000.–	Einstandswert (Warenkosten) Fr. 200 000.–	Selbstkosten Fr. 400 000.–	

[1] Anstatt Nettoerlös werden synonym oft auch folgende Begriffe verwendet: Umsatz, Verkaufsumsatz, Verkaufserlös, Warenertrag.

Kalkulation im Handel 33

Im Rahmen der **Gesamtkalkulation** werden für die wichtigsten Grössen die prozentualen Zusammenhänge ermittelt. Diese Prozentsätze werden **Zuschlagssätze** genannt.

Berechnung der Zuschlagssätze aus der Gesamtkalkulation

Gesamtkalkulation		Gemeinkosten-Zuschlag	Reingewinn-Zuschlag	Bruttogewinn-Zuschlag [1]	Formeln für die Zuschlagssätze
Einstandswert	200 000	100%		100%	
+ Gemeinkosten	200 000	100%			$\dfrac{\text{Gemeinkosten} \cdot 100\%}{\text{Einstandswert}}$
= Selbstkosten	400 000	200%	100%	110%	$\dfrac{\text{Bruttogewinn} \cdot 100\%}{\text{Einstandswert}}$
+ Reingewinn	20 000		5%		$\dfrac{\text{Reingewinn} \cdot 100\%}{\text{Selbstkosten}}$
= Nettoerlös	420 000		105%	210%	

[1] Der Bruttogewinn wird in der Praxis vor allem in der Bilanz- und Erfolgsanalyse auf den Nettoerlös bezogen (statt wie hier auf den Einstandswert). Dieser prozentuale Bezug wird **Bruttogewinnmarge** oder **Bruttogewinnquote** genannt:

Bruttogewinnmarge Bruttogewinn in Prozenten des Nettoerlöses	$\dfrac{\text{Bruttogewinn} \cdot 100\%}{\text{Nettoerlös}}$	$\dfrac{220\,000 \cdot 100\%}{420\,000}$	52,4%

Beispiel 2: Einzelkalkulation vom Einstand zum Bruttoverkaufspreis

In der Einzelkalkulation werden die aus der Gesamtkalkulation gewonnenen Zuschlagssätze für ein einzelnes Produkt angewandt.

Zu welchem Preis soll ein Feldstecher zum Einstandspreis von Fr. 300.– im Laden angeboten werden, wenn den Kunden ein Rabatt von 10% und ein Skonto von 2% gewährt wird? Die Mehrwertsteuer von 8% ist im Preis einzurechnen.

Einzelkalkulation

	Einstandspreis①	Fr.	300.–	100%	
+	Gemeinkosten	Fr.	300.–	100%	
=	Selbstkosten	Fr.	600.–	200% →	100%
+	Reingewinn	Fr.	30.–		5%
=	Nettoerlös②	Fr.	630.–	98% ←	105%
+	Skonto	Fr.	12.85	2%	
=	Rechnungsbetrag (Nettokreditverkauf)	Fr.	642.85	100% →	90%
+	Spezialrabatt	Fr.	71.45		10%
=	Bruttoverkaufspreis ohne MWST	Fr.	714.30		100%
+	MWST③	Fr.	57.15		8%
=	Bruttoverkaufspreis mit MWST	Fr.	771.45		108%

① Mit dem **Bruttogewinnzuschlag** ist es möglich, vom Einstandspreis direkt auf den Nettoerlös zu schliessen:

	Einstandspreis	300.–	100%
+	Bruttogewinn	330.–	110%
=	Nettoerlös	630.–	210%

② In anderen Lehrmitteln werden für Nettoerlös oder Zahlung auch die Begriffe Nettobarverkauf oder Nettoverkaufspreis verwendet.

③ Falls der Kunde den Rabatt oder den Skonto beansprucht, vermindert sich die abzuliefernde Mehrwertsteuer um den entsprechenden Prozentsatz.

Kalkulation im Handel — 33

Grafisch lässt sich die Einzelkalkulation treppenartig darstellen:

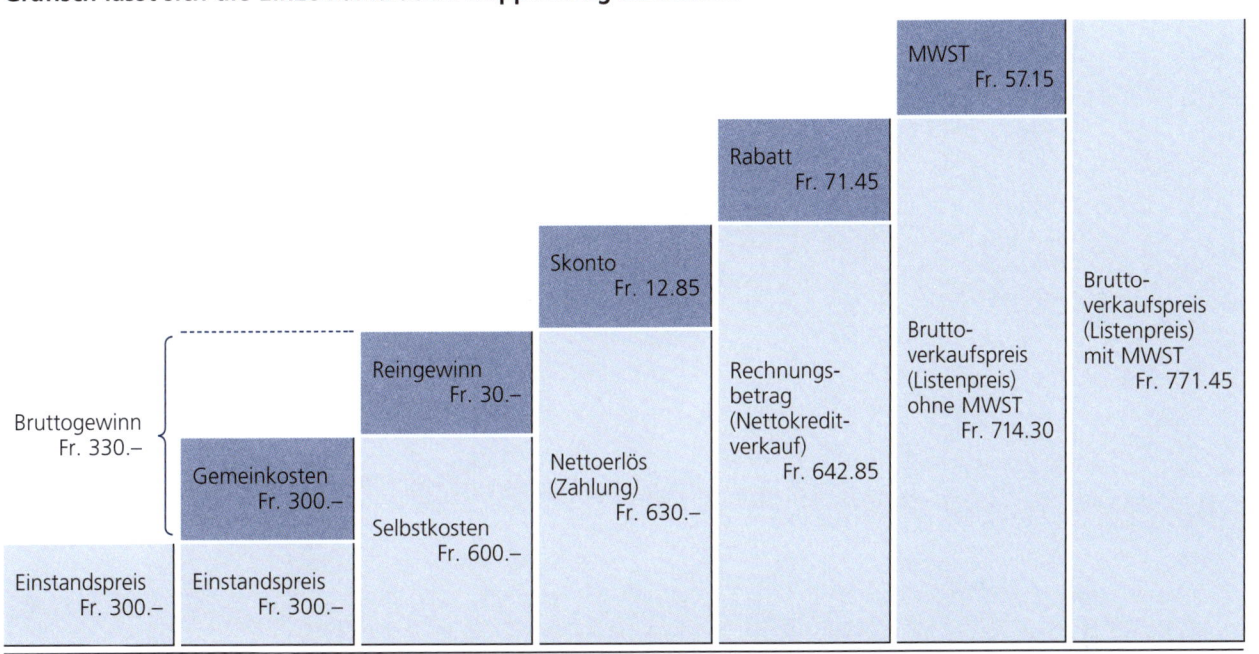

						MWST Fr. 57.15	
					Rabatt Fr. 71.45		
				Skonto Fr. 12.85			
		Reingewinn Fr. 30.–					Bruttoverkaufspreis (Listenpreis) mit MWST Fr. 771.45
Bruttogewinn Fr. 330.–	Gemeinkosten Fr. 300.–			Nettoerlös (Zahlung) Fr. 630.–	Rechnungsbetrag (Nettokreditverkauf) Fr. 642.85	Bruttoverkaufspreis (Listenpreis) ohne MWST Fr. 714.30	
			Selbstkosten Fr. 600.–				
Einstandspreis Fr. 300.–	Einstandspreis Fr. 300.–						

Wird vom kleinen zum grossen Wert, d.h. vom Einstand zum Bruttoverkaufspreis gerechnet, spricht man von **aufbauender Kalkulation.** Wird umgekehrt vom grossen zum kleinen Wert gerechnet, spricht man von **abbauender Kalkulation.**

Aufgaben

1. Teil   Das System der doppelten Buchhaltung

Vermögen, Fremd- und Eigenkapital

11.01

Über die Vermögenslage einer Privatperson sind am 20. August 20_1 folgende Angaben bekannt:

Bargeld Fr. 800.–, Guthaben auf Salärkonto Fr. 3 200.–, Motorrad Harley Davidson Fr. 17 000.–, Stereoanlage, TV mit Video, CDs, Kassetten, Bücher usw. Fr. 3 000.–, noch nicht bezahlte Rechnungen Fr. 3 000.–, Kleider und Schuhe Fr. 2 000.–, Zimmereinrichtung wie Bett, Pult mit Stuhl, Schrank, Bücherregal Fr. 4 000.–.

a) Ermitteln Sie das Vermögen, die Schulden (Fremdkapital) und das Reinvermögen (Eigenkapital) dieser Privatperson am 20. August 20_1, indem Sie den passenden Text mit dem dazugehörenden Betrag ins Schema einsetzen.

Vermögen	Bargeld	Fr. 800.–	
	Guthaben auf Salärkonto	Fr. 3200.–	
	Motorrad Harley Davidson	Fr. 17 000.–	
	Stereoanlage, TV, Videos, CD's, Kassetten, Bücher usw.	Fr. 3000.–	
	Kleider, Schuhe	Fr. 2000.–	
	Mobilien	Fr. 4000.–	Fr. 30 000.–
./. **Schulden**	noch nicht bezahlte Rechnungen		Fr. 3000.–
= **Reinvermögen**			Fr. 27 000.–

b) Setzen Sie die bei a) ermittelten Totalbeträge für das Vermögen, das Fremd- und das Eigenkapital per 20. August 20_1 richtig in die grafische Darstellung ein.

	Schulden
	3000.–
Vermögen	
30 000.–	Reinvermögen
	27 000.–

c) Weshalb handelt es sich bei dem ermittelten Reinvermögen nur um einen ungefähren Betrag (Wert)?

Weil die Beträge nur geschätzt sind.

Vermögen, Fremd- und Eigenkapital

11

11.02

Das **Inventar** ist ein detailliertes Verzeichnis des Vermögens und der Schulden. Die Unternehmungen sind gemäss Obligationenrecht verpflichtet, am Ende jedes Geschäftsjahres ein Inventar aufzustellen.

Ermitteln Sie aufgrund des am 31. 12. 20_1 aufgenommenen Inventars eines CD-Shops das Vermögen, das Fremd- sowie das Eigenkapital (Lösungshilfe unten stehend).

Inventar vom 31. 12. 20_1

Kassabestand (laut Kassasturz)		2 800.–
Guthaben bei der Post (laut Saldomeldung)		6 200.–
Offene Rechnungen an Grosskunden *DEBITOREN*		
▷ Moonlight-Disco, Frauenfeld	400.–	
▷ Hotel Rössli, Bar und Dancing, Wil	600.–	1 000.–
Vorräte an Compactdiscs		
▷ 600 Stück zu Fr. 16.–	9 600.–	
▷ 300 Stück zu Fr. 18.–	5 400.–	
▷ 250 Stück zu Fr. 20.–	5 000.–	20 000.–
Ladeneinrichtung		
▷ 5 Regale zu Fr. 700.–	3 500.–	
▷ 1 Verkaufskorpus	1 500.–	
▷ 4 Stühle zu Fr. 250.–	1 000.–	
▷ 5 CD-Abspielgeräte mit Kopfhörern zu Fr. 800.–	4 000.–	10 000.–
Unbezahlte Rechnungen von CD-Lieferanten *KREDITOREN*		
▷ PolyGram, Hannover	2 100.–	
▷ Polydor, Hamburg	4 600.–	
▷ Decca, Zürich	3 300.–	10 000.–

Lösungshilfe zu Aufgabe 11.02

Vermögen	
Bar- und Kontobestand	Fr. *9 000.–*
CD's	Fr. *20 000.–*
Einrichtung	Fr. *10 000.–*
Grosskunden	Fr. *1 000.–*
	Fr.
	Fr. *40 000.–*

Fremdkapital (Schulden)	
CD Lieferanten	Fr. *10 000.–*

Eigenkapital (Reinvermögen)	
Eigenkapital	Fr. *30 000.–*

11.03

Vom Mountain-Sportshop in Zürich sind bei der Inventur (d.h. bei den Inventararbeiten) am 31. 12. 20_1 die folgenden Bestände aufgenommen worden:

Inventar vom 31. 12. 20_1

Kassabestand		1 600.–
Postguthaben laut Kontoauszug		9 000.–
Noch nicht bezahlte Rechnungen von Kunden		
▷ W. Helbling, Säntisstrasse 49, 8304 Wallisellen	630.–	
▷ U. Meier, Bächliweg 6, 8046 Zürich	250.–	
▷ L. Häring, Weinbergstr. 20, 8703 Erlenbach	330.–	
▷ J. Lamparter, Klebstrasse 2, 8041 Zürich	88.–	
▷ M. Köppel, Brunaustr. 141, 8951 Fahrweid	422.–	
▷ T. Roffler, Bergstr. 23, 8197 Rafz	880.–	2 600.–
Snowboards		
▷ 15 Nidecker Liberty zu Fr. 300.–	4 500.–	
▷ 11 F2 Breezer inklusive Hardplate-Bindung zu Fr. 350.–	3 850.–	
▷ 7 Rossignol Strato inklusive Softbindung zu Fr. 450.–	3 150.–	
▷ 12 K2 Double Wide zu Fr. 325.–	3 900.–	
▷ 4 Santa Cruz zu Fr. 500.–	2 000.–	
▷ 8 Rossignol Mini Roaster inklusive Softbindung zu Fr. 250.–	2 000.–	19 400.–
Schuhe und Bindungen		
▷ 6 Paar Northwave-Softboots zu Fr. 120.–	720.–	
▷ 15 DNR Travel, Boot und Bindung, zu Fr. 190.–	2 850.–	
▷ 9 Raichle, Boot und Switch-Bindung, zu Fr. 250.–	2 250.–	
▷ 14 K2 Sonic Clicker, Boot und Shimano-Bindung zu Fr. 260.–	3 640.–	
▷ 10 Fritschi Crocodile-Softbindungen zu Fr. 140.–	1 400.–	
▷ 6 Proflex Hardplate-Bindungen zu Fr. 90.–	540.–	11 400.–
Bekleidungen		
▷ 40 Paar Snowboard-Hosen Max Drive zu Fr. 100.–	4 000.–	
▷ 25 Snowboard-Jacken Nidecker Everest zu Fr. 140.–	3 500.–	
▷ 8 Snowboard-Jacken Max Drive zu Fr. 90.–	720.–	
▷ 22 Cathexis Fleece-Jacken und -Pullover zu Fr. 30.–	660.–	
▷ 40 Paar Snowboard-Handschuhe diverse Marken zu Fr. 90.–	3 600.–	
▷ Sammelposten Mützen, Socken, T-Shirts usw.	1 520.–	14 000.–
Ladeneinrichtung		12 000.–
Noch nicht bezahlte Lieferantenrechnungen		
▷ Board-Import AG, Hardturmstrasse 100, 8005 Zürich	4 280.–	
▷ American Market, Seestrasse 60, 6300 Zug	1 630.–	
▷ Raichle Boots AG, Bottighoferstr. 1, 8280 Kreuzlingen	1 090.–	7 000.–
Bankschuld laut Kontoauszug der UBS		3 000.–
Darlehensschuld bei der UBS		30 000.–

Vermögen, Fremd- und Eigenkapital — Aufgabe 03

a) Beschriften Sie in der unten stehenden Lösungshilfe die fehlenden Titel, und ermitteln Sie das Vermögen, das Fremdkapital und das Eigenkapital für den Mountain-Sportshop vom 31. 12. 20_1.

Lösungshilfe zu Aufgabe 11.03

Vermögen	
Kassabestand	Fr. 1600.–
Guthaben Post	Fr. 5000.–
Offene Rgn. von Kunden	Fr. 2600.–
Snowboards	Fr. 19 400.–
Schuhe + Bindungen	Fr. 11 400.–
Bekleidung	Fr. 14 000.–
Ladeneinrichtung	Fr. 12 000.–
	Fr. 70 000.–

Fremdkapital	
Lieferantenrechnungen	Fr. 7000.–
Bankschuld	Fr. 3000.–
Darlehensschuld	Fr. 30 000.–
	Fr. 40 000.–

Reinvermögen	
Eigenkapital	Fr. 30 000.–

b) Im Inventar werden die Vorräte zum Einkaufswert aufgeführt, da diese Waren noch nicht verkauft sind. Würden diese Warenvorräte zu den angeschriebenen Verkaufspreisen zusammengezählt, ergäbe sich ein Gesamtwert von Fr. 67 200.–.

Wie viele Prozente schlägt der Sportshop ungefähr noch zum Einkaufspreis dazu, um den Verkaufspreis zu erhalten?

c) Weshalb sind die Ladeneinrichtungen (Verkaufskorpus, Pult, Stühle, Regale, PCs) nur zu Fr. 12 000.– im Inventar aufgeführt?

d) Weshalb wird beim Inventar immer ein genaues Aufnahmedatum angegeben (hier am 31. 12. 20_1)?

b)

c) Weil eine Einrichtung nicht zum Verkaufen ist sondern eben „INVENTAR"

d) Weil ein Laden täglich was verkaufen könnte…???

11.04

Lösen Sie für den Jeans-Laden JACK & SUE folgende Aufgaben:

a) Ermitteln Sie aufgrund des am 30. 6. 20_1 erstellten Inventars das Vermögen, das Fremd- und das Eigenkapital. Die Lösungshilfe ist auf der nächsten Seite.

Inventar vom 30. 6. 20_1

Kasse		1 400.–
Post		3 600.–
Darlehensschuld		40 000.–
Offene Kundenrechnungen		
▷ A. Fetz, Weiningen	260.–	
▷ N. Hungerbühler, Regensberg	150.–	
▷ L. Isler, Zürich	220.–	
▷ J. Egger, Zürich	380.–	
▷ E. Hoffmann, Unterengstringen	470.–	
▷ S. Kambli, Rafz	520.–	2 000.–
Offene Lieferantenrechnungen		
▷ Jeans Import, Zürich	2 200.–	
▷ American Textiles, Basel	1 800.–	
▷ Far East Trade, Zürich	6 000.–	10 000.–
Warenlager		
▷ 170 Paar Levis zu Fr. 49.–	8 330.–	
▷ 153 Paar Rifle zu Fr. 40.–	6 120.–	
▷ 115 Paar Lee zu Fr. 45.–	5 175.–	
▷ 125 Paar Switcher zu Fr. 25.–	3 125.–	
▷ 84 Paar Shorts zu Fr. 20.–	1 680.–	
▷ 50 Paar Jeans-Blusen zu Fr. 35.–	1 750.–	
▷ 61 Hemden zu Fr. 20.–	1 220.–	
▷ 65 Jupes zu Fr. 40.–	2 600.–	30 000.–
Ladeneinrichtung		
▷ 20 Regale zu Fr. 200.–	4 000.–	
▷ 1 Verkaufskorpus zu Fr. 1500.–	1 500.–	
▷ Diverse Einrichtungsgegenstände	3 500.–	9 000.–
Büroeinrichtung		6 000.–
Lieferwagen		18 000.–
Hypotheken		250 000.–
Liegenschaft		430 000.–

b) Welchem Wirtschaftssektor gehört der Jeans-Laden an? Begründen Sie Ihre Antwort.

c) Wie gross ist das Eigenkapital in Prozenten des gesamten Vermögens?

d) Weshalb ergeben der prozentuale Fremdkapital- und der Eigenkapitalanteil zusammen 100%?

Vermögen, Fremd- und Eigenkapital — 11 Aufgabe 04

Lösungshilfe zu Aufgabe 11.04

Vermögen	
Kasse	Fr. 1 400.–
Post	Fr. 3 600.–
Rgn. Kunden	Fr. 2 000.–
Warenlager	Fr. 30 000.–
Ladeneinrichtung	Fr. 9 000.–
Büro "	Fr. 6 000.–
Lieferwagen	Fr. 18 000.–
Liegenschaft	Fr. 430 000.–
	Fr. 995 000.–

Fremdkapital	
Darlehensschuld	Fr. 40 000.–
Lieferantenrechnungen	Fr. 10 000.–
Hypothek	Fr. 250 000.–
	Fr. 300 000.–

Reinvermögen	
Eigenkapital	Fr. 695 000.–

b)

c)

d)

11.05

Der Buchhalter verwendet für viele Vermögens- und Schuldenpositionen besondere Bezeichnungen.

a) Schreiben Sie die folgenden Fachausdrücke neben die passende allgemeine Umschreibung:

- Bank
- Kasse
- Warenvorrat
- Post
- Mobilien
- Debitoren
- Kreditoren
- Fertigfabrikatevorrat
- Immobilien, Liegenschaften
- Fahrzeuge
- Hypothek
- Rohmaterialvorrat

Allgemeine Umschreibung	Fachausdruck
Bargeld (Banknoten und Münzen in der Kasse)	Kasse
Guthaben bei der Post	Post
Guthaben bei der Bank	Bank
Offene Kundenrechnungen	Debitoren
Handelswaren zum Verkauf	Warenvorrat
Rohstoffe zur Verarbeitung	Rohmaterialvorrat
Fertig gestellte Erzeugnisse zum Verkauf	Fertigfabrikatevorrat
Laden- und Büroeinrichtungen (Pulte, Stühle, Schränke), EDV-Anlagen	Mobilien
Geschäfts- und Wohngebäude, Grundstücke	Immobilien, Liegenschaften
Unbezahlte Lieferantenrechnungen	Kreditoren
Personenwagen, Lieferwagen, Lastwagen	Fahrzeuge
Erhaltenes Darlehen gegen Verpfändung der Liegenschaft	Hypothek

b) Eine Vermögensposition wird auch als *Forderungen aus Lieferungen und Leistungen* bezeichnet. Welchem obigen Fachausdruck entspricht dies?

c) Geben Sie zwei Beispiele, welche Forderungen aus Leistungen begründen können:

d) Wie lautet sinngemäss eine andere Bezeichnung für die Schuldenposition *Kreditoren*?

12

Die Bilanz

12.01

In der **Bilanz** werden die Aktiven und Passiven einander gegenübergestellt. Dabei werden die im Inventar detailliert aufgeführten Vermögens- und Schuldenteile in Form von verschiedenen Bilanzpositionen zusammengefasst.

a) Errichten Sie für den CD-Shop aus Aufgabe 11.02 aufgrund des Inventars die Bilanz vom 31. 12. 20_1. Verwenden Sie dazu die folgende Lösungshilfe:

Bilanz vom 31. Dezember 20_1

Aktiven | Passiven

Umlaufvermögen
- Bar- und Kontobestand 9000.–
- CD's 20 000.–
- ~~Einrichtung 10 000~~
- Grosskunde 1000.– 40 000.–

Anlagevermögen
- Mobilien 10 000.–
  40 000.–

Fremdkapital
- CD Lieferanten 10 000.–

Eigenkapital
30 000.–
40 000.–

b) Bilanz kommt vom italienischen Wort **bilancia** (Waage). Was hat eine Bilanz mit einer Waage gemeinsam?

c) Wie gross ist das Fremdkapital in Prozent der Bilanzsumme?

d) Wie gross ist das Umlaufvermögen in Prozent der Bilanzsumme?

e) Muss eine Übereinstimmung zwischen den prozentualen Anteilen von Umlaufvermögen und Fremdkapital, bzw. von Anlagevermögen und Eigenkapital, angestrebt werden?

12.02

Die Bilanz der Drogerie Graf zeigt folgendes Bild (Kurzzahlen).

Bilanz vom 31. Dezember 20_1

Aktiven			Passiven		
Umlaufvermögen			**Fremdkapital**		
Kasse	3		Kreditoren	1	
Post	5		Darlehen	10	
Debitoren	3		Hypotheken	200	211
Vorräte	35	46			
Anlagevermögen			**Eigenkapital**		
Mobilien	4		Eigenkapital		189
Immobilien	350	354			
		400			400

a) Was versteht man unter Aktiven?

Das Uml

b) Was versteht man unter Passiven?

c) Nach welchem Gesichtspunkt wurden die Aktiven in Umlauf- und Anlagevermögen aufgeteilt?

d) Nach welchem Gesichtspunkt ist das Fremdkapital geordnet?

e) Welche Probleme sind mit einem hohen Fremdkapitalanteil am Gesamtkapital verbunden?

Die Bilanz

12.03

a) Erstellen Sie aufgrund des Inventars von Aufgabe 11.03 eine gut gegliederte Bilanz für den Mountain-Sportshop, Zürich.

Bilanz vom 31. Dezember 20_1

Aktiven | Passiven

b) Wie gross sind die flüssigen Mittel im Mountain-Sportshop?

c) Beurteilen Sie, ob die flüssigen Mittel im Sportshop genügend hoch sind.

12.04

a) Wie wird eine Bilanz gegliedert? Setzen Sie die richtigen Gliederungsbegriffe in die hellen Felder des Bilanzschemas.

Bilanz vom 31. Dezember 20_1

Aktiven		Passiven	
Umlaufvermögen		**Fremdkapital**	
Kasse, Post ✓		Hypothek	Kreditoren
Debitoren ✓		Bankschuld	Bank
Rohmaterial ✓		Kreditoren	Darlehen
Fertigfabrikate ✓		Darlehensschuld	Hypotheken
Wertschriften ✓			
Anlagevermögen		**Eigenkapital = Reinvermögen** ✓	
Maschinen	Mobilien	Eigenkapital	
Immobilien	Fahrzeuge		
Fahrzeuge	Maschinen		
Mobilien	Immobilien		

b) Setzen Sie die folgenden Bilanzpositionen im Bilanzschema richtig ein:
Hypotheken, Kasse, Maschinen, Eigenkapital, Debitoren, Bankschuld, Immobilien, Rohmaterial, Fahrzeuge, Kreditoren, Darlehensschuld, Fertigfabrikate, Post, Mobilien, Wertschriften①.

c) Um welche Art von Betrieb handelt es sich hier? Begründen Sie Ihre Antwort.

d) Was versteht man unter Rohmaterial?

e) Was sind Fertigfabrikate?

c) Sekundär Wirtschaftssektor, Fabrikationsbetrieb → Kaufen Rohmaterial und Fertigfabrikate ein zum Produzieren

d) Ausgangsstoffe zur Herstellung von Produkten im Fabrikationsbetrieb

e) Von einem Fabrikationsbetrieb hergestellte und zum Verkauf bestimmte Erzeugnisse

① Wertschriften werden gehalten, um überschüssige Liquidität (flüssige Mittel wie Kassabestände, Post- und Bankguthaben) vorübergehend ertragsbringend anzulegen. Meistens handelt es sich um an der Börse gehandelte Wertpapiere.

12.05

Oft ist aus der Zusammensetzung der Aktiven und teilweise auch der Passiven die Zugehörigkeit zu einem **Wirtschaftssektor** bzw. einer Branche erkennbar.

```
                    Wirtschaftssektoren
          ┌──────────────┼──────────────┐
Primärer Wirtschaftssektor  Sekundärer Wirtschaftssektor  Tertiärer Wirtschaftssektor
   (Urproduktion)              (Verarbeitung)              (Dienstleistungen)
```

a) Geben Sie je drei weitere typische Betriebsbeispiele für jeden Wirtschaftssektor.

Beispiele:
▷ Landwirtschaft
▷ ....
▷ ....
▷ ....

Beispiele:
▷ Pharmaindustrie
▷ ....
▷ ....
▷ ....

Beispiele:
▷ Handel
▷ ....
▷ ....
▷ ....

b) Geben Sie an, um welche Branche es sich bei den nachstehend abgebildeten Bilanzen handeln könnte (Zahlen in Fr. 1000.–).

Bilanz 31. 12. 20_1

Aktiven		Passiven	
Umlaufvermögen		**Fremdkapital**	
Flüssige Mittel①	2	Kreditoren	10
Debitoren	3	Hypothek	40
Setzlinge	35		
Dünger	10		
Anlagevermögen		**Eigenkapital**	
Mobilien	4	Eigenkapital	650
Maschinen	46		
Immobilien	600		
	700		700

Bilanz 31. 12. 20_1

Aktiven		Passiven	
Umlaufvermögen		**Fremdkapital**	
Flüssige Mittel①	5	Kreditoren	50
Debitoren	45	Darlehen	100
Stoffvorräte	100		
Kleider	450		
Anlagevermögen		**Eigenkapital**	
Mobilien	15	Aktienkapital	500
Maschinen	50	Reserven	45
Fahrzeug	35	Gewinnvortrag	5
	700		700

Bilanz 31. 12. 20_1

Aktiven		Passiven	
Umlaufvermögen		**Fremdkapital**	
Flüssige Mittel①	5	Kreditoren	30
Debitoren	15	Darlehen	20
		Hypotheken	200
Anlagevermögen		**Eigenkapital**	
Mobilien	10	Aktienkapital	250
Fahrzeuge	270	Reserven	190
Immobilien	400	Gewinnvortrag	10
	700		700

c) Welche Rechtsform weisen die obigen drei Betriebe auf?

d) Wie haben sich seit der Staatsgründung 1848 bis heute die drei Wirtschaftssektoren in der Schweiz verändert?

① Unter flüssigen Mitteln wurden hier Kassabestände sowie Post- und Bankguthaben zusammengefasst.

Die Bilanz

12.06

Erstellen Sie für die folgenden Unternehmungen gut gegliederte Bilanzen. Die Beträge sind in Fr. 1000.–.

a) Schreinerei Ernst Solenthaler

Debitoren 14, Mobilien 5, Bankguthaben 32, Fahrzeuge 9, Maschinen 12, Kasse 1, Werkzeuge 4, Materialvorrat 3, Kreditoren 1, Darlehensschuld 10. Eigenkapital?

Bilanz vom 31. Dezember 20_1

Aktiven / Passiven

Umlauf
- Kasse 1000.–
- Bankguthaben 32 000.–
- Materialvorrat 3000.–
- Debitoren 14 000.– 50 000.–

Anlage
- Maschinen 12 000.–
- Mobilien 5000.–
- Fahrzeuge 9000.–
- Werkzeug 4000.– 30 000.–

80 000.–

Fremdkapital
- Kreditoren 1000.–
- Darlehensschuld 10 000.– 11 000.–

Eigenkapital
- Eigenkap. 69 000.–

80 000.–

Aufgabe 06

b) **Landwirt Willi Fischbacher**
Kasse 5, Bauernhaus mit Scheune 550, Landwirtschaftliche Fahrzeuge (Ladewagen, Traktor, Anhänger) 45, Hypotheken 200, Mobiliar 15, Post 7, Mastkälber 3, Debitoren 1, Darlehensschuld 20, Milchkühe 80, Futtervorräte 4, Kreditoren 10, Boden (Wald, Wiesen- und Ackerland) 70. Eigenkapital?

Bilanz vom 31. Dezember 20_1

Aktiven			Passiven	
Umlauf			**Fremdkap.**	
Kasse	5		Kred.	10
Post	7		Darl.	20
Debitoren	1		Hypo.	200	230
Futtervorr.	4			
Mastkälber	3	20		
Anlage				
Milchk.	80			
Fahrzeug	45			
Mob.	15		**Eigenkap.**	
Boden	70		Eigenkap.	550
Bauernhaus + Scheune	550	760		
		780		780

Die Aufgaben c) und d) sind auf separaten Blättern selber zu skizzieren. Die Bilanzen sind auf den 31. 12. 20_1 zu erstellen, die Beträge verstehen sich in Fr. 1000.–.

c) **Treuhandbüro Françoise Marti**
Debitoren 40, Hypotheken 200, EDV-Anlagen 50, Mobiliar 30, Post 12, Kreditoren 10, Immobilien 400, Kasse 8, Bankschuld 30. Eigenkapital?

d) **Fussballclub Seldwyla**
Flüssige Mittel 42, Mobiliar 12, Fussballplatz mit Bauten 125, Kreditoren 20, Debitorenforderungen 16, Hypotheken 80, Maschinen 13, Fahrzeuge 20, Spielerverträge 170, Vorräte 2. Eigenkapital?

12.07

Von einer Unternehmung liegt folgende mangelhafte Bilanz vor:

Bilanz vom 1. Januar bis 31. Dezember 20_1

Aktiven			Passiven		
Umlaufvermögen			**Fremdkapital**		
Kasse	10		Debitoren	200	
Post	30		Bankguthaben	20	
Kreditoren	240		Immobilien	2 000	
Darlehen von A	580	860	Aktienkapital	1 500	3 720
Anlagevermögen			**Eigenkapital**		
Warenvorräte	1 870		Reserven	900	
Mobiliar	500		Gewinnvortrag	10	910
Hypotheken	1 400	3 770			
		4 630			4 630

a) Beheben Sie die Mängel, und erstellen Sie eine korrekte Bilanz per 31. Dezember 20_1.

b) Aus welcher Branche stammt diese Unternehmung?
c) Welche Rechtsform hat diese Unternehmung?

12.08

Ordnen Sie die aufgeführten Bilanzpositionen einer Aktiengesellschaft durch Ankreuzen der richtigen Gruppe zu:

	Bilanzpositionen	Umlauf-vermögen	Anlage-vermögen	Fremd-kapital	Eigen-kapital
a)	Debitoren				
b)	Hypothekarschulden				
c)	Vorräte				
d)	Maschinen				
e)	Kreditoren				
f)	EDV-Anlagen (Hard- und Software)				
g)	Bankguthaben				
h)	Fahrzeuge				
i)	Reserven				
k)	Fabrikanlagen				
l)	Darlehensschulden				
m)	Fertigfabrikate				
n)	Einrichtungen				
o)	Beteiligungen①				
p)	Aktienkapital				
q)	Kasse				
r)	Werkzeuge				
s)	Wertschriften				
t)	Rohmaterial				
u)	Patente				
v)	Obligationenschulden				
w)	Gewinnvortrag				
x)	Büromobiliar				

① Beteiligungen sind v.a. Aktien anderer Unternehmungen, die mit der Absicht der dauernden Anlage und einer massgeblichen Einflussnahme gehalten werden.

Die Bilanz

12.09
Was versteht der Buchhalter unter folgenden Begriffen?

	Begriff	Beschreibung
a)	Kassa	
b)	Post	
c)	Debitoren	
d)	Kreditoren	
e)	Mobilien	
f)	Immobilien	
g)	Hypotheken	
h)	Fremdkapital	
i)	Eigenkapital	
k)	Passiven	
l)	Aktiven	
m)	Bilanz	
n)	Inventar	

12.10

Die folgende Bilanz stammt von einer grossen Schweizer Unternehmung.

Bilanz vom 31.12.2010 in Fr. 1000.–

Aktiven			Passiven		
Umlaufvermögen			**Fremdkapital**		
Flüssige Mittel	3 677		Verbindlichkeiten aus Lieferungen und Leistungen	6 403	
Wertschriften	662		Sonstige Verbindlichkeiten	3 280	
Forderungen aus Lieferungen und Leistungen	4 863		Passive Rechnungsabgrenzungen	5 262	
Sonstige Forderungen	1 097		Hypotheken	44 125	
Betriebsvorräte	1 694		Sonstige Finanzverbindlichkeiten	127	
Aktive Rechnungsabgrenzungen	5 528	17 521	Rückstellungen	6 475	65 672
Anlagevermögen			**Eigenkapital**		
Grundstücke, Immobilien	106 345		Aktienkapital	28 000	
Sonstige Sachanlagen	9 199		Reserven	39 166	
Beteiligungen	726	116 269	Ergebnis	953	68 118
		133 790			133 790

a) Welche Bilanzpositionen verstehen Sie nicht?

b) Handelt es sich bei diesem Ergebnis um einen Gewinn oder einen Verlust? Begründen Sie die Antwort.

c) Wie viel Prozent macht das Anlagevermögen am Gesamtvermögen aus (Intensität des Anlagevermögens)?

d) Wie viel Prozent ist der Anteil des Fremdkapitals am Gesamtkapital (Fremdfinanzierungsgrad)?

e) Wie beurteilen Sie die Zahlungsbereitschaft dieser Unternehmung?

f) Wie beurteilen Sie die Rentabilität dieser Unternehmung?

g) Um welche Art von Unternehmung (Branche) handelt es sich?

Die Bilanz

12.11

Wegen der zunehmenden internationalen Verflechtung der schweizerischen Wirtschaft wird es immer wichtiger, dass Sie Bilanzen vor allem auch in englischer Sprache lesen können.

a) Verbinden Sie die deutschen Bilanzbegriffe mit den entsprechenden englischen Ausdrücken (als Muster sind die Passiven bereits eingetragen).

Deutsch	English
Bilanz	Equity
Anlagevermögen	Liabilities
Eigenkapital	Current assets
Aktiven	Balance sheet
Fremdkapital	Receivables from customers
Umlaufvermögen	Fixed assets
Passiven ——————	Cash
Mobilien	Assets
Debitoren	Inventories
Flüssige Mittel	—— Liabilities and equity
Kreditoren	Equipment
Aktienkapital	Accounts payable to suppliers
Immobilien	Real estate
Vorräte	Share capital

b) Complete the balance sheet of 31 December 20_1 of a well-known Swiss chocolate plant according to the positions mentioned below (in CHF million):

Inventories 192, Accounts payable to suppliers 142, Reserves 381, Cash 92, Long-term liabilities 453, Real estate 293, Receivables from customers 360, Other fixed assets 15, Bank liabilities 119, Share capital 22, Other receivables 40, Equipment, machinery, vehicles 268, Other accounts payable 143.

Die Bilanz

12.12
Lösen Sie das Kreuzworträtsel.

waagrecht
- 2 Velo
- 4 Bund fürs Leben
- 8 Schlangenart
- 9 Gebäude und Grundstücke
- 12 Sitzen (engl.)
- 13 Gegenteil von auf
- 14 Oder (engl.)
- 16 Chemisches Zeichen für Argon
- 17 Ungekocht
- 19 Gegenteil von alte
- 20 Gebirgskette in Europa
- 21 D. h. (engl.)
- 23 Gegenteil von Vollmond
- 25 Weibliche Fortpflanzungszelle
- 27 Der (franz.)
- 28 Wir (Dativ)
- 29 Männlicher Vorname
- 30 Ausruf der bewundernden Überraschung
- 31 Produktionsanlagen
- 32 Gegenteil von Gescheiter
- 33 Handelswaren zum Verkauf

senkrecht
- 1 Unbezahlte Lieferantenrechnungen
- 3 Guthaben bei Kunden
- 5 Kontokorrentguthaben bei einer Bank
- 6 Gegenüberstellung von Aktiven und Passiven
- 7 Guthaben bei der Post
- 10 Laden- und Büroeinrichtungen
- 11 Total der Aktiven = Total der Passiven
- 15 Darlehen gegen Verpfändung der Liegenschaft
- 18 Schweizerisch für Hacke
- 22 Kaltes Wasser
- 24 Grösste Hirschart im Norden
- 26 Schmiedeherd
- 30 Auf (engl.)
- 32 Gegenteil von dort

Veränderungen der Bilanz durch Geschäftsfälle

13.01

U. Waser eröffnet am 1. März 20_1 ein Taxiunternehmen. Bei der Gründung leistet sie aus ihrem Privatvermögen eine Kapitaleinlage von Fr. 40 000.–, die sie auf das Bankkonto des Geschäfts einzahlt.

a) Wie lautet die Bilanz nach der Gründungseinlage am 1. März 20_1?

b) Wie verändert sich die Bilanz durch die im Lösungsblatt auf der rechten Seite genannten Geschäftsfälle?
   ▷ Es ist nach jedem Geschäftsfall eine neue Bilanz zu errichten.
   ▷ Bei den Auswirkungen in der Bilanz sind die Veränderungen der Aktiven bzw. Passiven hinzuschreiben und jeweils die Entwicklung der Bilanzsumme anzukreuzen. (Als Muster sind die Auswirkungen der Gründung bereits eingetragen.)

c) Warum ist trotz der verschiedenen Geschäftsfälle die Bilanzgleichung (Summe der Aktiven = Summe der Passiven) erhalten geblieben?

d) Ordnen Sie die folgenden Arten von Geschäftsfällen dem richtigen Datum zu:
   ▷ Aktivtausch
   ▷ Passivtausch
   ▷ Kapitalbeschaffung
   ▷ Kapitalrückzahlung

Datum	Art des Geschäftsfalles
2. 3.	
4. 3.	
5. 3.	
8. 3.	

Veränderungen der Bilanz — 13 Aufgabe 01

Geschäftsfälle	Bilanzen	Auswirkungen in der Bilanz
1.3. Eröffnung durch Einzahlung von Fr. 40 000.–	**Bilanz vom 1. 3. 20_1** Aktiven / Passiven	+ Aktiven + Passiven Die Bilanzsumme [X] wird grösser [ ] wird kleiner [ ] bleibt gleich
2.3. Kauf eines Taxis für Fr. 50 000.– gegen Rechnung	**Bilanz vom 2. 3. 20_1** Aktiven / Passiven	Die Bilanzsumme [ ] wird grösser [ ] wird kleiner [ ] bleibt gleich
4.3. Bankzahlung an den Fahrzeugverkäufer Fr. 35 000.–	**Bilanz vom 4. 3. 20_1** Aktiven / Passiven	Die Bilanzsumme [ ] wird grösser [ ] wird kleiner [ ] bleibt gleich
5.3. Barbezug ab dem Bankkonto Fr. 3 000.–	**Bilanz vom 5. 3. 20_1** Aktiven / Passiven	Die Bilanzsumme [ ] wird grösser [ ] wird kleiner [ ] bleibt gleich
8.3. Der Fahrzeugverkäufer ist bereit, Fr. 10 000.– seines Restguthabens in ein langfristiges Darlehen umzuwandeln.	**Bilanz vom 8. 3. 20_1** Aktiven / Passiven	Die Bilanzsumme [ ] wird grösser [ ] wird kleiner [ ] bleibt gleich

Veränderungen der Bilanz 13

13.02

E. Lirk eröffnet auf 1. April 20_1 ein Ingenieurbüro in der Rechtsform einer Einzelunternehmung. Bei der Gründung leistet er aus seinem Privatvermögen eine Kapitaleinlage von Fr. 60 000.– auf das Bankkonto des Geschäfts.

a) Wie lautet die Bilanz nach der Gründung am 1. April 20_1?

Bilanz vom 1. 4. 20_1

Aktiven	Passiven

b) Am 2. April kauft E. Lirk Mobilien (Büroeinrichtung, EDV-Anlage) für Fr. 40 000.– auf Kredit (gegen Rechnung).

Wie lautet die Bilanz vom 2. April?

Bilanz vom 2. 4. 20_1

Aktiven	Passiven

c) Am 9. April zahlt E. Lirk einen Teil der Rechnungen durch eine Banküberweisung von Fr. 25 000.–.

Wie lautet die Bilanz vom 9. April?

Bilanz vom 9. 4. 20_1

Aktiven	Passiven

d) Am 10. April macht E. Lirk einen Bargeldbezug ab dem Bankkonto von Fr. 2 000.– und legt dieses Geld in die Geschäftskasse.

Wie lautet die Bilanz vom 10. April?

Bilanz vom 10. 4. 20_1

Aktiven	Passiven

Veränderungen der Bilanz — **13** Aufgabe 02

e) Am 15. April wandelt ein Lieferant seine Forderung von Fr. 10 000.– in ein langfristiges Darlehen um.

Wie lautet die Bilanz vom 15. April?

Bilanz vom 15. 4. 20_1

Aktiven | Passiven

f) Wie verändert sich die Bilanzsumme bei den obigen Geschäftsfällen (ankreuzen)? Die Gründung ist als Beispiel bereits in der Lösung eingetragen.

Geschäftsfall		Die Bilanzsumme nimmt zu.	Die Bilanzsumme nimmt ab.	Die Bilanzsumme bleibt unverändert.
1. 4.	Kapitaleinlage	X		
2. 4.	Kauf Mobiliar auf Kredit			
9. 4.	Banküberweisung			
10. 4.	Barbezug			
15. 4.	Umwandlung von Kreditoren in Darlehen			

g) Warum ist die Bilanzgleichung (Summe der Aktiven = Summe der Passiven) bei all diesen Geschäftsfällen erhalten geblieben?

h) Geben Sie je ein eigenes Beispiel, bei welchem die Bilanzsumme steigt, sinkt oder unverändert bleibt.

Veränderungen der Bilanz — 13

13.03

Die Eröffnungsbilanz[1] der Transportunternehmung F. Lang zeigt Anfang Jahr folgendes Bild (Kurzzahlen):

Bilanz vom 1. 1. 20_1

Aktiven		Passiven	
Kasse	2	Kreditoren	40
Post	20	Hypotheken	60
Bank	13	Eigenkapital	200
Debitoren	25		
Mobiliar	20		
Fahrzeuge	100		
Immobilien	120		
	300		300

a) Erstellen Sie die Bilanz vom 10. Januar 20_1 nach Berücksichtigung folgender Geschäftsfälle:

3.1. Kunden zahlen 10 auf das Postkonto ein.

6.1. Ein Fahrzeug wird für 50 gegen Rechnung gekauft.

9.1. Bancomatbezug von 1

Lösungshilfe

Bilanz vom 10. 1. 20_1

Aktiven		Passiven	
Kasse		Kreditoren	
Post		Hypotheken	
Bank		Eigenkapital	
Debitoren			
Mobiliar			
Fahrzeuge			
Immobilien			

b) Welche Art von Bankkonto liegt bei der Transportunternehmung F. Lang vor?

---

[1] Unter Eröffnungsbilanz versteht man die Bilanz, mit welcher eine neue Rechnungsperiode eröffnet wird. Das Datum in der Eröffnungsbilanz ist meist der 1. Januar als Beginn des neuen Geschäftsjahres.

Veränderungen der Bilanz

13.04

Welche Bilanzpositionen werden durch die folgenden Geschäftsfälle verändert? Geben Sie durch + und – für jeden Fall an, ob die betroffenen Bestände grösser oder kleiner werden. Die Lösung zum ersten Geschäftsfall ist bereits eingetragen

Nr.	Geschäftsfall	+/–	Bilanzpositionen[1]
1	Barbezug am Bankomaten	+	Kasse Kasse / Bank
		–	Post Bank
2	Barkauf eines neuen PCs	+	EDV od. Mobiliar EDV / Kasse
		–	Kasse
3	Postüberweisung an einen Lieferanten	–	Post Kreditoren / Post
		–	Kreditoren
4	Ein Kunde zahlt auf das Bankkonto ein.	+	Bank Bank / Debitoren
		–	Debitoren
5	Verkauf von Wertschriften. Der Verkaufserlös wird dem Bankkonto gutgeschrieben.	–	Wertschriften Bank / Wertschriften
		+	Bank
6	Verkauf von altem Mobiliar gegen bar.	+	Kasse Kasse / Mobiliar
		–	Mobiliar
7	Aufnahme eines Darlehens. Die Gutschrift des Darlehensbetrages erfolgt auf dem Postkonto.	+	Post Post / Darlehen
		+	Darlehen
8	Barkauf eines gebrauchten Fahrzeuges.	–	Kasse Fahrzeuge / Kasse
		+	Fahrzeuge
9	Umwandlung einer Lieferantenschuld in ein fünfjähriges Darlehen.	–	Kreditoren Kreditoren / Darlehen
		+	Darlehen
10	Kauf einer Liegenschaft. Die Finanzierung erfolgt durch Aufnahme einer Hypothek.	+	Hypothek Immobilien / Hypothek
		+	Immobilien
11	Gewährung eines Darlehens an einen Geschäftsfreund durch Postüberweisung.	+	Darlehen Darlehen / Post
		–	Post
12	Die Geschäftsinhaberin erhöht die Kapitaleinlage durch eine Überweisung auf das Bankkonto.	+	Bank Bank / EK
		+	EK

[1] Die Reihenfolge der Bilanzpositionen spielt in dieser Übung keine Rolle.

Veränderungen der Bilanz

13.05

Die folgenden Buchungen bzw. Geschäftsfälle stammen aus verschiedenen Unternehmungen. Vervollständigen Sie die Aufstellung mit dem entsprechenden Text oder durch Ankreuzen der richtigen Spalte.

Nr.	Bilanzveränderung	Geschäftsfall	Bilanzsumme		
			Steigt	sinkt	bleibt gleich
1	– Kreditoren + Bankschuld				
2	+ Immobilien + Hypotheken				
3	+ Wertschriften + Eigenkapital				
4	– Bankschuld + Aktienkapital				
5	+ Maschinen – Debitoren				
6	– Darlehen + Hypothek				
7	– Eigenkapital – Post				
8	+ Post + Darlehen				
9	+ Mobilien + Kreditoren				
10	– Rückstellungen – Bankguthaben				
11		Die Geschäftsinhaberin übernimmt den gebrauchten Geschäftswagen definitiv für privaten Gebrauch.			
12		Zur Begleichung einer Lieferantenschuld wird eine nicht mehr benötigte Maschine an Zahlung gegeben.			
13		Eine Aktiengesellschaft kauft durch die Bank (Guthaben) eigene Aktien zurück und vernichtet diese (Kapitalherabsetzung).			
14		Das alte Geschäftsauto wird an Zahlung gegen ein neues gegeben. Der Aufpreis wird bar bezahlt.			
15		Zur Rückzahlung eines Darlehens erhöht der Geschäftsinhaber seine Kapitaleinlage.			

Veränderungen der Bilanz | 13

13.06

Verbinden Sie die Bilanzveränderungen mit den dazu passenden Geschäftsfällen. Als Musterbeispiel ist der Barverkauf einer gebrauchten Maschine bereits richtig eingetragen.

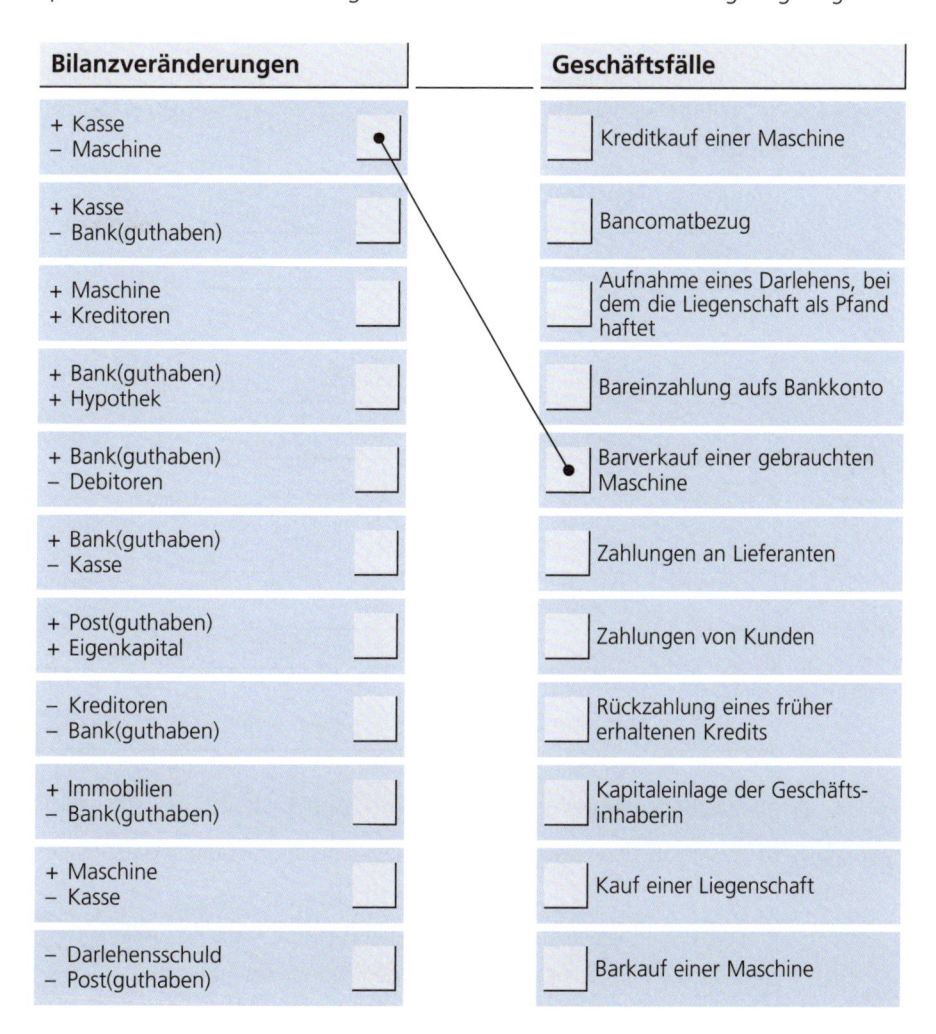

Bilanzveränderungen	Geschäftsfälle
+ Kasse / − Maschine	Kreditkauf einer Maschine
+ Kasse / − Bank(guthaben)	Bancomatbezug
+ Maschine / + Kreditoren	Aufnahme eines Darlehens, bei dem die Liegenschaft als Pfand haftet
+ Bank(guthaben) / + Hypothek	Bareinzahlung aufs Bankkonto
+ Bank(guthaben) / − Debitoren	Barverkauf einer gebrauchten Maschine
+ Bank(guthaben) / − Kasse	Zahlungen an Lieferanten
+ Post(guthaben) / + Eigenkapital	Zahlungen von Kunden
− Kreditoren / − Bank(guthaben)	Rückzahlung eines früher erhaltenen Kredits
+ Immobilien / − Bank(guthaben)	Kapitaleinlage der Geschäftsinhaberin
+ Maschine / − Kasse	Kauf einer Liegenschaft
− Darlehensschuld / − Post(guthaben)	Barkauf einer Maschine

(Musterbeispiel: "+ Kasse / − Maschine" ist verbunden mit "Barverkauf einer gebrauchten Maschine".)

14

Das Konto

14.01

Die Bauunternehmung B. Feldmann führt für die laufenden Barzahlungen ein **Kassabuch** (auch Kassenbuch genannt).

Kassabuch

Datum	Text (Geschäftsverkehr)	Soll ~~Aktiven~~	Haben ~~Passiven~~
1. 4.	Anfangsbestand (Saldovortrag)	2 000	
5. 4.	Kauf von Briefmarken		100
8. 4.	Kauf von Büromaterial (Fr. 800.–)		800.–
15. 4.	Bancomatbezug (Fr. 1000.–)	1000.–	1000.–
22. 4.	Kauf von 4 Sommerpneus (Fr. 1200.–)		1200.–
29. 4.	Spende für Spitex (Fr. 400.–)		400.–
30. 4.	Schlussbestand (Saldo)		500.–
		3000.–	3000.–
1. 5.	Saldovortrag	500.–	

a) Was bedeutet der Saldovortrag am 1. April? *Das ist der AB, SB vom Monat März*

b) Tragen Sie den Geschäftsverkehr des Aprils im Kassabuch entsprechend im Soll oder im Haben ein.

c) Welchen Betrag müsste ein Kassensturz am 23. April ergeben? *900.– Soll*

d) Schliessen Sie das Kassabuch für den Monat April ab.

e) Wie lautet die Eröffnung des Kassabuches am 1. Mai?

f) Welche Eintragungen sind grundsätzlich im Soll und welche im Haben gebucht worden?

SOLL:
AB
Zunahmen

Haben:
SB
Abnahmen

Das Konto — Aufgabe 01

g) Die Gegenüberstellung von Zu- und Abgängen, wie sie hier im Kassabuch erfolgte, nennt man **Konto**. Das Kassakonto ist ein Aktivkonto, da der Kassabestand zu den Aktiven einer Unternehmung zählt. Alle Aktivkonten haben dieselben Buchungsregeln.

Leiten Sie mithilfe des im Kassabuch verbuchten Geschäftsverkehrs die Buchungsregeln für ein Aktivkonto her, und tragen Sie diese Regeln im schematisch dargestellten Aktivkonto ein. Verwenden Sie folgende Ausdrücke: Anfangsbestand, Schlussbestand (Saldo), Zunahmen, Abnahmen.

Aktivkonto

Soll	Haben
Anfangsbestand	Abnahmen −
Zunahmen +	
	Schlussbestand (Saldo)

Passivkonto

Soll	Haben
Abnahmen −	Anfangsbestand
	Zunahmen
Schlussbestand	

h) Die Verbuchung in den Passivkonten ist im Vergleich mit den Aktivkonten genau seitenverkehrt.

Füllen Sie das schematisch gezeichnete Passivkonto analog zum Aktivkonto aus.

i) Welche Einträge finden Sie auf der Habenseite, falls es sich beim Aktivkonto um das Mobilienkonto handelt? *Verkauf, Abschreibungen, Saldo*

k) Welche Einträge finden Sie auf der Sollseite, falls es sich beim Passivkonto um eine Darlehensschuld handelt? *Rückzahlungen, Saldo*

l) Auf welcher Seite des Kontos steht der Anfangsbestand bei folgenden Konten? Richtige Spalte ankreuzen.

Konto Anfangsbestand	Soll	Haben
Debitoren	X	
Immobilien	X	
Hypotheken		X
Wertschriften	X	
Kreditoren		X
Eigenkapital		X

Das Konto

14.02

Der Zahlungsverkehr des Physiotherapie-Instituts U. Marti wird zum Teil über das **Postkonto** abgewickelt.

a) Führen Sie das Postkonto für den Monat Oktober. Das Konto ist abzuschliessen und wieder zu eröffnen.

Post

Datum	Text (Geschäftsverkehr)	Soll	Haben	Saldo[①]
1. 10.	Anfangsbestand (Saldovortrag)	AB 9 400.–		9 400
8. 10.	Überweisung an Kreditor E. Meier (Fr. 3 200.–)		–3 200.–	6 200
8. 10.	Barbezug von U. Marti (Fr. 2 000.–)		–2 000.–	4 200.–
11. 10.	Überweisung von Debitor A. Hug (Fr. 1 400.–)	+1 400.–		5 600.–
22. 10.	Belastung Swisscom (Fr. 200.–)		–200.–	5 400.–
28. 10.	Gutschrift «Zürich» (Unfallversicherung) (Fr. 3 500.–)	+3 500.–		8 900.–
30. 10.	Mietzinsbelastung (Fr. 1 600.–)		–1 600.–	7 300.–
31. 10.	Schlussbestand (Saldo)		SB 7 300.–	
		14 300.–	14 300.–	
1. 11.	Anfangsbestand (Saldovortrag)	AB 7 300.–		7 300.–

b) Wie wird in der Praxis überprüft, ob der Saldo gemäss Postkonto mit dem tatsächlichen Guthaben bei der Post übereinstimmt? *am Automaten, Auszug*

c) Handelt es sich beim Schlussbestand um einen Soll- oder einen Habensaldo? Begründen Sie Ihre Antwort. *weil es der Schluss- und nicht der Anfangsbetrag ist*

d) Welcher mögliche Tatbestand steckt hinter der Gutschrift der «Zürich» vom 28.10.?

Versicherungszahlung, etwas passiert, Versicherung zahlt

[①] In der Praxis werden die Konten meist mit einer Saldospalte geführt, damit der Kontostand (hier das Guthaben gegenüber der Post) jederzeit sichtbar ist.

Das Konto

14.03

Für die Verbuchung des Geschäftsverkehrs mit ihren Kunden führt die Elektro-Handel AG ein **Debitorenkonto.**

a) Führen Sie das Debitorenkonto.

Debitoren

Datum	Text (Geschäftsverkehr)	Soll	Haben	Saldo
1. 3.	Anfangsbestand (Saldovortrag) (Fr. 35 400.–)	AB 35 400.–		35 400.–
5. 3.	Faktura an S. Müller (Fr. 3 500.–)	+ 3 500.–		38 900.–
8. 3.	Bankzahlung von Optima GmbH (Fr. 20 000.–)		– 20 000.–	18 900.–
12. 3.	Faktura an Huber AG (Fr. 10 000.–)	+ 10 000		28 900.–
18. 3.	Gutschrift an Huber AG (Fr. 1 000.–)		– 1 000.–	27 900.–
29. 3.	Bankzahlung von Huber AG (Rest)		– 9 000.–	18 900.–
30. 3.	Teilzahlung per Bank von S. Müller (Fr. 2 000.–)		– 2 000.–	16 900.–
31. 3.	Schlussbestand (Saldo)		SB 16 900.–	
		48 900.–	48 900.–	
1. 4.	Anfangsbestand (Saldovortrag)	AB 16 900.–		16 900.–

b) Aus welchen Gründen könnte der Kunde Huber AG am 18. März eine Gutschrift erhalten haben? *Barzbmidchung, falsch verrechnet*

c) Welche der folgenden Tatbestände könnten in den Vormonaten Januar und Februar im Debitorenkonto gebucht worden sein und zum Anfangsbestand per 1. März von Fr. 35 400.– geführt haben (ankreuzen)?

☐ Anfangsbestand per 1. Januar

☐ An Kunden versandte Rechnungen

☐ Von Lieferanten erhaltene Rechnungen

☐ Gutschriften für an Kunden gewährte Rabatte

☐ Zahlungen an Kreditoren

☐ Zahlungen von Debitoren

☐ Erhaltene Gutschriften für zurückgeschickte Ware

Das Konto

14.04

Den Geschäftsverkehr mit den Lieferanten verbucht die Malerei Ch. Hirz im **Kreditorenkonto**.

a) Führen Sie das Konto.

Kreditoren

Datum	Text (Geschäftsverkehr)	Soll	Haben	Saldo
1. 12.	Anfangsbestand (Saldovortrag) (Fr. 4 300.–)			AB 4300.–
15. 12.	Faktura der Farbenfabrik AG (Fr. 3 100.–)		3100.–	3100.–
16. 12.	Faktura der Pinsel GmbH (Fr. 1 400.–)		1400.–	1400.–
18. 12.	Gutschrift für mangelhafte Pinsel (Fr. 200.–)	200.–		
19. 12.	Faktura der Autogarage P. Weibel (Fr. 30 000.–)		30000.–	
21. 12.	Skonto von der Autogarage P. Weibel (2%)	600.–		
21. 12.	Postzahlung an Autogarage P. Weibel (Rest)	29 400.–		
29. 12.	Postzahlung an die Pinsel GmbH (Rest)	1200.–	1200.–	
30. 12.	Gutschrift Umsatzbonus Farbenfabrik AG (Fr. 1 300.–)	1300.–		
31. 12.	Schlussbestand (Saldo)	SB 6100.–		
		38 800.–	38 000.–	
1. 1.	Anfangsbestand (Saldovortrag)		AB 6100.–	6100.–

b) Wodurch unterscheiden sich die Buchungsregeln der Aktiv- und Passivkonten?

c) Wie wird das vorliegende Kreditorenkonto im Kontenrahmen KMU im Anhang dieses Buches genannt?

d) Welche anderen Kreditorenarten sind Ihnen noch bekannt?

b) Sie sind seitenverkehrt

c) Kreditoren (Verbindlichkeiten aus Lieferungen + Leistungen)

d) MWST = Kreditoren Umsatzsteuer, VST = Kreditor verrechnungssteuer, SV = Kreditoren sozialversicherungen

Das Konto

14.05

Bankkonten können Aktiv- oder Passivkonten sein.

a) Wie lauten die Buchungsregeln?

Bankguthaben

Soll	Haben
Anfangsbestand	Abnahmen
Zunahmen	Schlussbestand

Bankschuld

Soll	Haben
−A	AB
	+Z
SB	

b) Führen Sie das Bankkonto der Privatschule H. P. Koch für den Monat Januar.

Bank

Datum	Text (Geschäftsverkehr)	Soll	Haben	Saldo
1. 1.	Anfangsbestand (Saldovortrag)	AB 4 000		4 000
4. 1.	Einzahlungen von Schulgeldern (Fr. 13 000.–)	+13 000.–		17 000.–
9. 1.	Zahlung an Kreditor Verlag AG (Fr. 2 000.–)		−2 000.–	15 000.–
21. 1.	Barbezug (Fr. 1 000.–)		−1 000.–	14 000.–
22. 1.	Überweisung Lehrerlöhne (Fr. 14 000.–)		−14 000.–	0.–
28. 1.	Überweisung Mietzinse (Fr. 6 000.–)		−6 000.–	−6 000.–
29. 1.	Barbezug (Fr. 1 000.–)		−1 000.–	−7 000.–
31. 1.	Schlussbestand (Saldo)		SB 7 000.–	
		24 000.–	24 000.–	
1. 2.	Anfangsbestand (Saldovortrag)		AB 7 000.–	AB 7 000.–

c) Handelt es sich bei diesem Bankkonto um ein Aktiv- und ein Passivkonto? *Kontokorrent*

d) Warum wird ein Barbezug im Bankkonto auf jeden Fall im Haben verbucht?

e) Wie überprüft der Schulleiter, ob die Buchungen in diesem Bankkonto mit den Buchungen bei der Bank übereinstimmen?

d) Weil Bezug = Abheben heisst

e) Online, mit Auszug, am Automaten

14.06

a) Das Kreditorenkonto der Horak AG ist zu vervollständigen.

Kreditoren

Datum	Geschäftsverkehr	Soll	Haben	Saldo
1. 7.	Anfangsbestand (Fr. 13 700.–)		AB 13 700.–	
12. 7.	Postzahlung an P. Müller, Gattikon (Fr. 11 420.–)	11 420.– ✓		2 300.–
26. 7.	Banküberweisung an R. Rollin, Bülach (Fr. 450.–)	450.– ✓		1 850.–
6. 8.	Rechnung von U. Meier, Aarau, für neues Büromaterial (Fr. 3 600.–)		3 600.– ✓	5 450.–
14. 8.	Nachträglich gewährter Rabatt 10% von U. Meier auf der Rechnung vom 6. 8.	360.– ✓		5 090.–
20. 8.	Rechnung von K. Huber, Baden (Fr. 4 170.–)		4 170.– ✓	10 160.–
25. 8.	Banküberweisung des Restbetrags an U. Meier, Aarau	3 240.– ✓		6 920.–
1. 9.	Faktura von M. Spring, Zürich (Fr. 2 400.–)		2 400.– ✓	9 320.–
7. 9.	Rechnung von B. Rauh, Maur (Fr. 3 670.–)		3 670.– ✓	12 990.–
8. 9.	Gutschrift von M. Spring für die Rückgabe mangelhafter Ware (Fr. 400.–)	400.– ✓		12 590.–
15. 9.	Teilzahlung an K. Huber, Baden (Fr. 2 000.–)	2 000.– ✓		10 590.–
16. 9.	Postzahlung des Restbetrages an M. Spring unter Abzug von 2% Skonto	(2%) 40.– / 1960.–		10 542.–
30. 9.	Schlussbestand (Saldo)	SB 7 670.–		~~10 542.–~~
		27 540.–	27 540.– AB	
1. 10.	Saldovortrag → 7 670.– AB			

b) Welche Art von Geschäftsfall liegt bei den unten aufgeführten Kontoeinträgen vor:
 ▷ Aktivtausch
 ▷ Passivtausch
 ▷ Kapitalbeschaffung
 ▷ Kapitalrückzahlung

Datum	Art des Geschäftsfalles
12. 7.	Kapitalrückzahlung
26. 7.	Kapitalrückzahlung
6. 8.	Kapitalbeschaffung

Das Konto

14.07

a) Führen Sie das Bankkonto der Einzelunternehmung K. Gross bei der Zürcher Kantonalbank in Dübendorf

Bank — *Passivkonto*

Datum	Geschäftsverkehr	Soll	Haben	Saldo
1. 7.	Saldovortrag		AB 7 050	– 7 050
3. 7.	Belastung Telefongebühren (Fr. 160.–)		– 160.–	6 890.–
9. 7.	Zahlung von M. Leu, Wangen (Fr. 2 300.–)	+ 2 300.–		9 190.–
12. 7.	Bancomat-Bezug von K. Gross (Fr. 1 000.–)		– 1 000.–	8 190.–
14. 7.	Vergütung an Lieferant S. Bauer, Dietlikon (Fr. 900.–)		– 900.–	7 290.–
18. 7.	Verkauf von Wertpapieren (Fr. 13 400.–)	+ 13 400.–		20 690.–
19. 7.	Zahlung von R. Meuli, Fällanden (Fr. 2 350.–)	+ 2 350.–		23 040.–
19. 7.	Überweisung an U. Schütz, Bassersdorf (Fr. 5 340.–)		– 5 340.–	17 700
24. 7.	Belastung für Reparaturzahlung an H. Huber, Uster (Fr. 2 850.–)		– 2 850.–	14 850.–
25. 7.	Zahlung der Rechnung für Mobiliarkauf, Schubiger Möbel, Wallisellen (Fr. 1 930.–)		– 1 930.–	12 920.–
27. 7.	Barbezug K. Gross (Fr. 800.–)		– 800.–	12 120.–
28. 7.	Darlehensrückzahlung von P. Girod, Maur (Fr. 6 000.–)	+ 6 000.–		18 120.–
30. 7.	Überweisung von Kunde T. Kunz, Wetzikon (Fr. 2 780.–)	+ 2 780.–		20 900.–
31. 7.	Belastung Mietzinsen (Fr. 2 200.–)		– 2 200.–	18 700.–
31. 7.	Schlussbestand (Saldo)	SB 18 700.–	4 600.–	
		26 830.–	26 830.–	
1. 8.	Saldovortrag	AB 18 700.–		

b) Handelt es sich am 31. Juli um ein Guthaben oder um eine Schuld bei der Bank?

c) Weshalb spricht man bei dieser Art von Konto von einem Kontokorrent?

14.08

Nachfolgend sind die drei Konten **Bank, Debitoren und Kreditoren** abgebildet. Allerdings sind sie nur mit den Buchstaben X, Y und Z überschrieben und nicht mit den richtigen Bezeichnungen.

Konto X — Kreditoren ✓

Datum	Text (Geschäftsverkehr)	Soll	Haben	Saldo
1. 1.	Anfangsbestand (Saldovortrag)		6 000	6 000
5. 1.	Lieferung an Kunden / <u>von Lieferanten</u>		2 000	8 000
9. 1.	Seine / <u>Unsere</u> Postzahlung	1 400		6 600
10. 1.	<u>Seine</u> / Unsere Rabattgewährung	200		6 400
11. 1.	Seine / <u>Unsere</u> Zahlung	4 000		2 400
24. 1.	Seine / <u>Unsere</u> Rücksendung	500		1 900
31. 1.	Schlussbestand (Saldo)	SB 1 900.–		
		8 000.–		
1. 2.	Anfangsbestand (Saldovortrag)		AB 1 900.– ✓	

Konto Y — Bank ✓

Datum	Text (Geschäftsverkehr)	Soll	Haben	Saldo
1. 1.	Anfangsbestand (Saldovortrag)		15 000	15 000
8. 1.	<u>Einlage</u>/Bezug des Geschäftsinhabers	10 000		5 000
11. 1.	Zahlungen <u>von Kunden</u>/an Lieferanten	4 000		1 000
17. 1.	Rückzahlung des gewährten/<u>erhaltenen</u> Darlehens		5 000	6 000
22. 1.	<u>Kauf</u>/Verkauf von Mobiliar gegen Bankcheck		3 000	9 000
28. 1.	<u>Barbezug</u>/Bareinlage		2 000	7 000
31. 1.	Schlussbestand (Saldo)	SB 7 000.–	7 000.–	
		23 000.–		
1. 2.	Anfangsbestand (Saldovortrag)		AB 7 000.– ✓	

Das Konto — Aufgabe 08

Konto Z _Debitoren_ ✓

Datum	Text (Geschäftsverkehr)	Soll	Haben	Saldo
1. 1.	Anfangsbestand (Saldovortrag)	8 200		8 200
9. 1.	Rücksendung <u>von</u>/an A. Amrein		600	7 600
11. 1.	Zahlungen an Lieferanten/<u>von Kunden</u>		4 000	3 600
14. 1.	<u>Unsere</u>/Seine Lieferung	2 400		6 000
19. 1.	<u>Unsere</u>/Seine Rabattgewährung		240	5 760
22. 1.	Unser <u>Kreditverkauf</u>/Krediteinkauf	2 000		7 760
29. 1.	<u>Sein</u>/Unser Skontoabzug		60	7 700
29. 1.	<u>Seine</u>/Unsere Postüberweisung		1 940	5 760
31. 1.	Schlussbestand (Saldo)		SB 5 760.–	
		10 600.–	10 600.–	
1. 2.	Anfangsbestand (Saldovortrag)	AB 5 760.–		

a) Wie heissen die mit Buchstaben bezeichneten Konten in Wirklichkeit?

Konto X = _Kreditoren_

Konto Y = _Bank_

Konto Z = _Debitoren_

b) In den Konten enthalten die blau geschriebenen Textstellen jeweils zwei Vorschläge für einen zum Geschäftsfall passenden Text. Ein Vorschlag ist jeweils richtig; den falschen müssen Sie streichen. ✓

c) Schliessen Sie die drei Konten ab. ✓

d) Wie hoch sind die offenen (noch unbezahlten) Lieferantenrechnungen am 31. Januar? _1 900.–_

e) Weist das Bankkonto am 31. Januar ein Guthaben oder eine Schuld gegenüber der Bank aus? _eine Schuld von 7000.–_

f) Wie hoch sind die Kundenforderungen am 31. Januar? _5 760.– Saldo Konto Debitoren_

14.50
14.51
14.52
14.53

Unter diesen Nummern finden Sie auf EasyAccounting weitere Aufgaben zur Kontenführung.
Der Download von EasyAccounting ist unter www.verlagskv.ch/easy-accounting beschrieben.

Journal und Hauptbuch

15.01

Jeder Geschäftsfall wird durch einen **Beleg** dokumentiert, zum Beispiel eine Quittung, eine Rechnung, eine Gutschrifts- bzw. eine Belastungsanzeige der Bank oder ein Kontoauszug der Post. Diese Belege bilden die Grundlage für die Verbuchung.

Damit man weiss, wie die Belege zu verbuchen sind, müssen diese **kontiert** werden, d. h., man muss auf den Belegen vermerken, auf welchen Konten gebucht werden muss. Dazu werden die Belege oft mit einem Kontierungsstempel abgestempelt.

Geben Sie bei den folgenden Belegen die Verbuchung durch Ausfüllen des Kontierungsstempels an:

Beleg Nr. 1:
Gutschriftsanzeige der Bank
Debitor D. Fluder überweist Fr. 8 700.–.

Soll-buchung	Haben-buchung	Betrag
Bank	Debitoren	8 700.–

Beleg Nr. 2:
Bancomatquittung
Barbezug von Fr. 1 000.–

Soll-buchung	Haben-buchung	Betrag
Kasse	Bank	1 000.–

Beleg Nr. 3:
Kontoauszug der Post
Überweisung von Fr. 3 300.– an Kreditor N. Brockhaus

Soll-buchung	Haben-buchung	Betrag
Kreditor	Post	3 300.–

Beleg Nr. 4:
Quittung
Barkauf eines PCs im Media-Markt für Fr. 6 100.–

Soll-buchung	Haben-buchung	Betrag
EDV	Kasse	6 100.–

Beleg Nr. 5:
Belastungsanzeige der Bank
Überweisung von Fr. 2 400.– an Kreditor R. Schmied

Soll-buchung	Haben-buchung	Betrag
Kreditor	Bank	2 400.–

15.02

Vom Handelsbetrieb S. Schmitt AG ist folgende Eröffnungsbilanz per 1. 1. 20_1 bekannt:

Eröffnungsbilanz 1. 1. 20_1 (in Fr. 1000.–)

Aktiven			Passiven		
Umlaufvermögen			**Fremdkapital**		
Kasse	2 500		Kreditoren	35 400	
Post	8 300		Darlehen	40 000	
Bank	85 200		Hypotheken	170 000	245 400
Debitoren	14 500				
Warenvorrat	27 500	138 000			
Anlagevermögen			**Eigenkapital**		
Mobiliar	16 300		Aktienkapital	100 000	
Fahrzeuge	18 700		Reserven	46 600	
Immobilien	220 000	255 000	Gewinnvortrag	1 000	147 600
		393 000			393 000

※ *Überschuss des neuen Jahres an Gewinn*

Vervollständigen Sie das Journal mit den richtigen Buchungssätzen.①

Journal

Datum	Text (Geschäftsfall)	Buchungssatz		Betrag
		Soll	Haben	
3. 1.	Überweisung von Fr. 3000.– durch Debitor C. Meyer auf das Postkonto	Post	Debitor	3000.–
9. 1.	Barbezug von Fr. 1000.– am Postomaten	Kasse	Post	1000.–
10. 1.	Teilrückzahlung des Darlehens durch Banküberweisung von Fr. 15 000.–	Darlehen	Bank	15 000.–
18. 1.	Kauf von Büromobiliar für Fr. 2000.– gegen bar	Mobiliar	Kasse	2000.–
19. 1.	Banküberweisung von Fr. 4000.– an Kreditor W. Herth	Kreditor	Bank	4000.–
20. 1.	Aufnahme einer Hypothek von Fr. 60 000.– (Gutschrift auf dem Bankkonto)	Bank	Hypothek	60 000.–
21. 1.	Kauf eines Landstücks für Fr. 120 000.– gegen Bankcheck	Immobilien	Bank	120 000.–
26. 1.	Verkauf eines alten Fahrzeugs zum Buchwert② von Fr. 5000.– gegen bar	Kasse	Fahrzeug	5000.–

① Im **Journal** werden die Geschäftsfälle in chronologischer (d. h. zeitlich geordneter) Reihenfolge aufgezeichnet. Nebst dem Buchungsdatum und dem Text für die Beschreibung der Geschäftsfälle enthält das Journal die Buchungssätze.

Um die Verbuchung eines Geschäftsfalls so kurz wie möglich darzustellen, bedient man sich des **Buchungssatzes.** Der Buchungssatz ist gleich aufgebaut wie der Kontierungsstempel: Zuerst wird jenes Konto aufgeführt, in das die Solleintragung erfolgt, und nachher das Konto mit der Habenbuchung. Am Schluss wird der Betrag genannt.

② Der Buchwert ist der Wert gemäss Buchhaltung.

Journal und Hauptbuch

15.03

In der Buchhaltung werden die Geschäftsfälle im Journal und im Hauptbuch① erfasst:

▷ Im **Journal** werden die Geschäftsfälle in zeitlicher Reihenfolge festgehalten.
▷ Im **Hauptbuch** werden die Geschäftsfälle nach Konten geordnet aufgezeichnet.

C. Benz führt ein kleines Töpferatelier. Die Eröffnungsbilanz per 1. 1. 20_2 lautet:

Eröffnungsbilanz 1. 1. 20_2

Aktiven			Passiven	
Umlaufvermögen			**Fremdkapital**	
Kasse	500		Kreditoren	700
Post	2 200			
Debitoren	1 800	4 500		
Anlagevermögen			**Eigenkapital**	
Mobilien		2 000	Eigenkapital	5 800
		6 500		6 500

a) Eröffnen Sie aufgrund der Zahlen in der Eröffnungsbilanz die Konten des Hauptbuchs. (Eine Lösungshilfe finden Sie auf der rechten Seite.)

b) Führen Sie das Journal.

Journal

Datum	Text (Geschäftsfall)	Buchungssatz		Betrag
		Soll	Haben	
15. 1.	Debitor K. Käser überweist Fr. 1400.– auf das Postkonto	Post	Debitoren	1400.–
30. 1.	Barbezug von Fr. 1000.– am Postomaten	Kasse	Post	1000.–
1. 2.	Barkauf einer elektrischen Töpferscheibe für Fr. 1300.–	Mobilien	Kasse	1300.–
11. 3.	Überweisung von Fr. 600.– an Kreditor A. Häni durch die Post	Kreditoren	Post	600.–
15. 3.	Barverkauf des alten Brennofens für Fr. 900.–	Kasse	Mobilien	900.–
20. 3.	Kreditkauf eines neuen Brennofens für Fr. 3700.– bei S. Michel	Mobilien	Kreditor	3700.–

c) Übertragen Sie die Buchungen des Journals ins Hauptbuch.

d) Schliessen Sie die Konten des Hauptbuchs ab, und übertragen Sie die Salden in die Schlussbilanz vom 31. 3. 20_2.

e) In welchem Wirtschaftssektor ist C. Benz mit ihrem Töpferatelier tätig? *Sekundär Wirtschaftssektor*

f) Welche Rechtsform hat C. Benz für ihren Kleinbetrieb gewählt? Begründen Sie Ihre Antwort. *Aktienkapital*

① Unter **Hauptbuch** versteht man die Gesamtheit aller für die Verbuchung der Geschäftsfälle notwendigen Konten.

Hauptbuch

Kasse
Soll		Haben	
AB	500.-	1.2.	1300.-
30.1.	1000.-	S	1100.-
15.3.	900.-		
	2400.-		2400.-

Kreditoren
Soll		Haben	
		AB	700
11.3.	600.-		
S	3800.-	20.3.	3700.-
	4400.-		4400.-

Post
Soll		Haben	
AB	2200.-	30.1.	1000.-
15.1.	1400.-	11.3.	600.-
		S	2000.-
	3600.-		3600.-

Eigenkapital
Soll		Haben	
		AB	5800
S	5800.-		
	5800.-		5800.-

Debitoren
Soll		Haben	
AB	1800.-	15.1.	1400.-
		S	400.-
	1800.-		1800.-

Mobilien
Soll		Haben	
AB	2000	15.3.	900.-
1.2.	1300.-	S	6100.-
20.3.	3700.-		
	7000.-		7000.-

Schlussbilanz 31. 3. 20_2

Aktiven			Passiven	
Umlaufvermögen			**Fremdkapital**	
Kasse	1100.-		Kreditoren	3800.-
Post	2000.-			
Debitoren	400.-	3500.-		
Anlagevermögen			**Eigenkapital**	
Mobilien		6100.-	Eigenkapital	5800.-
		9600.-		9600.-

15.04

U. Aeschbacher eröffnete auf den 1. Dezember 20_4 eine Privatschule. Er zahlte als Kapitaleinlage Fr. 30 000.– auf ein neu eröffnetes Bankkonto ein.

a) Wie lautet die Gründungsbilanz?

Bilanz 1. 12. 20_4

Aktiven		Passiven	
Bank	30 000.–	Eigenkapital	30 000.–

b) Führen Sie das Journal.

Journal

Datum	Text (Geschäftsfall)	Buchungssatz Soll	Haben	Betrag
2.12.	Kauf von Mobiliar auf Kredit für Fr. 8 000.–	Mobilien	Kreditoren	8 000.–
3.12.	Eröffnung eines Postkontos und Banküberweisung von Fr. 5 000.–	Post	Bank	5 000.–
9.12.	Banküberweisung für die Rechnung vom 2. 12.	Kreditoren	Bank	8 000.–
10.12.	Von der Post werden Fr. 2 000.– bezogen und in die Geschäftskasse gelegt.	Kasse	Post	2 000.–
17.12.	Barkauf eines Hellraumprojektors für Fr. 1 000.–	Mobiliar	Kasse	1 000.–
19.12.	Kauf von 20 Desktop-PCs auf Kredit für Fr. 52 000.–	Mobilien	Kreditor	52 000.–
28.12.	Gewährung eines fünfjährigen Darlehens von Fr. 50 000.– durch P. Moser mittels Banküberweisung	Bank	Darlehen	50 000.–

c) Führen Sie das Hauptbuch.

d) Wie lautet die Schlussbilanz per 31. 12. 20_4?

e) Was haben die Buchungen vom 19.12. und vom 28.12. gemeinsam?

f) Bei welchen Buchungsdaten liegt ein Aktivtausch vor?

Hauptbuch

Kasse
Soll		Haben	
10.12.	2000.-	17.12.	1000.-
		S	1000.-
	2000.-		2000.-

Kreditoren
Soll		Haben	
3.12.	8000.-	2.12.	8000.-
S	52 000.-	13.12.	52 000.-
	60 000.-		60 000.-

Post
Soll		Haben	
3.12.	5000.-	10.12.	2000.-
		S	3000.-
	5000.-		5000.-

Darlehen
Soll		Haben	
		28.12.	50 000.-
S	50 000.-		
	50 000.-		50 000.-

Bank
Soll		Haben	
AB	30 000.-	3.12.	5000.-
3.12.	8000.-	1.12	8000.-
28.12.	50 000.-	S	67 000.-
	80 000.-		80 000.-

Eigenkapital
Soll		Haben	
		AB	30 000.-
S	30 000.-		
	30 000.-		30 000.-

Mobilien
Soll		Haben	
2.12.	8000.-		
17.12.	1000.-	S	61 000.-
13.12.	52 000.-		
	61 000.-		61 000.-

Schlussbilanz 31. 12. 20_4

Aktiven			Passiven		
Umlaufvermögen			**Fremdkapital**		
Kasse	1000.-		Kreditoren	52 000.-	
Post	3 000.-		Darlehen	50 000.-	102 000.-
Bank	67 000.-	71 000.-			
Anlagevermögen			**Eigenkapital**		
Mobilien		61 000.-	Eigenkapital		30 000.-
		132 000.-			132 000.-

15.05

Aus der Buchhaltung der im Jahre 20_1 neu gegründeten Einzelunternehmung C. Baumgartner ist das Hauptbuch abgebildet. Um die Zusammengehörigkeit von Soll- und Habenbuchungen eindeutig darzustellen, wurden anstelle von Kalenderdaten die Nummern ① bis ⑩ verwendet.

Hauptbuch

Kasse Soll		Haben		Kreditoren Soll		Haben	
③	1 000			⑦	45 000	②	15 000
						④	80 000

Post Soll		Haben		Bank(schuld) Soll		Haben	
①	50 000	③	1 000	⑥	150 000	⑤	300 000
		⑦	45 000	⑧	50 000		
				⑨	30 000		

Mobiliar Soll		Haben		Darlehen Soll		Haben	
②	15 000					⑨	30 000

Fahrzeuge Soll		Haben		Hypotheken Soll		Haben	
④	80 000					⑥	150 000
⑩	20 000						

Immobilien Soll		Haben		Eigenkapital Soll		Haben	
⑤	300 000					①	50 000
						⑧	50 000
						⑩	20 000

Journal und Hauptbuch — 15 Aufgabe 05

a) Führen Sie das Journal. Als Muster ist der Geschäftsfall Nr. ① bereits eingetragen.

Journal

Datum (Nr.)	Text (Geschäftsfall)	Buchungssatz Soll	Haben	Betrag
①	Gründung der Unternehmung durch Postüberweisung des Inhabers	Post	Eigenkapital	50 000
②				
③				
④				
⑤				
⑥				
⑦				
⑧				
⑨				
⑩				

b) Schliessen Sie die Konten des Hauptbuchs ab, und errichten Sie die Schlussbilanz per 31. 12. 20_1.

Schlussbilanz 31. 12. 20_1

Aktiven — Passiven

Umlaufvermögen

Kasse

Post

Anlagevermögen

Mobiliar

Fahrzeuge

Immobilien

Fremdkapital

Kreditoren

Bank

Darlehen

Hypotheken

Eigenkapital

Eigenkapital

123

15.06

In den bisherigen Aufgaben wurde die Buchhaltung von Hand geführt. Zu Beginn einer Rechnungsperiode mussten die Anfangsbestände aus der Eröffnungsbilanz von Hand ins Hauptbuch übertragen werden. Und am Schluss der Rechnungsperiode wurden die Salden der Hauptbuchkonten wieder von Hand in die Schlussbilanz übertragen.

EDV-Systeme verbuchen sowohl die Eröffnung wie auch den Abschluss automatisch, sodass man sich in der Praxis um diese Buchungen nicht zu kümmern braucht.

Damit Sie das System der doppelten Buchhaltung besser verstehen lernen, werden in dieser Aufgabe nebst den gewohnten Buchungssätzen für den Geschäftsverkehr ausnahmsweise auch die Eröffnungs- und Abschlussbuchungen verlangt. (Diese sind im folgenden Journal blau dargestellt.)

Für die Treuhandunternehmung P. Signorell gilt folgende Eröffnungsbilanz:

Eröffnungsbilanz 1. 1. 20_1

Aktiven			Passiven	
Umlaufvermögen			**Fremdkapital**	
Kasse	2 000		Kreditoren	8 000
Bank	28 000	30 000		
Anlagevermögen			**Eigenkapital**	
Mobilien		40 000	Eigenkapital	62 000
		70 000		70 000

a) Führen Sie das Journal und das Hauptbuch. Wie lautet die Schlussbilanz?

Journal

Datum	Text (Geschäftsfall)	Buchungssatz		Betrag
		Soll	Haben	
1. 1.	Anfangsbestand Kasse (Eröffnung)	Kasse	Eröffnungsbilanz	2 000.–
1. 1.	Anfangsbestand Bank (Eröffnung)	Bank	Bilanz	28 000.–
1. 1.	Anfangsbestand Mobilien (Eröffnung)	Mobilien	Eröffnungsbilanz	40 000.–
1. 1.	Anfangsbestand Kreditoren (Eröffnung)	Bilanz	Kreditor	8 000.–
1. 1.	Anfangsbestand Eigenkapital (Eröffnung)	Bilanz	EK	62 000.–
8. 1.	Kauf von Mobiliar auf Kredit	Mobilien	Kreditor	10 000.–
14. 1.	Bankzahlung an Kreditor P. Ellis	Kreditor	Bank	5 000.–
22. 1.	Barbezug am Bancomaten	Kasse	Bank	1 000.–
31. 1.	Saldo Kasse (Abschluss)	Schlussbilanz	Kasse	3 000.–
31. 1.	Saldo Bank (Abschluss)			
31. 1.	Saldo Mobilien (Abschluss)			
31. 1.	Saldo Kreditoren (Abschluss)			
31. 1.	Saldo Eigenkapital (Abschluss)			

Hauptbuch

Kasse

Soll		Haben	
AB	2000.–		
22.1.	1000.–	S	3000.–
	3000.–		3000.–

Kreditoren

Soll		Haben	
		AB	8000.–
14.1.	5000.–	8.1.	10 000.–
S	13 000.–		
	18 000.–		18 000.–

Bank

Soll		Haben	
AB	28 000.–	22.1.	1000.–
		14.1.	5000.–
		S	22 000.–
	28 000.–		28 000.–

Eigenkapital

Soll		Haben	
		AB	62 000.–
S	62 000.–		
	62 000.–		62 000.–

Mobilien

Soll		Haben	
AB	40 000.–		
8.1.	10 000.–	S	50 000.–
	50 000.–		50 000.–

Schlussbilanz 31. 1. 20_1

Aktiven			Passiven	
Umlaufvermögen			**Fremdkapital**	
Kasse	3000.–		Kreditoren	13 000.–
Bank	22 000.–	25 000.–		
Anlagevermögen			**Eigenkapital**	
Mobilien		50 000.–	Eigenkapital	62 000.–
		75 000.–		75 000.–

b) Nennen Sie drei Haupttätigkeiten eines Treuhandbüros.

15.07

Jede Unternehmung führt einen **Kontenplan.** Das ist ein übersichtlich gegliedertes und systematisch geordnetes Verzeichnis aller Konten, die von der Unternehmung verwendet werden.

Für die Galler AG gilt folgender Kontenplan:

Kontenplan

Aktiven	Passiven
Umlaufvermögen	**Fremdkapital**
Kasse	Kreditoren
Post	Bank
Debitoren	Darlehen
Warenvorrat	Hypothek
Anlagevermögen	**Eigenkapital**
Mobilien	Aktienkapital
Maschinen	Reserven
Fahrzeuge	Gewinnvortrag
Immobilien	

a) Vervollständigen Sie das Journal.

Journal

Datum	Text (Geschäftsfall)	Buchungssatz Soll	Haben	Betrag
14. 1.	Postüberweisung von Debitor E. Teitler	Post	Debitor	8 700.–
31. 1.	Barbezug am Bancomaten	Kasse	Bank	1 000.–
18. 2.	Bankzahlung an Kreditor A. Eggimann	Krediter	Bank	4 400.–
25. 3.	Fahrzeugkauf durch Barzahlung	Fahrzeuge	Kasse	20 400.–
8. 4.	Rückzahlung eines Darlehens per Post	Darlehen	Post	50 000.–
23. 4.	Erhöhung des Aktienkapitals durch Bankeinzahlung der Aktionäre	Bank	Aktienkapital	100 000.–
21. 5.	Immobilienkauf durch Banküberweisung	Immobilien	Bank	300 000.–
21. 5.	Finanzierung durch Hypothek	Bank	Hypothek	150 000.–
20. 6.	Kreditor R. Egger übernimmt ein gebrauchtes Fahrzeug an Zahlungs statt	Kreditor	Fahrzeug	2 000.–
28. 6.	Kauf von Maschinen auf Kredit	Mobilien	Kreditoren	30 000.–

b) Worin würde sich der Kontenplan unterscheiden, wenn die Galler AG in der Rechtsform einer Gesellschaft mit beschränkter Haftung (GmbH) geführt würde?

Journal und Hauptbuch — 15

15.08

Vervollständigen Sie das Journal; den Buchungen ist der Kontenplan von Aufgabe 15.07 zugrunde zu legen.

Journal

Datum	Text (Geschäftsfall)	Soll	Haben	Betrag
1. 7.	Verkauf einer alten Maschine gegen Barzahlung für Fr. 1500.–	Kasse	Maschinen	1 500.–
15. 7.	Immobilienverkauf	Bank	Immobilien	1 000 000.–
	Rückzahlung Hypothek	Hypotheken	Bank	700 000.–
3. 8.	An E. Linder wird das Darlehen von Fr. 20 000.– durch die Bank zurückbezahlt.	Darlehen	Bank	20 000.–
28. 8.	Eine neue Maschine im Wert von Fr. 40 000.– wird angeschafft. Die erste Hälfte wird sofort durch Bankcheck beglichen, der Rest wird in 2 Monaten fällig.	Maschinen	Bank	20 000.–
		Maschinen	Kreditor	20 000.–
4. 9.	Banküberweisung von Debitor	Bank	Debitoren	8 800.–
	Debitor bez. Rgn. mit Mobilien	Mobilien	Debitoren	2 200.–
15. 9.	Barkauf eines neuen Lieferwagens für Fr. 60 000.–. Der alte Wagen im Wert von Fr. 25 000.– wird an Zahlung genommen.	Fahrzeug	Kasse	35 000.–
		Fahrzeug	Fahrzeug	25 000.–
23. 9.	Unsere Schuld von Fr. 30 000.– bei Kreditor M. Hotz wird in ein langfristiges Darlehen umgewandelt.			
2. 10.		Mobilien	Kreditoren	3 000.–
25. 10.	Zahlung der Restschuld an den Maschinenlieferanten (Buchung vom 28. 8.) durch Postüberweisung.	Kreditor	Post	20 000.–
28. 10.	Verkauf der alten Büroeinrichtung auf Kredit für Fr. 1000.–			
6. 11.		Immobilien	Hypothek	100 000.–
19. 11.		Bank	Post	4 000.–
17. 12.	Der Käufer der Büroeinrichtung (Buchung vom 28. 10.) hat durch die Post bezahlt.			

15.09

Vervollständigen Sie das Journal mithilfe der Aktiv- und Passivkonten gemäss Kontenrahmen KMU, den Sie als Anhang 3 zuhinterst im Buch finden.

Journal

Nr.	Geschäftsfall	Buchungssatz		Betrag
		Soll	Haben	
1	Kauf eines Autos auf Kredit, Fr. 30 000.–			
2	Der neu angeschaffte Computer wird bar bezahlt, Fr. 2 900.–.			
3	Kreditverkauf einer alten Maschine, Fr. 1 000.–			
4	Rückzahlung eines Darlehens durch die Bank, Fr. 10 000.–			
5	Eine Aktienkapitalerhöhung wird auf das Bankkonto (Bankguthaben) einbezahlt, Fr. 20 000.–.			
6	Wertschriftenkauf durch die Bank, Fr. 8 000.–			
7	Ein Debitor bezahlt seine Schuld von Fr. 3 100.– durch Lieferung von Mobiliar für Fr. 2 500.– und den Rest durch Postüberweisung.			
8	Kauf einer Liegenschaft für Fr. 200 000.–. Die Hälfte wird durch eine Hypothekaraufnahme finanziert, der Rest durch Bankzahlung beglichen.			
9	Gewährung eines Darlehens an K. von Fr. 6 000.– durch Banküberweisung			
10	Kauf eines neuen Lieferwagens auf Kredit für Fr. 48 000.–. Der alte Wagen wird noch mit Fr. 7 000.– an Zahlung genommen.			
11	Der Geschäftsinhaber übernimmt das Direktionsfahrzeug für private Zwecke, Wert Fr. 20 000.–.			
12	Auf dem Kauf des Lieferwagens (Nr. 10) wird nachträglich ein Rabatt von Fr. 1 000.– gewährt.			
13	Barbezug am Postomat Fr. 2 000.–			
14	Einem Kreditor wird eine alte Maschine im Wert von Fr. 750.– an Zahlung gegeben.			
15	Der Geschäftsinhaber erhöht seine Kapitaleinlage durch die Abzahlung einer Hypothek auf der Geschäftsliegenschaft von Fr. 50 000.–.			

Journal und Hauptbuch

15.10

Bei den vorliegenden Geschäftsfällen sind die Buchungssätze bereits eingetragen. Falls der Buchungssatz richtig ist, ist dies durch Ankreuzen zu bestätigen, falls er fehlerhaft ist, muss die korrekte Buchung in der hintersten Spalte eingetragen werden.

Nr.	Geschäftsfall	Buchung		Ankreuzen, falls richtig	Korrekte Buchung, falls falsch	
		Soll	Haben		Soll	Haben
1	Kreditverkauf einer Maschine	Kreditoren	Maschine	☐		
2	Debitoren zahlen auf die Bank (Passivkonto)	Bank	Debitoren	☐		
3	Gewährung eines Darlehens an P. Sulser durch Postzahlung	Post	Darlehen	☐		
4	Eine neue Liegenschaft wird mit Hypotheken finanziert.	Immobilien	Kreditoren	☐		
5	Der Geschäftsinhaber erhöht seine Kapitaleinlage durch Postüberweisung.	Eigenkapital	Post	☐		
6	Kreditkauf von Büromobiliar	Mobiliar	Kreditoren	☐		
7	Durch Banküberweisung wird ein Teil der Hypotheken zurückbezahlt.	Bank	Hypotheken	☐		
8	Einem Kreditor wird ein Lieferwagen an Zahlungs statt gegeben.	Kreditoren	Maschine	☐		
9	Für Mängel am gekauften Mobiliar wird nachträglich ein Rabatt gewährt (siehe Buchung 6).	Debitoren	Mobiliar	☐		
10	Kapitalrückzahlung an den Inhaber durch Entnahme von Wertschriften aus dem Geschäft.	Eigenkapital	Wertschriften	☐		
11	Eintausch einer alten Maschine gegen eine neue. Der Aufpreis wird geschuldet.	Maschine Maschine	Maschine Debitoren	☐		
12	Zur Darlehensrückzahlung an P. Moll erhöht der Geschäftsinhaber seine Kapitaleinlage durch Postüberweisung.	Post Darlehen	Eigenkapital Post	☐		

Die Erfolgsrechnung

16.01

Mithilfe dieser Aufgabe kann sich ein Lernender selbstständig oder in Gruppenarbeit in den Problemkreis der Erfolgsrechnung einarbeiten.

> W. Helbling hat eine Privatschule in gemieteten Räumen gegründet. Die zusammengefassten Geschäftsfälle für den Gründungsmonat Juni lauten:
>
> 1. Bankeinlage von W. Helbling — Fr. 15 000.–
> 2. Kauf von Mobilien auf Kredit — Fr. 10 000.–
> 3. Bareinzahlung von W. Helbling — Fr. 5 000.–
> 4. Bankzahlung der Löhne für Juni — Fr. 8 000.–
> 5. Bankzahlung der Miete — Fr. 2 000.–
> 6. Versand von Rechnungen für Schulgelder — Fr. 12 000.–
> 7. Wertverlust auf den Mobilien durch die Nutzung — Fr. 100.–
> 8. Verschiedene Barauslagen (Büromaterial, Porti usw.) — Fr. 900.–

Aufgaben

a) Wie gross ist aufgrund Ihrer Überlegungen der Gewinn oder Verlust im Monat Juni?

b) Verbuchen Sie die Geschäftsfälle des Monats Juni im Journal. Verwenden Sie sinnvolle Konten, wo nötig auch solche, die Sie noch nicht kennen.

Journal

Nr.	Text	Buchungssatz		Betrag
		Soll	Haben	
1				
2				
3				
4				
5				
6				
7				
8				

Die Erfolgsrechnung — Aufgabe 01

c) Setzen Sie die im Journal verwendeten «neuen» Konten (das sind Konten, die nicht in die Bilanz gehören) wie folgt in die Erfolgsrechnung ein:

▷ Die Sollbuchungen des Journals gehören als Aufwand auf die Sollseite.

▷ Die Habenbuchungen des Journals gehören als Ertrag auf die Habenseite.

Erfolgsrechnung für den Monat Juni

Aufwand | Ertrag

d) Schliessen Sie das Konto Erfolgsrechnung ab, indem Sie die Differenz zwischen Aufwands- und Ertragsseite ermitteln und diesen Saldo als Gewinn bzw. Verlust bezeichnen.

e) Vergleichen Sie den ermittelten Erfolg mit Ihrem unter a) ermittelten Resultat.

f) Welche Erkenntnisse liefert die Erfolgsrechnung zusätzlich zur Bilanz?

g) Welche der folgenden Aussagen zu Aufwand und Ertrag sind aufgrund der unter c) erstellten Erfolgsrechnung richtig? Die richtigen Antworten sind anzukreuzen.

Aufwand	Ertrag
Ein Aufwand bewirkt eine Abnahme von Vermögen (man wird «ärmer»).	Ein Ertrag bewirkt eine Vermögenszunahme (man wird «reicher»).
Aufwand kann mit Ausgaben (Barzahlung) gleichgesetzt werden.	Ertrag kann mit Einnahmen (Barentschädigung) gleichgesetzt werden.
Aufwand kann als Wertverlust definiert werden.	Ertrag kann als Wertzuwachs definiert werden.
Aufwände werden immer im Soll gebucht.	Erträge werden immer im Haben gebucht.
Aufwände können Schuldenzunahmen bewirken, z. B. Bankschulden.	Erträge können Schuldenabnahmen bewirken, z. B. Bankschulden.

h) Was heisst das, wenn ein Geschäftsfall und die daraus resultierende Buchung erfolgswirksam ist?

i) Weshalb konnte in den vergangenen Kapiteln nach Verbuchung der Geschäftsfälle nie ein Gewinn oder Verlust nachgewiesen werden?

Die Erfolgsrechnung

16.02

In der Erfolgsrechnung werden die Aufwände und Erträge einer bestimmten Periode einander gegenübergestellt. Als Differenz ergibt sich der Erfolg.

Erstellen Sie für folgende Betriebe die Erfolgsrechnung für das Jahr 20_1, und ermitteln Sie den Erfolg. Hinweis: Die Zahl der Hilfslinien entspricht nicht unbedingt der Zahl der einzutragenden Aufwände und Erträge. Die Beträge sind in Fr. 1000.–.

a) Kleiderboutique

▷ Warenaufwand 720
▷ Atelieraufwand 40
▷ Personalaufwand 130
▷ Raumaufwand (Miete, Energie, Reinigung) 90
▷ Verkaufsertrag 1000
▷ Verwaltungsaufwand 15
▷ Werbeaufwand 50
▷ Zinsaufwand 20
▷ Abschreibungen 15

Erfolgsrechnung für 20_1
Aufwand | Ertrag

b) Schreinerei

▷ Materialaufwand 100
▷ Löhne und Gehälter 80
▷ Sozialaufwand 18
▷ Mietaufwand 10
▷ Unterhalt und Reparaturen 5
▷ Zinsertrag 1
▷ Fahrzeugaufwand 10
▷ Werbung 5
▷ Abschreibungen 13
▷ Fabrikateertrag 270

Erfolgsrechnung für 20_1
Aufwand | Ertrag

Die Erfolgsrechnung 16

16.03
Vervollständigen Sie die Erfolgsrechnungen aus unterschiedlichen Branchen:

Warenhandelsbetrieb
Erfolgsrechnung

Aufwand			Ertrag	
_____	670	_____		990
	200	Zinsertrag		10
Mietaufwand	30			
Werbeaufwand	40			
Abschreibungen	10			
Übriger Aufwand	20			
Gewinn	**30**			
	1 000			1 000

Fabrikationsbetrieb
Erfolgsrechnung

Aufwand			Ertrag	
_____	400	Fabrikateertrag		960
_____	300			
Mietaufwand	40			
Energie	50			
Unterhalt	60			
_____	100			
Übriger Aufwand	50			
	1 000			1 000

Versicherungsgesellschaft
Erfolgsrechnung

Aufwand			Ertrag	
_____	600	_____		750
Personalaufwand	150	Kapitalerträge		250
Übriger Aufwand	120			
	1 000			1 000

Bank
Erfolgsrechnung

Aufwand			Ertrag	
_____	550	_____		750
Kommissionsaufwand	50	Kommissionserträge		200
_____	200	Wertschriftenerträge		50
Raumaufwand	30			
Übriger Aufwand	70			
	1 000			1 000

Schule
Erfolgsrechnung

Aufwand			Ertrag	
_____	680	_____		520
Materialaufwand	40	Subventionen		480
_____	110			
Energieaufwand	20			
Abschreibungen	70			
Übriger Aufwand	50			
	1 000			1 000

Fussballclub
Erfolgsrechnung

Aufwand			Ertrag	
_____	540	_____		430
Spielbetrieb	160	TV-Einnahmen		100
Warenaufwand	40	_____		60
Unterhalt Anlagen	70	Sponsoringertrag		220
Abschreibungen	60			
_____	80			
Übriger Aufwand	50			
	1 000			1 000

Die Erfolgsrechnung

16.04

Geben Sie die passenden Kontenbezeichnungen zu den entsprechenden Umschreibungen.

Erfolgsrechnung für 20_1

Aufwand / Ertrag

Umschreibung	Kontenbezeichnung	Kontenbezeichnung	Umschreibung
Verbrauch von Handelswaren zum Verkauf			Ertrag aus dem Verkauf von Handelswaren
Verbrauch von Rohmaterial für die Produktion			Ertrag aus dem Verkauf von produzierten Fertigfabrikaten
Entschädigung an die Arbeitnehmer für geleistete Arbeit			Ertrag aus dem Erbringen von Dienstleistungen für Kunden
Wertverminderungen auf dem Anlagevermögen			Ertrag aus der Übernahme von Risiken für Versicherte
Zahlungen für benutzte Räumlichkeiten			Ertrag aus dem Überlassen von Sachen zum Gebrauch
Ausgaben für Instandhaltung von Mobilien und Immobilien			Erhaltene Zinsen und Dividenden aus Wertpapieranlagen
Entschädigung für von Dritten beanspruchtes Kapital			Ertrag aus Kapital, das Dritten zur Verfügung gestellt wird
Ausgaben für Treibstoff, Unterhalt, Versicherungen und Verkehrsabgaben für die Fahrzeuge			
Ausgaben für Inserate, Drucksachen, Reklame, Sponsoring usw.			
Verbrauch von Strom und Heizöl			
Sammelkonto für diverse Betriebsaufwände wie Telefon, Büromaterial, Porti usw.			
Saldo zum Ausgleich des Ertragsüberschusses			Saldo zum Ausgleich des Aufwandüberschusses

Die Erfolgsrechnung

16.05

Erstellen Sie für die folgenden Unternehmungen die Erfolgsrechnung und die Bilanz. Hinweis: Die Zahl der Linien in den Lösungshilfen entspricht nicht unbedingt der Zahl der einzutragenden Konten.

a) **Handel AG** (alle Beträge in Mio. Fr.)

Zinsaufwand 16, Flüssige Mittel 12, Nebenerträge 52, Abschreibungen 76, Personalaufwand 364, Debitoren 22, Aktienkapital 100, Verkaufsertrag 2000, Vorräte 76, Kreditoren 121, Mietaufwand 37, Übriger Aufwand 119, Immobilien 350, Einrichtungen 80, Reserven 40, Warenaufwand 1435, Mobilien und Fahrzeuge 21, Hypotheken 300, Gewinn ?

Erfolgsrechnung für 20_1

Aufwand / Ertrag

Bilanz vom 31. 12. 20_1

Aktiven / Passiven

Umlaufvermögen

Anlagevermögen

Fremdkapital

Eigenkapital

Die Erfolgsrechnung — Aufgabe 05

b) **Fabrik AG** (alle Beträge in Mio. Fr.)

Roh- und Hilfsmaterialvorräte 76, Materialaufwand 1070, Debitoren 652, Sozialaufwand 125, Immobilien 287, Abschreibungen 106, Zinsertrag 16, Forschung und Entwicklung 90, Reserven 970, Hypotheken 100, Übriger Betriebsaufwand 148, Wertschriften 352, EDV-Anlagen 13, Energieaufwand 50, Löhne und Gehälter 655, Halb- und Fertigfabrikatevorräte 180, Flüssige Mittel 140, Wertschriftenertrag 57, Vertriebsaufwand 49, Unterhalt und Reparaturen 107, Beteiligungen 44, Bankschulden 168, Maschinen/Einrichtungen/Werkzeuge 311, Kreditoren 332, Zinsaufwand 34, Mobilien/Fahrzeuge 15, Aktienkapital 500, Fabrikateertrag 2536, Gewinn ?

Erfolgsrechnung für 20_1

Aufwand | Ertrag

Bilanz vom 31. 12. 20_1

Aktiven | Passiven

Umlaufvermögen | Fremdkapital

Anlagevermögen | Eigenkapital

Die Erfolgsrechnung — Aufgabe 05

c) **Sozialwerk MILESTONE** (Kurzzahlen)

Debitoren 190, Spendenertrag 280, Maschinen 30, Löhne und Gehälter 780, Kreditoren 58, Haushalt/Lebensmittelausgaben 90, Weiterbildung 25, Vorräte 8, Übriger Aufwand 48, Mobilien 40, Mietaufwand 100, Post 23, Beiträge der Fürsorgebehörde 680, Bankschuld 22, Fahrzeuge 50, Darlehensschuld 200, Versicherungsprämien 15, Heizung/Strom/Wasser 32, Beiträge der Invalidenversicherung 115, Post- und Telefongebühren 25, Wertschriften 55, Büromaterial-/Drucksachenaufwand 22, Unterhalt und Reparaturen 20, Eigenkapital 120, Ertrag aus Job-Service 150, Abschreibungen 60, Kasse 4, Gewinn ?

d) Bestimmen Sie, welcher Branche dieser Betrieb angehört, nachdem Sie Bilanz und Erfolgsrechnung erstellt haben. Die Antwort ist zu begründen.

Abschreibungen	82
Aktienkapital	300
Beherbergungsertrag	360
Energieaufwand	23
Finanzaufwand	15
Forderungen aus Lieferungen und Leistungen	60
Hypotheken	440
Immobilien	1 060
Kasse	15
Marketingaufwand	47
Mobilien und Installationen	90
Personalaufwand	350
Post	21
Reserven	420
Rückstellungen	65
Übriger Betriebsaufwand	43
Übriger Ertrag	30
Verbindlichkeiten aus Lieferungen und Leistungen	105
Vorräte	18
Warenaufwand	85
Wertschriften	66
Restaurationsertrag	290

16.06

a) Verbinden Sie die deutschen Aufwands- und Ertragsbegriffe mit den entsprechenden englischen Ausdrücken.

Deutsch	English
Erfolgsrechnung	Revenues
Erträge	Rentals
Aufwände	Income statement
Personalaufwand	Expenses
Mietaufwand	Personnel expenses
Verwaltungsaufwand	Marketing expenses
Materialaufwand	Research and development costs
Werbung	Administration costs
Abschreibungen	Social benefits
Forschung und Entwicklung	Material costs
Sozialleistungen	Depreciation
Zinsertrag	Sales
Übriger Aufwand	Loss
Unterhaltsaufwand	Interest-revenues
Verkaufsertrag	Maintenance
Verlust	Net income, profit
Gewinn	Other expenses

Die Erfolgsrechnung — Aufgabe 06

b) Complete the following income statement of a Swiss chocolate plant with the adequate titles and the submentioned positions (in millions of Swiss francs):

Material costs 449, Paid interest 26, Wages and salaries 275, Marketing and administration expenses 387, Depreciation 63, Other expenses 45, Interest-revenues 13, Social benefits 65, Sales 1344, Research and development costs 25, Net Profit ?

16.07

Im Folgenden sind Sachverhalte dargestellt, die in entsprechenden Konten verbucht werden. Kreuzen Sie die zutreffende Spalte für diese Konten an.

Nr.	Sachverhalte	Bilanzkonten		Erfolgskonten	
		Aktiven	Passiven	Aufwand	Ertrag
1	Liegenschaften				
2	Reparaturen und Unterhalt				
3	Mietzinseinnahmen				
4	Billettverkauf				
5	Büromaterialverbrauch				
6	Telefongebühren				
7	Debitoren				
8	Warenverkauf				
9	Personalaufwand				
10	Zinsen für Dritten gewährte Darlehen				
11	Warenvorräte				
12	Benzin- und Ölverbrauch				
13	Werbung				
14	Maschinen				
15	Geschäftsmiete				
16	Erhaltene Honorare				
17	Eigenkapital				
18	Energieverbrauch				
19	Einrichtungen				
20	Fertigfabrikatevorräte				
21	Aktienkapital				
22	Abschreibungen				
23	Reserven				

16.08

Das Eigenkapital oder Reinvermögen einer Unternehmung errechnet sich als Saldo zwischen dem Vermögen (Aktiven) und den Schulden (Fremdkapital). Erfolgswirksame Geschäftsfälle beeinflussen immer das Reinvermögen:

Bilanz

Aktiven	Passiven
Umlaufvermögen	Fremdkapital (Schulden)
Anlagevermögen	Eigenkapital (Reinvermögen)

Aufwandsverbuchungen führen zu einer Abnahme des Reinvermögens (man wird «ärmer»), Ertragsverbuchungen führen zu einer Zunahme des Reinvermögens (man wird «reicher»).

a) Beurteilen Sie, welche Auswirkungen die folgenden Geschäftsfälle auf das Reinvermögen des Coiffeur-Salons Lara haben:

Nr.	Geschäftsfälle	bleibt unverändert	nimmt zu	nimmt ab
1	Barkauf einer neuen Föhnhaube			
2	Bareinzahlung auf das Postkonto			
3	Postüberweisung der Monatsmiete			
4	Eine Kundin zahlt bar für Haarwaschen und -schneiden.			
5	Debitoren zahlen auf die Post			
6	Kreditkauf eines neuen Kundensessels			
7	Barverkauf des alten Mobiliars (zum Buchwert)			
8	Postbelastung für Telefonspesen			
9	Banküberweisung an Kreditoren			
10	Bankbelastung für Versicherungsprämien			
11	Rechnungsversand für Haarpflege an Kundinnen im Altersheim			

b) Welche dieser Buchungen sind erfolgswirksam (verändern den Gewinn oder Verlust)?

c) Hätte eine höhere Verschuldung des Coiffeur-Salons Lara einen Einfluss auf den Geschäftserfolg? Die Antwort ist zu begründen.

① Der Buchwert ist der Wert gemäss Buchhaltung.

Die Erfolgsrechnung

16.09

a) Verbuchen Sie folgende erfolgswirksame Geschäftsfälle des Coiffeur-Salons Lara, und weisen Sie die Auswirkungen auf die Bilanz und Erfolgsrechnung nach.

Aufwandsverbuchung

Geschäftsfälle	Bilanzkonto		Aufwandskonto		Auswirkungen
	Post		**Mietaufwand**		
	Soll	Haben	Soll	Haben	
1. Postüberweisung der Monatsmiete Fr. 1500.–		1500.–	1500.–		+ Aufwand – Aktiven Das Reinvermögen ☐ wird grösser ☑ wird kleiner ☐ bleibt gleich
	Bankschuld		**Lohnaufwand**		
	Soll	Haben	Soll	Haben	
2. Banküberweisung der Monatslöhne Fr. 5000.–		5000.–	5000.–		+ Aufwand + Schulden/Passiven Das Reinvermögen ☐ wird grösser ☑ wird kleiner ☐ bleibt gleich

Ertragsverbuchung

Geschäftsfälle	Bilanzkonto		Ertragskonto		Auswirkungen
	Kasse		**Ertrag aus Coiffeurarbeiten**		
	Soll	Haben	Soll	Haben	
3. Barzahlungen von Kundinnen für Haarschneiden Fr. 2000.–	2000.–			2000.–	+ Aktiv + Ertrag Das Reinvermögen ☑ wird grösser ☐ wird kleiner ☐ bleibt gleich
	Bankschuld				
	Soll	Haben			
4. Kundinnen zahlen die ausgeführten Coiffeurarbeiten mit EC-Direct auf das Bankkonto Fr. 3500.–	3500.–			3500.–	– Passiven + Ertrag Das Reinvermögen ☑ wird grösser ☐ wird kleiner ☐ bleibt gleich

Die Erfolgsrechnung — Aufgabe 09

b) Die Buchungsregeln für die Aufwands- und Ertragskonten ergeben sich zwangsläufig aus ihrer Verbindung mit den Aktiv- und Passivkonten. Leiten Sie aus den nebenstehenden vier Geschäftsfällen die Buchungsregeln für die Erfolgskonten her, und veranschaulichen Sie diese in den Kontenschemen.

Aufwandskonto

Soll	Haben
Zunahme	Aufwandsminderung
	Saldo / Ertrag

Ertragskonto

Soll	Haben
Ertragsminderung	Zunahme
Saldo / Ertrag	

c) Erklären Sie, warum es bei den Aufwands- und Ertragskonten keine Anfangsbestände gibt.

d) Geben Sie Beispiele für Aufwands- bzw. Ertragsminderungen.

Aufwandsminderungen
- Skonto   WA = Warenaufwand
- Gutschriften wegen Mängel
- Rabatt

Ertragsminderungen
- Skonto   WE = Warenertrag
- Gutschriften
- Rabatt

e) In welche Abschlussrechnung sind die Saldi aus den Aufwands- bzw. Ertragskonten zu übertragen?

f) Weshalb spricht man bei Aufwands- und Ertragskonten von Erfolgskonten?

g) Welche Erfolgskonten bewirken
  ▷ eine Zunahme des Reinvermögens?   Ertragskonten
  ▷ eine Abnahme des Reinvermögens?   Aufwandskonto

c) weil jährl. neu berechnet / abgeschlossen, Zeitraumrechnung

e) Erfolgsrechnung

f) Weil sie Erfolg gewinnen, jede Buchung von Erfolgskonten verändert den Erfolg

Die Erfolgsrechnung

16.10

Welche Geschäftsfälle haben zu diesen Buchungssätzen aus dem Haushaltgeschäft Rolf Stähli geführt? Bezeichnen Sie durch Ankreuzen die erfolgswirksamen und die erfolgsunwirksamen Vorgänge.

Nr.	Buchungen		Geschäftsfälle	erfolgswirksam	erfolgsunwirksam
	Soll	Haben			
1	Kasse	Bank			
2	Mobiliar	Kreditoren			
3	Debitoren	Warenertrag			
4	Zinsaufwand	Bank			
5	Mietaufwand	Post			
6	Post	Eigenkapital			
7	Reparaturen	Kasse			
8	Abschreibungen	Einrichtungen			
9	Warenertrag	Debitoren			
10	Bank	Wertschriften			
11	Post	Mietertrag			
12	Werbung	Kreditoren			
13	Gehälter	Bank			
14	Büromaterial	Kasse			
15	Immobilien	Hypotheken			
16	Debitoren	Maschinen			
17	Bank	Zinsertrag			
18	Löhne	Kasse			
19	Fahrzeug	Eigenkapital			
20	Bank	Darlehen			

Die Erfolgsrechnung

16.11

a) Wie lauten die Buchungssätze für die Geschäftsfälle im Journal? Zeigen Sie zugleich die Auswirkungen auf die Bestandes- und Erfolgskonten auf (Aktiven = a, Passiven = p, Aufwand = A, Ertrag = E). Die Auswirkung bei Nr. 1. ist als Muster eingetragen.

Nr.	Geschäftsfall	Buchungen Soll	Haben	Auswirkungen Soll	Haben
1	Lohnzahlungen durch die Post			+ A	– a
2	Barkauf von Büromobiliar				
3	Debitoren bezahlen auf das Bankkonto (Bankguthaben) ein.				
4	Die Miete für die Geschäftsräume wird durch die Post überwiesen.				
5	Eine Aktienkapitalerhöhung wird auf das Bankkonto (Bankguthaben) einbezahlt.				
6	Von der Versicherungs-AG trifft die Rechnung für die Haftpflichtversicherung ein.				
7	Verkauf von Waren auf Kredit				
8	Die Post belastet die Telefongebühren.				
9	Die Computeranlagen werden abgeschrieben.				
10	Bankbelastung für Zinsen (Bankschuld)				
11	Zahlung von Kreditoren durch Banküberweisung (Bankschuld)				
12	Mit dem Erlös aus dem Verkauf von Wertschriften wird ein Bankdarlehen abbezahlt.				
13	Die Gutschriftsanzeige der Mietzinsen für vermietete Geschäftsräume trifft von der Bank (Bankguthaben) ein.				
14	Die Forderung eines Lieferanten wird mit dem Verkauf einer alten Maschine verrechnet.				
15	Die Rechnung für einen Fernsehspot trifft ein.				
16	Einem Kunden wird ein Mängelrabatt auf der gekauften Ware gewährt.				

b) Kreuzen Sie an, wie sich die folgenden Buchungen auf den Gewinn auswirken:

	Zunahme	Abnahme	Keine Auswirkung
Buchung Nr. 4			
Buchung Nr. 7			
Buchung Nr. 14			
Buchung Nr. 16			

16 Die Erfolgsrechnung

16.12

Das folgende Journal wurde von einem frisch eingestellten Hilfsbuchhalter geführt. Die Beschreibung der Geschäftsfälle ist tadellos, doch haben sich bei den Buchungen etliche Fehler eingeschlichen. In der Korrekturspalte sind die Buchungen – wenn nötig – so zu berichtigen, dass die Geschäftsfälle zusammen mit der Korrektur richtig verbucht sind. Als Beispiel ist die Korrektur der 1. Buchung schon eingetragen.

Nr.	Geschäftsfall	Buchungen		Korrekturbuchungen	
		Soll	Haben	Soll	Haben
1	Kreditkauf eines Fahrzeuges	Fahrzeuge	Debitoren	Debitoren	Kreditoren
2	Eine neue Liegenschaft wird mit Hypotheken finanziert.	Immobilien	Hypotheken	—	—
3	Die Bank schreibt Zinsen auf dem Kontokorrent gut.	Darlehen	Zinsertrag	Bank	Darlehen
4	Kreditverkauf von selbst hergestellten Fabrikaten	Kreditoren	Fabrikateertrag	Debitoren	Kreditoren
5	Der Eigentümer erhöht seine Kapitaleinlage durch eine Postüberweisung.	Post	Eigenkapital	—	—
6	Barkauf von Büromaterial wie Papier, Toner, Kugelschreiber usw.	Mobilien	Kasse	Büromaterialaufwand	Mobilien
7	Durch Banküberweisung wird ein Teil der Hypotheken zurückbezahlt.	Hypotheken	Bank	—	—
8	Die Rechnung für die Autoreparatur ist eingetroffen.	Reparaturaufwand	Kasse	Kasse	Kreditoren
9	Für Mängel an den verkauften Produkten wird einem Kunden ein Rabatt gewährt (siehe Buchung 4).	Warenaufwand	Debitoren	Fabrikateertrag	Warenaufwand
10	Die Zinsen für eine Darlehensschuld werden durch die Bank überwiesen.	Darlehen	Bank	Zinsaufwand	Darlehen
11	Die Maschinen werden Ende Jahr abgeschrieben.	Abschreibungen	Maschinen	—	—
12	Bankgutschrift der Mietzinsen für vermietete Geschäftsräume	Mietaufwand	Bank	Bank	Mietaufwand / Mietertrag

16.13

Für Unterhalt und Reparaturen führt die Fabrikations-AG das folgende Aufwandskonto.

a) Verbuchen Sie den Geschäftsverkehr, führen Sie den Saldo nach, und schliessen Sie das Konto ab.

Unterhalt und Reparaturen

Datum	Text (Geschäftsverkehr)	Soll	Haben	Saldo
5. 1.	Rechnung der Trax-AG für Servicearbeiten (Fr. 750.–)			
15. 1.	Barzahlung für Reparaturen an der Stanzmaschine (Fr. 1 720.–)			
27. 1.	Rechnung der Elektro Volt SA für elektrische Installationen (Fr. 2 100.–)			
5. 2.	Barzahlung für diverses Verbrauchsmaterial (Fr. 480.–)			
6. 2.	Die Elektro Volt SA gewährt nachträglich 10% Rabatt.			
22. 2.	Rechnung für die Revision der Fräsmaschine (Fr. 650.–)			
31. 3.	Die in den obigen Rechnungen enthaltene Mehrwertsteuer (MWST) wird von der eidg. Steuerverwaltung als Vorsteuerabzug zurückgefordert (Fr. 407.–).			

b) Welche Eintragungen sind grundsätzlich im Soll und welche im Haben gebucht worden?

c) Warum ist der Saldo vom 31. März nicht auf den 1. April vorzutragen?

d) Wie hoch sind die beiden bei uns am häufigsten angewandten Mehrwertsteuersätze?

e) Warum spricht man bei der Mehrwertsteuer von einer indirekten Steuer?

Die Erfolgsrechnung

16.14

Die Fabrikations-AG führt für den Verkauf ihrer Produkte das Konto Fabrikateertrag.

a) Verbuchen Sie den Geschäftsverkehr, führen Sie den Saldo nach, und schliessen Sie das Konto ab.

Fabrikateertrag

Datum	Text (Geschäftsverkehr)	Soll	Haben	Saldo
7. 1.	Rechnung an Konstruvit GmbH (Fr. 1850.–)			
12. 1.	Barverkäufe im Laden (Fr. 9700.–)			
27. 1.	Rechnung an die Mecano SA (Fr. 12100.–)			
8. 2.	Rücknahme mangelhafter Fabrikate (Fr. 820.–)			
9. 2.	Der Mecano SA wird nachträglich 10% Rabatt gewährt.			
22. 3.	Rechnung an die Alesa AG (Fr. 3650.–)			
31. 3.	Die in den obigen Verkäufen enthaltene Mehrwertsteuer (MWST) wird der eidg. Steuerverwaltung gutgeschrieben (Fr. 1872.–).			

b) Welche Eintragungen sind grundsätzlich im Soll und welche im Haben gebucht worden?

c) Wie viel beträgt der Mehrwertsteuersatz auf dem Fabrikateverkauf?

d) Geben Sie zwei weitere Ertragskonten an, die bei der Fabrikations-AG geführt werden könnten.

e) Bei der Mehrwertsteuerbuchung vom 31.3. spricht man von einer Umsatzsteuer. Weshalb?

Die Erfolgsrechnung

16.15

Den Buchungen des Carunternehmens Blüemlisalp liegt folgender Kontenplan zugrunde:

Aktiven	Passiven	Aufwand	Ertrag
Kasse	Kreditoren	Personalaufwand	Fahrgeldertrag
Post	Bank	Fahrzeugaufwand	
Debitoren	Aktienkapital	Mietaufwand	
Mobiliar	Reserven	Werbeaufwand	
Fahrzeuge		Abschreibungen	
		Übriger Aufwand	

a) Vervollständigen Sie das Journal mit den Buchungssätzen für den Monat Dezember.

Journal

Datum	Text	Soll	Haben	Betrag
2. 12.	Rechnung für Ersatzteile für den 50-Plätzer-Car	Fahrzeug	Kreditor	3 200.–
4. 12.	Der Skiclub Edelweiss zahlt die Rechnung durch Postüberweisung	Post	Debitoren	5 640.–
11. 12.	Versand von Rechnungen für Firmenausflüge zu verschiedenen Ausflugszielen	Debitoren	Fahrgeldertr.	6 300.–
14. 12.	Rechnung der Druckerei Oberland für verschiedene Inserate	Werbeaufwand	Kreditoren	1 250.–
19. 12.	Ein Firmenkunde zahlt die Rechnung durch Banküberweisung.	Bank	Debi.	17 900.–
20. 12.	Bankbelastung für Zinsen	übr. Aufw.	Bank	1 750.–
22. 12.	Postbelastung für Telefonspesen	übr. Aufw.	Post	820.–
22. 12.	Rechnung für Dieselbezug bei der BP-Tankstelle	Fahrzeug	Kred	1 880.–
22. 12.	Bareinnahmen aus Billettverkauf	Kasse	Fahrgeldertr.	5 900.–
22. 12.	Barzahlung für Servicearbeiten am Kleinbus	Fahrzeug Auf	Kasse	670.–
23. 12.	Zahlung der Dezemberlöhne durch die Bank	Pers. Aufw.	Bank	14 100.–
23. 12.	Rechnung für Motorfahrzeugsteuern und -versicherungsbeiträge	Fahrzeug Auf	Kreditoren	2 800.–
24. 12.	Überweisung der Miete durch die Post	Mietaufwand	Post	3 900.–
31. 12.	Abschreibungen auf Mobiliar	Abschreibungen	Mobiliar	40 000.–
31. 12.	Abschreibungen auf Fahrzeugen	Fahrzeug Aufw.	Fahrzeug	2 500.–

b) Welche Rechtsform hat die Carunternehmung Blüemlisalp?

c) Welche Aufwandarten beinhaltet das Konto Fahrzeugaufwand?

16.16

Die physikalische Therapie S. Van Oordt führt in ihrer Buchhaltung folgende Konten:

Aktiven	Passiven	Aufwand	Ertrag
Kasse	Kreditoren	Personalaufwand	Behandlungsertrag
Post	Eigenkapital	Mietaufwand	
Bank		Versicherungsaufwand	
Debitoren		Abschreibungen	
Mobiliar		Übriger Aufwand	

Führen Sie das Journal für den Monat Juni für folgende Geschäftsfälle:

2. 6.	Postbelastung für Telefonspesen	Fr. 370.–
3. 6.	Patientin E. Linder bezahlt bar für Massage und Heublumenwickel	Fr. 110.–
7. 6.	Versand von Rechnungen an die Krankenkasse KTP	Fr. 6 500.–
8. 6.	Gutschrift der Bank für bezahlte Rechnungen der Krankenkasse Helsana	Fr. 1 870.–
8. 6.	Barzahlung für Behandlungsmaterialien wie Öl, Essenzen, Lehm	Fr. 180.–
12. 6.	Postüberweisung für Strom und Heizung	Fr. 230.–
17. 6.	Versand von Rechnungen an die Krankenkasse KBV	Fr. 1 440.–
25. 6.	Lohnzahlungen durch Postüberweisung	Fr. 9 400.–
27. 6.	Gutschriftsanzeige der Post für bezahlte Rechnungen der KTP Krankenkasse	Fr. 5 200.–
29. 6.	Rechnung für diverse Versicherungsprämien	Fr. 660.–
30. 6.	Überweisung der Miete durch die Bank	Fr. 1 700.–

Journal

Datum	Text	Buchungssatz		Betrag
		Soll	Haben	

Die Erfolgsrechnung 16

16.17

Vervollständigen Sie das Journal des Monats Januar 20_3 für die Einzelunternehmung H. Goldmann, Uhrenhandel und Reparaturen. Den Buchungen ist der Kontenrahmen KMU im Anhang 3 zugrunde zu legen.

Journal

Datum	Text (Geschäftsfall)	Buchungssatz Soll	Haben	Betrag
6. 1.	H. Goldmann erhöht seine Kapitaleinlage durch eine Bankzahlung von Fr. 20 000.–.			
7. 1.		Bank	Post	8 000.–
9. 1.	Einkauf von Büromaterial gegen Barzahlung für Fr. 450.–			
11. 1.	Kauf eines Verkaufskorpusses für Fr. 6 000.–. Ein Drittel wird sofort bar bezahlt, der Rest ist bei Lieferung fällig.			
12. 1.	Versand von Rechnungen für ausgeführte Uhrenreparaturen im Betrag von Fr. 2 258.–.			
13. 1.		Kreditoren	Bank	9 876.–
15. 1.	Prämienrechnung der Zürich Versicherung für diverse Versicherungsleistungen, Fr. 945.–.			
17. 1.		Fahrzeug	Kreditoren	4 360.–
21. 1.	H. Goldmann entnimmt der Kasse seinen Lohn von Fr. 5 000.–. Der Verkäuferin wird der Lohn von Fr. 3 550.– vom Postkonto überwiesen.			
22. 1.		Warenertrag	Debitoren	68.–
		Bank	Debitoren	3 332.–
23. 1.	Telefonrechnung Fr. 189.–, Akonto-Rechnung für Strombezüge Fr. 450.–.			
24. 1.		Bank	Wertschriften	14 760.–
25. 1.	Überweisung der Monatsmiete für Fr. 2 500.– durch die Bank.			
31. 1.	Bareinnahmen gemäss Kassenbeleg für ausgeführte Reparaturaufträge, total Fr. 2 800.–.			

Doppelter Erfolgsnachweis

17.01

Sie haben mit den Konten, dem Journal, dem Hauptbuch sowie mit Bilanz und Erfolgsrechnung alle Elemente der doppelten Buchhaltung kennen gelernt. In dieser Aufgabe führen Sie nun die Buchhaltung für eine Periode vom Anfang bis zum Schluss. Nach diesem Kapitel beherrschen Sie das System der doppelten Buchhaltung.

Maria Botta führt ein kleines Architekturbüro. Die Eröffnungsbilanz lautet (Kurzzahlen):

Eröffnungsbilanz per 1. 1. 20_1

Aktiven		Passiven	
Kasse	3	Kreditoren	5
Debitoren	20	Bank	35
Mobilien	80	Eigenkapital	63
	103		103

a) Die Geschäftsfälle für das Jahr 20_1 werden in dieser Aufgabe summarisch zusammengefasst. Führen Sie das Journal. Es sind die Konten gemäss Hauptbuch zu verwenden.

Journal

Nr.	Geschäftsfälle	Buchungssatz		Betrag
		Soll	Haben	
1	Versand von Honorarrechnungen			300
2	Kundenzahlungen auf das Bankkonto			290
3	Lohnzahlungen durch die Bank			180
4	Kauf einer neuen CAD-Anlage auf Kredit (CAD = Computer zum Zeichnen)			30
5	Bankzahlungen für übrigen Aufwand (wie Miete, Zinsen, Energie, Büromaterial)			60
6	Kauf eines Laserdruckers gegen bar			2
7	Abschreibungen auf Mobilien			20
8	Bankzahlungen an Kreditoren			32

b) Führen Sie das Hauptbuch (Eröffnung, Geschäftsverkehr gemäss Journal, Abschluss).

c) Wie lauten die Erfolgsrechnung und die Schlussbilanz?

Doppelter Erfolgsnachweis — 17 Aufgabe 01

Hauptbuch

Kasse		Kreditoren		Personalaufwand		Honorarertrag	
Soll	Haben	Soll	Haben	Soll	Haben	Soll	Haben

Debitoren		Bank		Abschreibungen			
Soll	Haben	Soll	Haben	Soll	Haben		

Mobilien		Eigenkapital		Übriger Aufwand			
Soll	Haben	Soll	Haben	Soll	Haben		

Schlussbilanz 31. 12. 20_1

Aktiven		Passiven	
Kasse		Kreditoren	
Debitoren		Bank	
Mobilien		Eigenkapital	

Erfolgsrechnung 20_1

Aufwand		Ertrag	
Personalaufwand		Honorarertrag	
Abschreibungen			
Übriger Aufwand			

153

Doppelter Erfolgsnachweis

17.02

A. Honauer gründet einen Taxibetrieb. Er kauft zu diesem Zweck ein Auto und stellt einen Studenten als Taxifahrer ein. Die Geschäftsfälle des Gründungsjahres 20_1 sind bereits summarisch zusammengefasst im Journal eingetragen. Alle Beträge sind in Fr. 1000.–.

a) Vervollständigen Sie das Journal mit den Buchungssätzen. Verwenden Sie die Konten gemäss Hauptbuch.

Journal

Nr.	Geschäftsfälle	Buchungssatz		Betrag
		Soll	Haben	
1	Geschäftsgründung durch Bareinzahlung des Geschäftsinhabers			40
2	Barkauf eines Taxis			38
3	Bankzahlung für Steuern und Versicherungen			3
4	Bareinnahmen für ausgeführte Taxifahrten			70
5	Bareinzahlungen auf das Bankkonto			60
6	Barzahlungen für Benzin			8
7	Lohnzahlungen an den Taxifahrer über das Bankkonto			45
8	Abschreibung Fahrzeug			9
9	Bankzahlungen für übrigen Aufwand (wie Reparaturen, Service, Pneus, Natel)			13

b) Führen Sie das Hauptbuch (Eröffnung, Geschäftsverkehr gemäss Journal, Abschluss).

c) Wie hoch ist der Erfolg (Gewinn oder Verlust) gemäss Erfolgsrechnung und Schlussbilanz?

d) Um welche Rechtsform handelt es sich bei diesem Taxibetrieb?

e) Ist der Taxibetrieb Honauer im Handelsregister einzutragen? Belegen Sie Ihre Antwort.

f) Ist ein Taxibetrieb mehrwertsteuerpflichtig?

Doppelter Erfolgsnachweis — 17 Aufgabe 02

Hauptbuch

Kasse		Bank		Personalaufwand		Taxiertrag	
Soll	Haben	Soll	Haben	Soll	Haben	Soll	Haben

Fahrzeug		Eigenkapital		Abschreibung	
Soll	Haben	Soll	Haben	Soll	Haben

Übriger Aufwand	
Soll	Haben

Schlussbilanz 31. 12. 20_1

Aktiven		Passiven	
Kasse		Bank	
Fahrzeug		Eigenkapital	

Erfolgsrechnung 20_1

Aufwand		Ertrag	
Personalaufwand		Taxiertrag	
Abschreibungen			
Übriger Aufwand			

Doppelter Erfolgsnachweis

17.03

Vor zwei Jahren gründeten drei Jungunternehmerinnen unter dem Firmennamen IT-Consulting eine Unternehmung für Informatikberatung (IT = Information Technology). Die Eröffnungsbilanz per 1. 1. 20_3 lautet (alle Beträge in Fr. 1000.–):

Eröffnungsbilanz per 1. 1. 20_3

Aktiven		Passiven	
Kasse	5	Kreditoren	12
Debitoren	25	Bank	40
Mobiliar	40	Aktienkapital	100
Hard- und Software	90	Reserven	8
	160		160

a) Führen Sie das Journal für das Jahr 20_3. Die Geschäftsfälle sind summarisch zusammengefasst. Konten gemäss Hauptbuch.

Journal

Nr.	Geschäftsfälle	Buchungssatz		Betrag
		Soll	Haben	
1	Versandte Rechnungen für ausgeführte Beratungsaufträge			540
2	Gutschriftsanzeigen der Bank für Zahlungen von Kunden			530
3	Bargeldbezüge am Bancomaten			6
4	Belastungsanzeigen der Bank für Lohnzahlungen			360
5	Barzahlungen für übrigen Aufwand (wie Büromaterial, Spesen)			9
6	Käufe von Hard- und Software auf Kredit			60
7	Belastungsanzeigen der Bank für Zahlungen an Lieferanten			64
8	Abschreibungen Mobiliar			4
9	Abschreibungen Hard- und Software			40
10	Belastungsanzeigen der Bank für übrigen Aufwand (wie Kapitalzinsen, Mietzinse)			70

b) Führen Sie das Hauptbuch (Eröffnung, Geschäftsverkehr gemäss Journal, Abschluss).

c) Wie lauten die Erfolgsrechnung und die Schlussbilanz?

d) Wie beurteilen Sie die Höhe des Einkommens der drei Jungunternehmerinnen?

e) Wie hoch ist die Eigenkapitalrendite (Jahresgewinn in Prozenten des Eigenkapitals am 1. 1. 20_3)?

f) Weshalb wohl haben sich die drei Jungunternehmerinnen für die Rechtsform der AG und nicht für die einfacher zu gründende Kollektivgesellschaft entschieden?

Doppelter Erfolgsnachweis — 17 — Aufgabe 03

Hauptbuch

Kasse Soll | Haben

Kreditoren Soll | Haben

Personalaufwand Soll | Haben

Beratungsertrag Soll | Haben

Debitoren Soll | Haben

Bank Soll | Haben

Abschreibungen Soll | Haben

Mobiliar Soll | Haben

Aktienkapital Soll | Haben

Übriger Aufwand Soll | Haben

Hard- und Software Soll | Haben

Reserven Soll | Haben

Schlussbilanz 31. 12. 20_3

Aktiven		Passiven	
Kasse		Kreditoren	
Debitoren		Bank	
Mobiliar		Aktienkapital	
Hard- und Software		Reserven	

Erfolgsrechnung 20_3

Aufwand		Ertrag	
Personalaufwand		Beratungsertrag	
Abschreibungen			
Übriger Aufwand			

Doppelter Erfolgsnachweis

17.04

Weil in der doppelten Buchhaltung jeder erfolgswirksame Geschäftsfall zugleich ein Bilanz- und ein Erfolgskonto verändert, wird der Erfolg (Gewinn oder Verlust) doppelt nachgewiesen:

▷ in der Schlussbilanz als Differenz zwischen Vermögen und eingesetztem Kapital
▷ in der Erfolgsrechnung als Differenz zwischen Aufwand und Ertrag

Schematisch lassen sich Bilanz und Erfolgsrechnung bei Gewinn und bei Verlust wie folgt darstellen:

■ Beispiel 1   Gewinn

Bilanz

Aktiven	Passiven
Aktiven	Passiven
	Gewinn

Erfolgsrechnung

Aufwand	Ertrag
Aufwand	Ertrag
Gewinn	

■ Beispiel 2   Verlust

Schlussbilanz

Aktiven	Passiven
Aktiven	Passiven
Verlust	

Erfolgsrechnung

Aufwand	Ertrag
Aufwand	Ertrag
	Verlust

Ermitteln Sie in der Tabelle die fehlenden Grössen, und setzen Sie diese in die Tabelle ein. Der Erfolg ist jeweils als Gewinn oder Verlust zu bezeichnen. Alle Beträge sind Kurzzahlen. Die Aufgaben a) bis f) sind voneinander unabhängig.

Aufgabe	Aktiven	Passiven	Aufwand	Ertrag	Erfolg	
a)	50	45		80		
b)	8	9	14			
c)		200		500	Gewinn	30
d)	34		50		Gewinn	4
e)		100	300	280		
f)	300			700	Verlust	80

Doppelter Erfolgsnachweis — 17

17.05

Ermitteln Sie die fehlenden Grössen in der Tabelle. Der Erfolg ist mit Gewinn oder Verlust zu bezeichnen. Die Beträge sind Kurzzahlen. Die Teilaufgaben a) bis m) sind unabhängig voneinander.

Aufgabe	Aktiven	Passiven	Aufwand	Ertrag	Erfolg	
a)	6	5		18		
b)	40		130	120		
c)		400		800	Gewinn	50
d)		70	140		Verlust	20
e)		300	960	900		
f)	1 000			2 000	Gewinn	100
g)	700	780	1 500			
h)		32	66		Gewinn	3
i)	63	61		328		
k)	72		542		Gewinn	22
l)	95			188	Verlust	17
m)		88	210	195		

17.06

S. Hotz führt ein Lernstudio, in welchem gezielt auf Prüfungen vorbereitet und Nachhilfeunterricht erteilt wird. Die Eröffnungsbilanz per 1.1. 20_1 lautet (Kurzzahlen):

Eröffnungsbilanz 1. 1. 20_1

Aktiven			Passiven		
Umlaufvermögen			**Fremdkapital**		
Kasse	5		Kreditoren	4	
Bank	12		Darlehen	30	34
Debitoren	21	38			
Anlagevermögen					
Mobiliar	10		**Eigenkapital**		
EDV-Anlagen	12	22	Eigenkapital		26
		60			60

a) Führen Sie das Journal für das Jahr 20_1. Die Geschäftsfälle sind summarisch zusammengefasst. Es sind die Konten gemäss Eröffnungsbilanz und die Erfolgskonten Schulgeldertrag, Personalaufwand, Mietaufwand und übriger Aufwand zu führen.

Journal

Nr.	Text (Geschäftsfall)	Buchungssatz		Betrag
		Soll	Haben	
1	Versand von Rechnungen für Unterricht			230
2	Gutschriftsanzeigen der Bank für Zahlungen der Schüler			235
3	Bankzahlungen für Miete			30
4	Bankbelastungen für Lohnzahlungen			154
5	Kreditkauf neuer EDV-Anlagen			19
6	Bankbelastungsanzeigen für Zahlungen an Lieferanten			16
7	Rechnungen für Versicherungsprämien und Werbung			14
8	Bankbelastungen für Telefon und Energieverbrauch (Lastschriftverfahren, LSV)			17
9	Barbezüge ab dem Bankkonto			3
10	Barzahlungen für Büromaterial, Spesen und Porti			2
11	Abschreibung auf dem Mobiliar			4
12	Abschreibung auf den EDV-Anlagen			8

b) Auf dem folgenden Blatt ist das Hauptbuch zu führen, und die Abschlussrechnungen sind zu erstellen. Die Reihenfolge der Hauptbuchkonten kann frei gewählt werden; die Anzahl Einträge ist zu beachten. Der Erfolg ist doppelt nachzuweisen und als Gewinn oder Verlust zu bezeichnen.

17 Aufgabe 06

Doppelter Erfolgsnachweis

Hauptbuch

Schlussbilanz 31. 12. 20_1

Aktiven | Passiven

Erfolgsrechnung für 20_1

Aufwand | Ertrag

17.07

J. Gasser grows lettuce, vegetables and fruit in his garden. During the season he goes to the market four times every week and sells his produce. The opening balance sheet reads (in CHF 1000.–):

Opening balance sheet of 1. 1. 20_1

Assets		Liabilities and equity	
Cash	3	Accounts payable	2
Bank	40	Mortgage	100
Inventories①	5	Equity	866
Machinery/vehicles	120		
Real estate	800		
	968		968

① Stocks of fertilizers, fuel, pesticides, seeds, etc.

a) The business transactions for the year 20_1 are summarized in this task. Complete the journal.

Journal

No.	Business transactions	Entries Debit	Credit	Amounts
1	Cash sales of lettuce, vegetables and fruit on the market			152
2	Purchase of seeds, young plants, fertilizers, pesticides and fuel on credit			33
3	Increase of inventories			3
4	Cash payments into bank account			110
5	Bank payments for salaries and social benefits for seasonal workers			50
6	Cash payment for car purchase			25
7	Bank payments to creditors			32
8	Bank payments for additional expenses (rent of stand, mortgage interest, etc.)			17
9	Bank credits for government payments (subsidies)			8
10	Depreciation on machines and vehicles			15
11	Bank credits for sale of land at book value			40
12	Amortization of mortgage by bank payment			60

b) Make out the ledger (opening, business transactions as per journal, closing statements)

c) Write down the income statement and the final balance sheet.

d) Evaluate the annual result.

Doppelter Erfolgsnachweis — Aufgabe 07

Ledger

Cash		Accounts payable		Cost of material		Sales	
Debit	Credit	Debit	Credit	Debit	Credit	Debit	Credit

Bank		Mortgage		Personnel expenses		Subsidies	
Debit	Credit	Debit	Credit	Debit	Credit	Debit	Credit

Inventories		Equity		Depreciation	
Debit	Credit	Debit	Credit	Debit	Credit

Machinery/vehicles		Real estate		Other expenses	
Debit	Credit	Debit	Credit	Debit	Credit

Closing balance sheet of 31. 12. 20_1

Assets		Liabilities and equity	
Cash		Accounts payable	
Bank		Mortgage	
Inventories		Equity	
Machines/vehicles			
Real estate			

Income statement for 20_1

Expenses		Revenues	
Cost of material		Sales	
Personnel expenses		Subsidies	
Depreciation			
Other expenses			

Doppelter Erfolgsnachweis

17

17.08

Auf der nächsten Seite finden Sie einen perforierten Bogen mit 24 Antworten zu den hier gestellten Fragen. Trennen Sie die Antwortkarten voneinander, und legen Sie die richtige Antwort mit der Schrift nach unten auf die passende Frage. Bei richtiger Lösung erhalten Sie ein Feedback in Form eines Cartoons.

Ein Händler verschickt Ware gegen Rechnung. Wie bucht der Händler?	Wie nennt der Buchhalter die Gesamtheit der Konten?	Rückzahlung einer Hypothek. Wie bucht der Bankkunde?	Nennen Sie ein anderes Wort für Schulden.
Wie heisst der Überschuss des Vermögens über die Schulden?	Nennen Sie ein anderes Wort für grundpfandgesichertes Darlehen.	Banküberweisung der Löhne. Wie bucht der Arbeitgeber?	Auf welcher Art von Konto erfasst der Buchhalter die Geschäftsfälle, bei denen die Unternehmung ärmer wird?
Welcher Gesichtspunkt beeinflusst die Reihenfolge der Schuldenpositionen in der Bilanz?	Eine Händlerin gewährt nachträglich einen Mengenrabatt. Wie verbucht die Händlerin die Gutschrift?	Wie heisst das detaillierte Verzeichnis aller Vermögens- und Schuldenteile am Jahresende?	Aufnahme einer Hypothek. Wie bucht der Schuldner?
Bankbelastung für Zinsen. Wie lautet die Buchung beim Bankkunden?	Auf welcher Art von Konto erfasst der Buchhalter die Geschäftsfälle, bei denen die Unternehmung reicher wird?	Wie lautet der Oberbegriff für flüssige Mittel und Vermögensteile, die innerhalb eines Jahres zur Umwandlung in flüssige Mittel bestimmt sind?	Wie lautet die gängige Bezeichnung für Forderungen aus Lieferung und Leistung?
Wie heisst die zeitlich geordnete Aufzeichnung der Buchungen?	Im Verlaufe eines Jahres entwertet sich das Auto. Wie wird dieser Wertverzehr gebucht?	Eine Händlerin verschickt die zweite Mahnung. Wie lautet der Buchungssatz?	Bankgutschrift für Zinsen. Wie lautet die Buchung beim Bankkunden?
Wie lautet die gängige Bezeichnung für Verbindlichkeiten aus Lieferung und Leistung?	Kreditkauf eines Fahrzeugs. Wie lautet der Buchungssatz?	Wie heisst die Gegenüberstellung von Aufwand und Ertrag?	Die Geschäftsinhaberin bringt zur Kapitalerhöhung ihr Privatauto ein. Wie bucht das Geschäft?

Doppelter Erfolgsnachweis — Aufgabe 08

Keine Buchung	Abschreibungen/Fahrzeuge	Bank/Zinsertrag	Fahrzeug/Kreditoren
Hypotheken/Bank	Fremdkapital	Ertrag	Debitoren/Warenertrag
Warenertrag/Debitoren	Hypothek	Debitoren	Bank/Hypotheken
Inventar	Zinsaufwand/Bank	Fälligkeit	Erfolgsrechnung
Hauptbuch	Kreditoren	Eigenkapital	Fahrzeuge/Eigenkapital
Journal	Personalaufwand/Bank	Aufwand	Umlaufvermögen

Doppelter Erfolgsnachweis — 17 — Aufgabe 08

Doppelter Erfolgsnachweis 17

17.09

Trennen Sie die Lernkarten entlang der Perforation voneinander, und üben Sie anschliessend die verschiedenen Begriffe, Fragen und Buchungssätze. Die grauen Vorderseiten enthalten die Aufgabenstellungen, die blauen Rückseiten die Antworten.

Was sind Debitoren?	Welche Informationen enthält der Kontierungsstempel?	Wie lauten die Buchungsregeln für ein Aktivkonto?
Wie nennt man den Überschuss des Vermögens über die Schulden?	Das Journal ist eine chronologische Aufzeichnung der Geschäftsfälle. Welche fünf Spalten enthält ein Journal?	Wie lauten die Buchungsregeln für ein Ertragskonto?
Was sind Kreditoren?	Welche Auswirkung hat eine Aufwandsbuchung auf das Vermögen bzw. die Schulden?	Wie wird die Bankbelastung für bezahlten Mietzins verbucht?
Was ist ein Inventar?	Welche Auswirkung hat eine Ertragsbuchung auf das Vermögen bzw. die Schulden?	Der Geschäftsinhaber bringt sein Privatauto als Sacheinlage ins Geschäft ein. Wie lautet der Buchungssatz?
Was ist eine Hypothek?	Warum werden die Erfolgskonten nicht eröffnet?	Ein Transportunternehmen stellt einem Kunden Rechnung für ausgeführte Transporte. Wie lautet der Buchungssatz?

Doppelter Erfolgsnachweis — Aufgabe 09

Aktivkonto Soll / Haben Anfangsbestand / Abnahmen Zunahmen / Schlussbestand (Saldo)	▷ Sollbuchung ▷ Habenbuchung ▷ Betrag ▷ Visa ▷ Beleg-Nummer ▷ evtl. Kalenderdaten	Offene (noch nicht bezahlte) Kundenrechnungen. Guthaben gegenüber Kunden.
Ertragskonto Soll / Haben Ertragsminderungen Saldo / Erträge	▷ Datum ▷ Text ▷ Beleg-Nummer (in der Praxis) ▷ Buchungssatz ▷ Betrag	Eigenkapital oder Reinvermögen
Mietaufwand/Bank	Das Vermögen nimmt ab, bzw. die Schulden nehmen zu.	Offene (noch nicht bezahlte) Lieferantenrechnungen. Schulden gegenüber Lieferanten.
Fahrzeuge/Eigenkapital	Das Vermögen nimmt zu, bzw. die Schulden nehmen ab.	Detailliertes Verzeichnis aller Vermögens- und Schuldenteile zu einem bestimmten Zeitpunkt.
Debitoren/Transportertrag	Weil die Erfolgsrechnung eine Zeitraumrechnung ist und die Messung von Aufwand und Ertrag mit jeder Periode wieder bei Null beginnt.	Darlehen gegen Verpfändung einer Liegenschaft.

17.50

C. Wölfle betreibt seit letztem Jahr eine Einzelunternehmung als Fahrlehrer. Er führt die Buchhaltung am PC mithilfe von **EasyAccounting**, einem elektronischen Buchhaltungsprogramm. Gegeben ist die Eröffnungsbilanz für das zweite Jahr.

Eröffnungsbilanz 1. 1. 20_2[1]

Aktiven				Passiven		
Umlaufvermögen				**Fremdkapital**		
1000	Kasse	840		2000 Kreditoren	961	
1010	Post	4 132		2400 Darlehen	20 000	20 961
1100	Debitoren	2 340	7 312			
Anlagevermögen				**Eigenkapital**		
1510	Einrichtung Büro	3 400		2800 Eigenkapital		30 651
1511	Einrichtung Theoriesaal	1 900				
1530	Fahrzeug	39 000	44 300			
			51 612			51 612

Aufgaben

a) Starten Sie die Buchhaltungs-Software EasyAccounting, und öffnen Sie Aufgabe Nr. 17.50 (www.verlagskv.ch/easyaccounting).

Im Journal sehen Sie, dass die Eröffnung des neuen Geschäftsjahres bereits verbucht worden ist. Auch der Kontenplan ist bereits vorhanden, da er aus dem Vorjahr übernommen wurde.

---

[1] Weil diese Aufgabe elektronisch gelöst wird, sind die Konten wie in der Praxis üblich mit Kontennummern versehen.

Doppelter Erfolgsnachweis — 17 Aufgabe 50

b) Verbuchen Sie die folgenden Geschäftsfälle des Jahres 20_2 im Journal. Verwenden Sie für die Buchungssätze anstelle von Kontennamen die vorgesehenen Kontennummern. Eine Belegnummer brauchen Sie nicht einzutragen.

Datum[1]	Geschäftsfall	Betrag
1	Kauf eines Fernsehgerätes mit Video für den Theorieunterricht auf Kredit	3 230.–
2	Bareinnahmen aus Fahrschule	43 430.–
3	An Fahrschüler/innen versandte Rechnungen für Fahrschule	27 610.–
4	Bareinnahmen aus Theorieunterricht	8 300.–
5	Bareinzahlungen auf Postkonto	44 000.–
6	Postzahlungen für Miete Theorielokal	6 000.–
7	Kundenzahlungen auf das Postkonto	26 840.–
8	Postzahlungen für Lohn des Geschäftsinhabers	36 000.–
9	Benzinrechnungen	6 814.–
10	Postzahlungen für Fahrzeugsteuern und Versicherungen	2 840.–
11	Rechnungen für Reklame im lokalen Kino	1 800.–
12	Rechnung an einen Werbekunden für Reklameaufschrift am Auto	1 540.–
13	Rechnungen für Unterhalt und Reparaturen	7 430.–
14	Postzahlungen an Lieferanten	18 960.–
15	Abschreibung Fahrschulauto	10 000.–
16	Abschreibung Einrichtung Theorielokal	500.–
17	Abschreibung Einrichtung Büro	800.–
18	Postzahlungen für übrigen Aufwand	3 721.–

c) Das EDV-System hat die Buchungen des Journals automatisch ins Hauptbuch übertragen, sodass Sie nun die Schlussbilanz per 31. 12. 20_2 sowie die Erfolgsrechnung für 20_2 am Bildschirm anschauen und mit dem Printer ausdrucken können.[2]

---

[1] Anstelle eines in der Praxis üblichen Datums wird hier für jeden Geschäftsfall eine Nummer verwendet, weil der Geschäftsverkehr summarisch zusammengefasst ist.

[2] Sie können auch das Journal oder die Konten auf dem Bildschirm betrachten und mit dem Printer ausdrucken. Falls gewünscht, können alle Abschlussdokumente unter MS-Excel weiterbearbeitet werden.

17.51

Curling ist eine faszinierende Sportart auf Eis, bei der die Spieler versuchen, ihre wie Bettflaschen aussehenden Granitsteine möglichst nahe an ein etwa 50 Meter entferntes Ziel zu spielen. Beim Gleiten übers Eis drehen sich (engl. to curl) die Steine um die eigene Achse, was dem aus Schottland stammenden Spiel den Namen gab.

Der Curling Club Baden Regio betreibt eine ganzjährig bespielbare Eishalle. Die Mitglieder des Clubs sind zugleich Aktionäre. Die Eröffnungsbilanz lautet:

Eröffnungsbilanz 1. 1. 20_1

Aktiven				Passiven		
Umlaufvermögen				**Fremdkapital**		
1000 Kasse	7 800			2000 Kreditoren	8 600	
1020 Bank	22 700			2440 Hypotheken	1 700 000	1 708 600
1100 Debitoren	4 100	34 600				
Anlagevermögen				**Eigenkapital**		
1510 Einrichtungen	156 000			2800 Aktienkapital	900 000	
1600 Gebäude	2 450 000	2 606 000		2900 Reserven	32 000	932 000
		2 640 600				2 640 600

Verbuchen Sie die summarisch zusammengefassten Geschäftsfälle des Jahres 20_1 mit **Easy-Accounting**, und stellen Sie Ende Jahr die Erfolgsrechnung sowie die Schlussbilanz auf.

Datum	Geschäftsfall	Betrag
1	Bankgutschriften für die jährlichen Mitgliederbeiträge	180 000.–
2	Bar eingenommene Eintrittsgelder von Gastspielern	24 200.–
3	Versandte Rechnungen für Eisvermietungen an Drittpersonen	65 600.–
4	Bankgutschriften für Pachtzinszahlungen①	30 000.–
5	Versandte Rechnungen für vermietete Werbeflächen in der Halle	32 000.–
6	Bankgutschriften für übrige Erträge (z. B. Sponsoring)	9 400.–
7	Erhaltene Rechnungen für Energieverbrauch und Eisaufbereitung	41 500.–
8	Bankzahlung für Abgaben an den schweizerischen Curlingverband	18 000.–
9	Bankzahlungen für Löhne (vor allem an den Eismeister sowie für Reinigung)	48 000.–
10	Bankzahlung für Baurechtszins②	54 000.–
11	Bankzahlungen für Hypothekarzinsen	102 000.–
12	Bankzahlungen von Debitoren	95 000.–
13	Amortisation Hypothek (Rückzahlung durch Bank)	60 000.–
14	Bankzahlungen für übrigen Aufwand	37 200.–
15	Bankzahlungen an Kreditoren	43 400.–
16	Abschreibung Gebäude	80 000.–
17	Abschreibung Einrichtungen (Spielmaterial, Garderoben, Restaurant)	12 500.–
18	Erhöhung des Aktienkapitals (Banküberweisungen durch neue Clubmitglieder)	45 000.–

① Das Restaurant der Eishalle ist an eine Wirtin verpachtet, die auf eigene Rechnung arbeitet.

② Baurecht bedeutet, dass das Land, auf dem die Curlinghalle steht, sich nicht im Eigentum des Curling Clubs befindet, sondern nur für 30 Jahre gemietet wurde. Der Baurechtszins ist das Entgelt für die Benützung des Landes. Das vom Curling Club erstellte Gebäude fällt nach Ablauf von 30 Jahren ins Eigentum des Landeigentümers.

Doppelter Erfolgsnachweis

17.52

Am 1. Dezember 20_1 eröffnete Dr. J. Haas eine Arztpraxis.

Führen Sie für die neu eröffnete Praxis die Buchhaltung für den Monat Dezember 20_1. Dr. J. Haas wünscht eine Verbuchung mit **EasyAccounting** aufgrund des folgenden **Kontenplans:**

Aktiven	Passiven	Aufwand	Ertrag
1000 Kasse	2000 Kreditoren	5000 Lohnaufwand	3400 Honorarertrag
1010 Post	2100 Bank	6000 Mietaufwand	
1100 Debitoren	2400 Darlehen	6300 Versicherungsaufwand	
1500 Apparate	2800 Eigenkapital	6700 Übriger Aufwand	
1510 Mobiliar		6800 Zinsaufwand	
1530 Fahrzeug		6900 Abschreibungen	

a) Erfassen Sie die Konten gemäss Kontenplan.

b) Buchen Sie die Eröffnung im Journal.

c) Verbuchen Sie die Geschäftsfälle vom Dezember im Journal.

Datum	Geschäftsfall	Beleg Nr.	Betrag
1. 12.	Dr. Haas zahlt eine Kapitaleinlage auf das Postkonto ein.	1	50 000.–
1. 12.	Kauf von Mobiliar auf Kredit	2	12 000.–
2. 12.	Verschiedene Rechnungen für die Lieferung medizinischer Apparate	3	130 000.–
4. 12.	Barbezug von der Post	4	4 000.–
6. 12.	Postzahlung der Lieferantenrechnung vom 1. 12. unter Abzug von 2% Skonto.	5	?
7. 12.	Barzahlung für verschiedene Aufwendungen	6	2 300.–
10. 12.	Zahlung der Miete durch die Bank	7	12 000.–
15. 12.	Aufnahme eines Darlehens und Einzahlung auf das Bankkonto	8	100 000.–
16. 12.	Barzahlung für die Reinigung der Praxisräume	9	300.–
18. 12.	Belastung des Postkontos für Telefontaxen und -gebühren	10	750.–
19. 12.	Bankzahlung an verschiedene Lieferanten	11	112 000.–
20. 12.	Lohnzahlungen durch die Bank	12	13 500.–
21. 12.	Die Gutschrift eines Lieferanten wegen Mängel an einem Apparat trifft ein.	13	2 000.–
22. 12.	Postzahlung an verschiedene Lieferanten	14	13 000.–
22. 12.	Postzahlung von diversen Versicherungsprämien	15	2 100.–
27. 12.	Abschreibungen auf Mobiliar	16	200.–
27. 12.	Abschreibungen auf den medizinischen Apparaten	17	1 500.–
27. 12.	Versand von Rechnungen an Patientinnen und Patienten	18	24 300.–
31. 12.	Die Bank belastet für Darlehenszinsen	19	500.–
31. 12.	Barzahlung für Porti, Spesen und verschiedene Spenden	20	650.–

d) Ermitteln Sie mithilfe von Erfolgsrechnung und Schlussbilanz den erzielten Gewinn oder Verlust für den Monat Dezember.

17.53

Die URSINA-Verlags AG ist Herausgeberin einer kleinen Regionalzeitung im Raum Ostschweiz. Diese Regionalzeitung ist zugleich Amtsblatt des Bezirkes.

Der bisherige Buchhalter wurde auf Ende Jahr pensioniert, was als Gelegenheit genutzt wird, auf das neue Buchhaltungsprogramm **EasyAccounting** umzusteigen. Der letzte Jahresabschluss des Verlages zeigt folgendes Bild (der Gewinn wurde den Reserven zugewiesen):

Schlussbilanz 31. 12. 20_0

Aktiven						Passiven
Umlaufvermögen				**Fremdkapital**		
1000 Kasse		8 000		2000 Kreditoren		4 000
1010 Post		16 000		2400 Darlehen		50 000
1020 Bank		15 000		2440 Hypotheken	300 000	354 000
1100 Debitoren	33 000	72 000				
Anlagevermögen						
1510 Mobiliar		41 000		**Eigenkapital**		
1530 Fahrzeug		17 000		2800 Aktienkapital	100 000	
1600 Immobilien	420 000	478 000		2900 Reserven	96 000	196 000
		550 000				550 000

Erfolgsrechnung 20_0

Aufwand			Ertrag
4000 Druckaufwand	820 000	3400 Insertionsertrag	1 124 600
5000 Lohnaufwand	451 000	3500 Abonnementsertrag	195 400
6700 Übriger Aufwand	124 500	3600 Gemeinde-Subventionen	170 000
6800 Zinsaufwand	17 500		
6900 Abschreibungen	26 000		
Gewinn	51 000		
	1 490 000		1 490 000

a) Eröffnen Sie das Hauptbuch für die Ursina-Verlags AG.①

① Verwenden Sie für das Konto Eröffnungsbilanz die Kontennummer 9100, sodass beispielsweise die Eröffnungsbuchung für das Kassenkonto **1000 an 9100** lautet.

Doppelter Erfolgsnachweis — Aufgabe 53

b) Verbuchen Sie die summarisch zusammengefassten Geschäftsfälle des ersten Halbjahres 20_1 im Journal.

Datum	Geschäftsfall	Betrag
1	Versand von Rechnungen für Inserate	613 700.–
2	Rechnung der Druckerei Hofstetter AG für Druckkosten	397 000.–
3	Rechnungsversand für Abonnementsgebühren	76 400.–
4	Subventionszahlungen der Gemeinden auf das Bankkonto	78 300.–
5	Bankbelastung für die Hypothekarzinsen	6 750.–
6	Bankvergütungen von Debitoren	430 000.–
7	Postzahlungen von Debitoren	267 600.–
8	Barzahlungen für diverse Aufwände	6 850.–
9	Kreditkauf von neuem Mobiliar	12 400.–
10	Barzahlung für Reparaturarbeiten an der Liegenschaft	780.–
11	Rechnungen für Strom und Heizung	3 920.–
12	Inserenten bezahlen bar	4 450.–
13	Postbelastung für Telefon- und Faxgebühren	5 860.–
14	Bankzahlungen an Kreditoren	401 300.–
15	Postüberweisungen für Gehaltszahlungen	266 400.–
16	Abschreibungen auf Mobiliar	8 000.–
17	Abschreibungen auf Fahrzeugen	6 000.–
18	Bankbelastung für Amortisation der Hypothek	20 000.–

c) Wie gross ist der im ersten Halbjahr 20_1 erzielte Gewinn oder Verlust?

2. Teil   Käufmännisches Rechnen

Zinsrechnen

20.01
M. Praxmarer schuldet der Bank Fr. 100 000.– in Form einer Hypothek. Der Hypothekarzinsfuss beträgt 4% p.a. (per annum, im Jahr).
Wie hoch ist der Jahreszins?

20.02
J. Stockmann legt Fr. 6000.– auf ein Sparkonto, das zu 2% p.a. verzinst wird.

a) Wie hoch ist der Marchzins für 90 Tage? (Zinsen für Bruchteile eines Jahres nennt man Marchzinsen.)

b) Leiten Sie aus diesem Beispiel die allgemeine Formel für die Zinsberechnung her.

20.03
Berechnen Sie den Zins unter Anwendung der allgemeinen Zinsformel auf fünf Rappen genau:

Aufgabe	Kapital	Zinsfuss	Tage
a)	Fr. 14 280.20	2,50%	117
b)	Fr. 320 572.50	3,75%	288
c)	Fr. 207.60	1,25%	315

20.04
Formen Sie die allgemeine Zinsformel um, indem Sie die Gleichung nach der gesuchten (blau bezeichneten) Grösse auflösen:

a) $Z = \dfrac{K \cdot p \cdot t}{100 \cdot 360}$
b) $Z = \dfrac{K \cdot \mathbf{p} \cdot t}{100 \cdot 360}$
c) $Z = \dfrac{K \cdot p \cdot \mathbf{t}}{100 \cdot 360}$

20.05
Nach wie vielen **Tagen** ergibt ein Kapital von Fr. 12 000.– bei einem Zinsfuss von 2% einen Zins von Fr. 160.–?

20.06
Welches **Kapital** gibt bei einem Zinsfuss von 3,25% in 200 Tagen einen Zins von Fr. 162.50?

20.07
Bei welchem **Zinsfuss** gibt ein Kapital von Fr. 24 000.– in 140 Tagen einen Zins von Fr. 420.–?

20.08

H. Märki hat bei einer Bank ein zu 6% verzinsliches Darlehen von Fr. 20000.– aufgenommen. Nach Ablauf eines Jahres wird der Zins zum Darlehen dazugeschlagen und ebenfalls verzinst. Nach insgesamt 18 Monaten zahlt H. Märki das Darlehen zurück.

a) Wie viel beträgt die Rückzahlung samt Zins?

b) Wie hoch ist der Zinseszins?

20.09

M. Rigonalli besitzt für Fr. 25000.– Kassenobligationen einer Bank mit einem Zinsfuss von 4% p.a.

a) Wie hoch ist der Jahreszins?

b) Welchen Nettobetrag erhält M. Rigonalli von der Bank ausbezahlt, wenn diese eine Verrechnungssteuer von 35% abzieht?

Zins (brutto)	Fr.	100%
./. Verrechnungssteuer 35%	Fr.	35%
Zins (netto)	Fr.	65%

c) Erklären Sie das Wesen der Verrechnungssteuer anhand dieses Schemas:

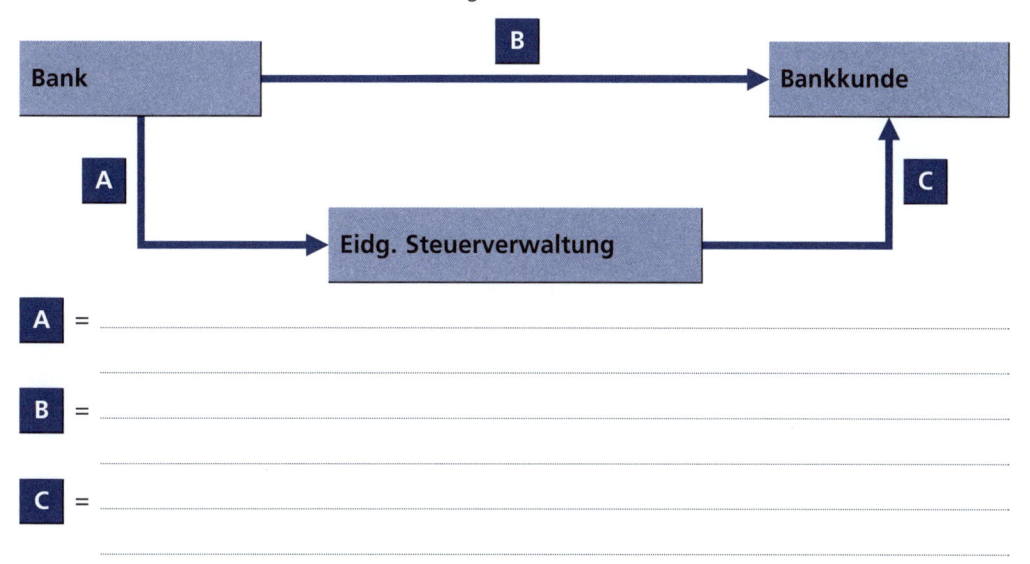

A =

B =

C =

d) Wie verbucht M. Rigonalli diesen Zinsertrag?

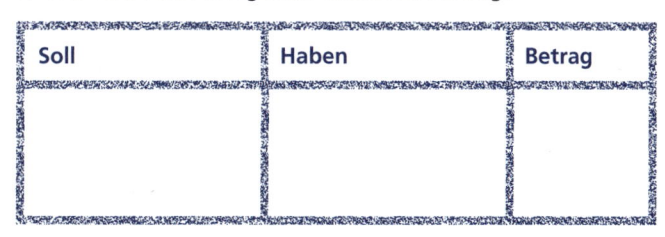

Soll	Haben	Betrag

20.10

Die Sanitär GmbH legte überschüssige Liquidität von Fr. 200 000.– in Obligationen der schweizerischen Eidgenossenschaft mit einem Zinsfuss von 3,5% an. Die Obligationen befinden sich im Wertschriftendepot bei der Credit Suisse.

a) Erstellen Sie die Bankabrechnung für die Gutschrift des Jahreszinses.

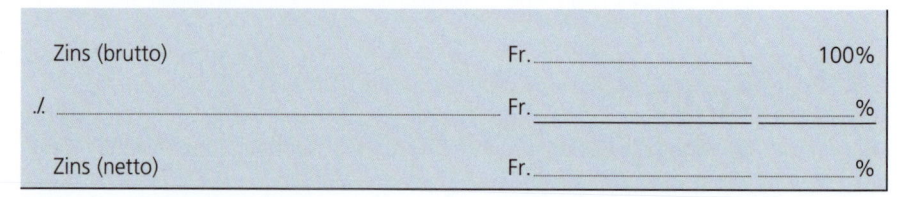

Zins (brutto)	Fr. _____	100%
./. _____	Fr. _____	____%
Zins (netto)	Fr. _____	____%

b) Wie verbucht die Obligationärin die Gutschriftanzeige der Bank?

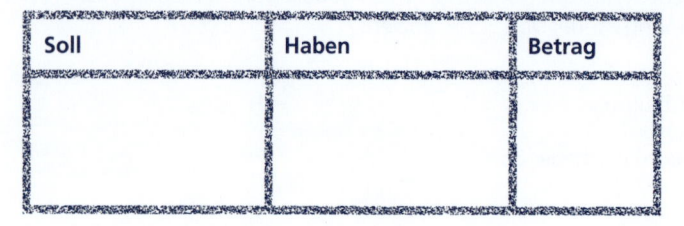

Soll	Haben	Betrag

c) Wie bucht die Sanitär GmbH einige Zeit später, wenn die Verrechnungssteuer von der Steuerverwaltung per Post zurückerstattet wird?

20.11

Der Börsenkurs für die Aktien der Alimenta S.A. beträgt gegenwärtig Fr. 3 000.– (Kurs = Preis für eine Aktie). Die Elektro AG besitzt 10 Alimenta-Aktien, die bei der Zürcher Kantonalbank im Wertschriftendepot verwahrt werden. Heute erhält die Elektro AG von der Bank die Gutschriftanzeige von Fr. 247.– für das Dividendeninkasso.

a) Wie hoch ist die Dividende je Aktie?

b) Wie hoch ist die Dividendenrendite (Dividende in % des gegenwärtigen Börsenkurses)?

c) Ist es aus wirtschaftlicher Sicht zweckmässig, Alimenta-Aktien zu kaufen, obwohl der Zinsfuss für Obligationen der Eidgenossenschaft höher liegt als die Dividendenrendite?

d) Wie verbucht die Elektro AG diesen Dividendenertrag?

20.12

Die Zürcher Kantonalbank schickt ihrem Kunden M. Egli AG folgende Ertragsabrechnung für das Inkasso von Dividenden:

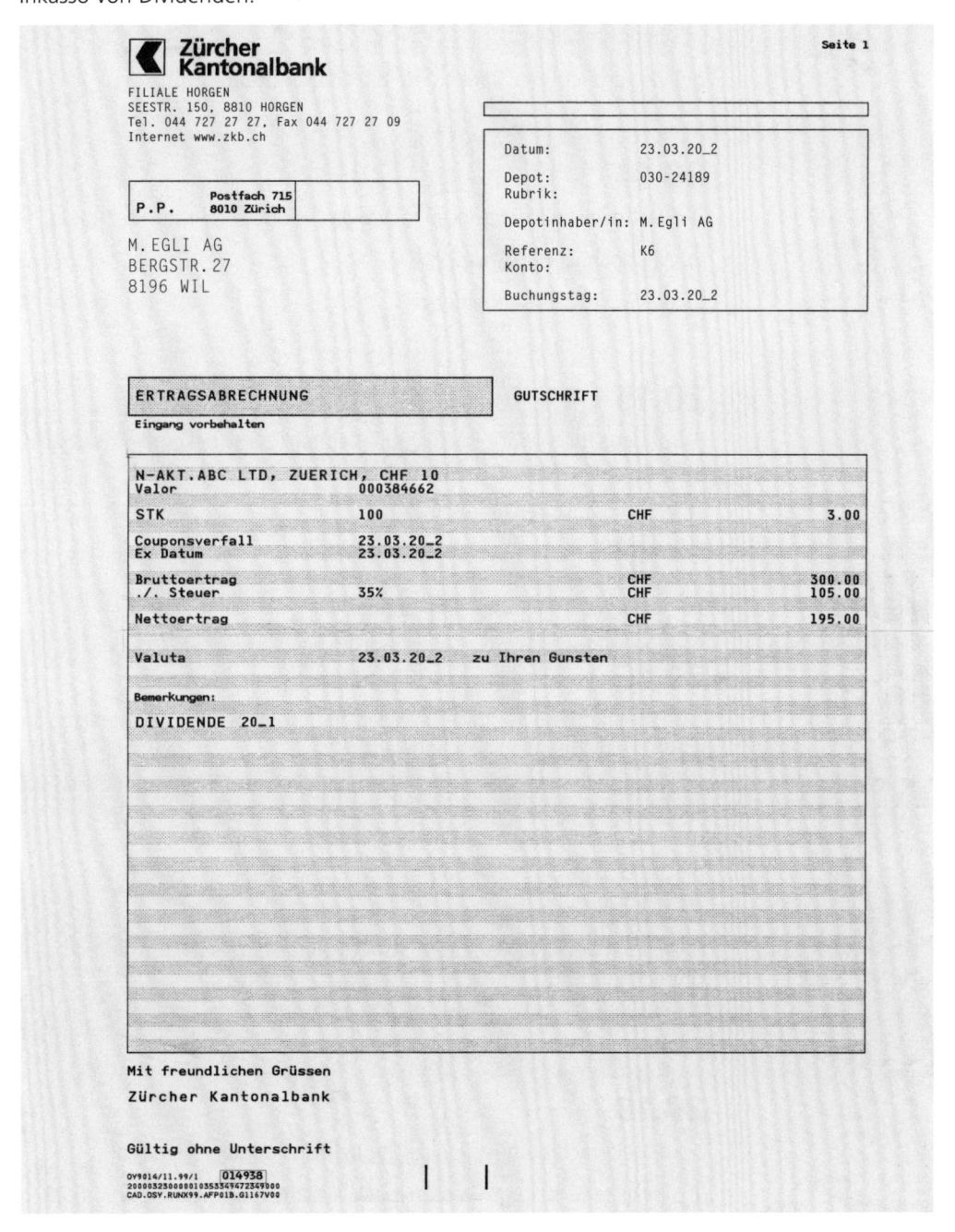

```
◀ Zürcher                                                    Seite 1
  Kantonalbank
FILIALE HORGEN
SEESTR. 150, 8810 HORGEN
Tel. 044 727 27 27, Fax 044 727 27 09
Internet www.zkb.ch
                                    Datum:         23.03.20_2

         Postfach 715                Depot:        030-24189
P.P.     8010 Zürich                 Rubrik:

M. EGLI AG                           Depotinhaber/in: M. Egli AG
BERGSTR. 27                          Referenz:     K6
8196 WIL                             Konto:

                                     Buchungstag:  23.03.20_2


ERTRAGSABRECHNUNG                   GUTSCHRIFT
Eingang vorbehalten


N-AKT.ABC LTD, ZUERICH, CHF 10
Valor             000384662
STK               100                          CHF          3.00
Couponsverfall    23.03.20_2
Ex Datum          23.03.20_2
Bruttoertrag                                   CHF        300.00
./. Steuer        35%                          CHF        105.00
Nettoertrag                                    CHF        195.00

Valuta            23.03.20_2    zu Ihren Gunsten

Bemerkungen:
DIVIDENDE 20_1




Mit freundlichen Grüssen
Zürcher Kantonalbank

Gültig ohne Unterschrift
```

a) Wie verbucht die M. Egli AG diese Ertragsabrechnung?

b) Der Börsenkurs der ABC-Namenaktien beträgt zurzeit Fr. 200.–.
   Wie hoch ist die Dividendenrendite (Dividende in % des Börsenkurses)?

c) Unter welchen Voraussetzungen kann die M. Egli AG die von der Bank abgezogene Verrechnungssteuer von der eidg. Steuerverwaltung zurückfordern?

20.13

Die UBS schreibt einem Kunden einen Nettozins von Fr. 2600.– gut.

a) Erstellen Sie die Bankabrechnung, auf der Bruttozins, Verrechnungssteuer und Nettozins ersichtlich sind.

b) Wie verbucht der Bankkunde die Gutschriftanzeige?

20.14

Der Nettozins auf einem Kapital von Fr. 40000.– beträgt Fr. 780.–.

a) Wie hoch ist der Zinsfuss?

b) Wie bucht der Kapitalgeber?

20.15

P. Buff legt für ein Jahr Fr. 20000.– Kapital zu 3% bei einer Privatbank an. Nach 9 Monaten erhöht die Bank den Zinsfuss auf 4%.

a) Wie gross ist der Jahreszins?

b) Wie hoch müsste der Jahreszinsfuss bei einer anderen Bank sein, damit P. Buff gleich viel Zins erhielte wie bei a)?

20.16

Zwei gleich grosse Kapitalien werden zu unterschiedlichen Zinssätzen angelegt. Das erste Kapital wird für 6 Monate zu 5% angelegt.

Wie lange muss das zweite Kapital bei 4% am Zins liegen, um gleich viel Zins zu bringen wie das erste?

20.17

E. Wey hat bei einer Bank EUR 30000.– angelegt. Nach 9 Monaten zahlt ihr die Bank bei einem Umrechnungskurs von 1.24 CHF 38316.– zurück.

Zu welchem Zinsfuss wurde das Kapital verzinst?

20.18

Die Tageberechnung ist je nach Problemstellung verschieden.

a) Wie viele Ferientage werden Ihnen angerechnet, wenn Sie vom 23. bis 24. April Ferien beziehen?

b) Wie manche Nacht schlafen Sie im Hotel, wenn die Reservation vom 23. bis 24. April lautet?

c) Wie viele Tage liegt ein Kapital vom 23. bis 24. April an Zins?

20.19

Die schweizerischen Banken berechnen die Anzahl Tage traditionell nicht genau nach Kalender, sondern nach den Regeln der deutschen **Zinsusanz** (Usanz = Brauch, Gepflogenheit im Geschäftsverkehr). Diese lautet:

> ▷ Das Zinsjahr hat 360 Tage.
> ▷ Der Zinsmonat hat 30 Tage.
> ▷ Der letzte Kalendertag jeden Monats gilt für die Zinsberechnung immer als der dreissigste Tag des Monats.

Ermitteln Sie die Anzahl Tage nach deutscher Usanz:

Aufgabe	Zeitspanne	Anzahl Tage
a)	12. 04. 2014 bis 13. 04. 2014	
b)	13. 04. 2014 bis 30. 04. 2014	
c)	30. 04. 2014 bis 01. 05. 2014	
d)	01. 05. 2014 bis 31. 05. 2014	
e)	31. 05. 2014 bis 30. 08. 2014	
f)	30. 08. 2014 bis 31. 08. 2014	
g)	01. 09. 2014 bis 31. 12. 2014	
h)	31. 12. 2015 bis 15. 02. 2016	
i)	16. 02. 2016 bis 28. 05. 2016	
k)	29. 05. 2016 bis 31. 12. 2016	

20.20

Weil der Umlauf der Erde um die Sonne nicht exakt 365 Tage dauert, sondern 365,24 Tage, wird der Monat Februar nach dem bei uns gültigen gregorianischen Kalender in gewissen Jahren um einen Schalttag verlängert, was nicht nur bei der Zinsberechnung Probleme bringt, sondern auch vielen Programmierern Kopfzerbrechen bereitet.

a) Welches sind die Schaltjahre von 2012 bis 2028?

b) Wie lautet die Regel für die Festlegung der Schaltjahre?

c) Berechnen Sie die Tage nach deutscher Usanz:

Aufgabe	Zeitspanne	Anzahl Tage
a)	01. 01. 2014 bis 15. 03. 2014	
b)	16. 02. 2016 bis 18. 04. 2016	
c)	20. 02. 2014 bis 28. 02. 2014	
d)	20. 02. 2016 bis 28. 02. 2016	
e)	20. 02. 2014 bis 29. 02. 2014	
f)	20. 02. 2016 bis 29. 02. 2016	
g)	28. 02. 2016 bis 29. 02. 2016	
h)	28. 02. 2014 bis 01. 03. 2014	
i)	28. 02. 2016 bis 01. 03. 2016	
k)	29. 02. 2016 bis 01. 03. 2016	

20.21

Berechnen Sie die fehlenden Grössen:

Aufgabe	Kapital	Zu verzinsen ab	Zu verzinsen bis	Anzahl Tage	Zinsfuss	Zins
a)	20 000.–		15. 05. 2014	45	4%	
b)	6 000.–	04. 09. 2015	24. 11. 2015		3%	
c)	24 000.–		14. 06. 2016		8%	96.–
d)		10. 10. 2016		120	5%	90.–
e)	50 000.–		28. 04. 2016	90		750.–
f)	72 000.–	26. 07. 2016	03. 08. 2016			28.–

20 Zinsrechnen

20.22

Nebst der in der Schweiz, in Deutschland oder in Skandinavien verwendeten deutschen Zinsusanz bestehen weltweit noch viele andere Usanzen:

▷ Bei der **englischen Zinsusanz** werden die Tage genau nach Kalender gerechnet, und das Jahr umfasst 365 Tage.

▷ Im internationalen Geschäft in Europa und den USA wird oft die **französische Usanz** angewandt (auch EURO-Usanz genannt). Danach werden die Tage nach Kalender gerechnet, aber das Jahr mit 360 Tagen.

▷ Bei der **japanischen Usanz** wird zu den nach Kalender gerechneten Tagen noch ein Tag hinzugezählt, und das Jahr umfasst 365 Tage.

a) Wie lautet die allgemeine Zinsformel, sofern die englische Zinsusanz zugrunde gelegt wird?

$$Z = \underline{\qquad\qquad}$$

b) Wie hoch ist der Zins vom 27. 2. 2014 bis 1. 3. 2014 für ein zu 6% p. a. verzinsliches Kapital von einer Million Franken nach deutscher, englischer, französischer und japanischer Usanz?

Zinsusanz	Anzahl Tage	Zins
Deutsche Usanz (Schweiz)		
Englische Usanz (UK)		
Französische Usanz (F, EURO, USA)		
Japanische Usanz		

Für einen Kredit von Fr. 5 000 000.– liegen die Offerten von zwei verschiedenen Banken vor:

▷ Angebot von Bank A: Zinsfuss 4,7500%, deutsche Zinsusanz
▷ Angebot von Bank B: Zinsfuss 4,7000%, französische Zinsusanz

c) Welche Bank offeriert den tieferen Jahreszins?

d) Wie hoch ist der von Bank B offerierte Zinsfuss nach deutscher Usanz?

20.23

Ein grosser Teil des Zahlungsverkehrs wird über Bank- und Postkonten abgewickelt. Weil sich die Höhe des Kontostandes durch die Zahlungsein- und ausgänge häufig ändert, werden solche Konten als **Kontokorrente** geführt (italienisch conto corrente bedeutet laufende Rechnung).

Berechnen Sie für folgendes Salärkonto den Zins, und schliessen Sie das Kontokorrent ab. (Das Kontokorrent wird aus der Sicht der Bank erstellt, d.h., der Anfangsbestand im Haben bedeutet für die Bank eine Schuld und für den Kontoinhaber ein Guthaben.)

Datum	Text
01. 10.	Saldovortrag zu Ihren Gunsten
23. 10.	Barbezug
28. 10.	Gutschrift Salär
15. 11.	Vergütungsauftrag
27. 11.	Gutschrift Salär
10. 12.	Kauf von Wertschriften
28. 12.	Gutschrift Salär
30. 12.	Zins (p = 2%)
30. 12.	Verrechnungssteuer 35%
30. 12.	Spesen
30. 12.	Saldo zu Ihren Gunsten

20.24

Berechnen Sie den Zins, und schliessen Sie das Kontokorrent per Ende März ab.

Datum	Text
01. 01.	Saldovortrag
15. 01.	Zahlungen von Kunden
03. 02.	Zahlungen an Lieferanten
27. 02.	Barbezug
10. 03.	Checkgutschrift
31. 03.	Zins (p = 6%)
31. 03.	Kommission
31. 03.	Spesen
31. 03.	Saldo zu unseren Gunsten

Zinsrechnen — Aufgabe 23

kehr		Saldo		Valuta	Tage	Zins	
	Haben	Soll	Haben			Soll	Haben
	6 000.00		6 000.00	30. 09.			
1 000.00			5 000.00	23. 10.			
	4 400.00		9 400.00	28. 10.			
3 200.00			6 200.00	15. 11.			
	4 400.00		10 600.00	27. 11.			
8 200.00			2 400.00	13. 12.			
	4 400.00		6 800.00	28. 12.			
				31. 12.			
				31. 12.			
15.00				31. 12.			

kehr		Saldo		Valuta	Tage	Zins	
	Haben	Soll	Haben			Soll	Haben
24 000.00		24 000.00		31. 12.			
	12 000.00	12 000.00		15. 01.			
8 000.00		20 000.00		03. 02.			
1 000.00		21 000.00		27. 02.			
	5 000.00	16 000.00		10. 03.			
				31. 03.			
60.00				31. 03.			
8.00				31. 03.			

20.25

Berechnen Sie den Zins, und schliessen Sie das Kontokorrent per Ende September ab.

Datum	Text
01. 07.	Saldovortrag
14. 07.	Bareinzahlung
02. 08.	Zahlungen von Kunden
10. 09.	Zahlungen an Lieferanten
30. 09.	Sollzins (p = 6%)
30. 09.	Habenzins (p = 0,25%)
30. 09.	Kommission/Spesen
30. 09.	Saldo zu unseren Gunsten

20.26

Wie verbucht der Bankkunde die im Kontoauszug von Aufgabe 20.25 aufgeführten Geschäftsfälle?

Datum	Text
01. 07.	Saldovortrag (Anfangsbestand)
14. 07.	Bareinzahlung
02. 08.	Zahlungen von Kunden
10. 09.	Zahlungen an Lieferanten
30. 09.	Sollzins
	Habenzins
30. 09.	Kommission/Spesen
30. 09.	Saldo (Schlussbestand)

Zinsrechnen — Aufgabe 25

kehr		Saldo		Valuta	Tage	Zins	
	Haben	Soll	Haben			Soll	Haben
15 000.00		15 000.00		30. 06.			
	4 000.00	11 000.00		14. 07.			
	26 000.00		15 000.00	02. 08.			
18 000.00		3 000.00		10. 09.			
				30. 09.			
				30. 09.			
50.00				30. 09.			

chung			Bank	
	Haben		Soll	Haben

20.27

Berechnen Sie den Zins, und schliessen Sie das Kontokorrent per Ende Juni ab.

Datum	Text
01. 04.	Saldovortrag
23. 04.	Wertpapierkauf
28. 04.	Zahlungen von Kunden
10. 05.	Barbezug
14. 06.	Zahlungen an Lieferanten
30. 06.	Sollzins (p = 5%)
30. 06.	Habenzins (p = 0,5%)
30. 06.	Verrechnungssteuer 35%
30. 06.	Kommission/Spesen
30. 06.	Saldo zu Ihren Gunsten

20.28

Wie verbucht der Bankkunde die im Kontoauszug von Aufgabe 20.27 aufgeführten Geschäftsfälle?

Datum	Text
01. 04.	Saldovortrag (Anfangsbestand)
23. 04.	Wertpapierkauf
28. 04.	Zahlungen von Kunden
10. 05.	Barbezug
14. 06.	Zahlungen an Lieferanten
30. 06.	Sollzins
30. 06.	Habenzins
30. 06.	Verrechnungssteuer
30. 06.	Kommission/Spesen
30. 06.	Saldo (Schlussbestand)

Zinsrechnen — Aufgabe 27

rkehr		Saldo		Valuta	Tage	Zins	
ll	Haben	Soll	Haben			Soll	Haben
	30 000.00		30 000.00	31. 03.			
44 000.00		14 000.00		23. 04.			
	24 000.00		10 000.00	28. 04.			
2 000.00			8 000.00	10. 05.			
5 000.00			3 000.00	14. 06.			
				30. 06.			
				30. 06.			
				30. 06.			
150.00				30. 06.			

uchung		Bank	
ll	Haben	Soll	Haben

20.29

Für N. Hotz wird auf den 20. Februar 20_6 ein Bankkonto mit einer Einlage von Fr. 8000.– eröffnet. Bis zum 31. 12. 20_6 macht er folgende Einlagen und Bezüge:

▷ Einlage   Fr. 1 200.–   Wert 15. März
▷ Rückzug   Fr. 2 150.–   Wert 6. Juni
▷ Rückzug   Fr. 3 450.–   Wert 25. September
▷ Einlage   Fr. 1 500.–   Wert 30. November

a) Wie gross ist die Nettozinsgutschrift bei einer Verzinsung von 1½% (Resultate auf 5 Rp. runden)?

b) Wie gross ist sein Guthaben, Wert 31.12. 20_6, wenn noch Spesen von Fr. 7.60 verrechnet wurden?

20.30

D. Meyer nimmt für Fr. 10 000.– ein Darlehen auf, Wert 31. 1. 20_6, Zinsfuss 4%.

Die Rückzahlung erfolgt in drei Teilzahlungen:

▷ die Hälfte am 31. Mai 20_6
▷ ein Viertel am 30. September 20_6
▷ der Rest samt Zins am 31. Dezember 20_6.

a) Wie gross ist der gesamte Zins, Wert 31. Dezember 20_6?

b) Welchen Betrag muss D. Meyer am 31. Dezember 20_6 gesamthaft zurückzahlen?

20.31

Ein Privatkonto wird auf Ende Dezember 20_6 abgeschlossen. Es liegen folgende Daten vor:

▷ Kontokorrentperiode	25. 6. bis 31. 12. 20_6
▷ Zinsfuss	2%
▷ Spesen	Fr. 23.40
▷ Saldo zugunsten des Kunden vor Abschlussbuchung	Fr. 24 538.–
▷ Habenzins netto (ohne Verrechnungssteuer)	Fr. 100.10

a) Wie viele Tage wurde das Kontokorrent verzinst (deutsche Usanz)?

b) Wie hoch ist der Bruttozins?

c) Wie viel beträgt der Saldo nach den Abschlussbuchungen?

d) Wie hoch müsste ein festes Darlehen sein, damit in derselben Zeitspanne bei gleichem Zinsfuss derselbe Bruttozins erzielt würde?

Zinsrechnen

20.32

Beantworten Sie die Fragen zum Kontokorrent.

Datum	Text	Verkehr		Saldo		Valuta	Tage	Zins	
		Soll	Haben	Soll	Haben			Soll	Haben
02. 10.	Saldovortrag		46 800.00		46 800.00	30. 09.	20		52.00
20. 10.	Kundenzahlungen		25 200.00		72 000.00	20. 10.	44		176.00
05. 11.	Lieferantenzahlungen	28 800.00			43 200.00	04. 12.	10		24.00
11. 12.	Wertschriftenkauf	33 075.00			10 125.00	14. 12.	16		9.00
31. 12.	Zins 2%		261.00		10 386.00	31. 12.	90		261.00
31. 12	Verrechnungssteuer	91.35			10 294.65	31. 12.			
31. 12	Spesen	60.00			10 234.65	31. 12.			
31. 12	Saldo	10 234.65							
		72 261.00	72 261.00						

a) Wie errechnet sich der Saldo vom 5. November?

b) Warum ergibt sich auf der Zeile vom 20. Oktober eine Tagezahl von 44?

c) Mit welcher Rechnung wird ein Zins von 9.00 ermittelt?

d) Weshalb resultiert auf der Zeile vom 5. November kein Sollzins?

e) Warum ergibt sich ein Tagetotal von 90?

f) Wie wird die Verrechnungssteuer berechnet?

g) Wie lauten die Buchungen für das Abschlussbetreffnis?

20.33

Beantworten Sie die Fragen zum Kontokorrent.

Datum	Text	Verkehr		Saldo		Valuta	Tage	Zins	
		Soll	Haben	Soll	Haben			Soll	Haben
01. 04.	Saldovortrag		20 000.00		20 000.00	31. 03.	20		11.10
19. 04.	Wertpapierkauf	34 000.00		14 000.00		20. 04.	8	18.65	
28. 04.	Zahlungen von Kunden		26 000.00		12 000.00	28. 04.	14		4.65
12. 05.	Barbezug	3 000.00			9 000.00	12. 05.	43		10.75
23. 06.	Zahlungen an Lieferanten	10 000.00		1 000.00		25. 06.	5	0.85	
30. 06	Sollzins (p = 6 %)	19.50		1 019.50		30. 06.	90	19.50	26.50
30. 06	Habenzins (p = 1%)		26.50	993.00		30. 06.			
30. 06	Verrechnungssteuer 35 %	2.45		995.45		30. 06.			
30. 06	Kommission/Spesen	120.00		1 115.45		30. 06.			
30. 06	Saldo		1 115.45						
		47 141.95	47 141.95						

a) Ist der Bankkunde am 1. April Schuldner oder Gläubiger?

b) Weshalb wechselt der Saldo von einem Sollsaldo am 20.4. auf einen Habensaldo am 28.4.?

c) Weshalb wird hier Verrechnungssteuer berechnet, obwohl der Habenszins kleiner als Fr. 200.– ist?

d) Unter welchen Voraussetzungen erhält der Bankkunde (ein Einzelunternehmer) die Verrechnungssteuer zurück?

e) Welches ist der höchste vom Kunden beanspruchte Kredit?

f) Weshalb stimmen die Eintragungen in der Datumsspalte nicht mit den Eintragungen in der Valutaspalte überein?

g) Weshalb stehen Kommission und Spesen immer im Soll?

h) Endet das Kontokorrent am 30.6. als Debitoren- oder Kreditorenkontokorrent?

20.50
20.51
20.52 Unter den Nummern 20.50 bis 20.52 finden Sie auf EasyAccounting vorbereitete Aufgaben zum Kontokorrent.

21

Fremde Währungen

Fremde Währungen

21.01

Schweiz
Schweizer Franken

Fremde Währungen — Aufgabe 01

a) Wie heissen diese Länder und ihre Währungen? Vgl. Schweiz.
b) Malen Sie auf der Karte alle Länder mit dem Euro als Zahlungsmittel an.

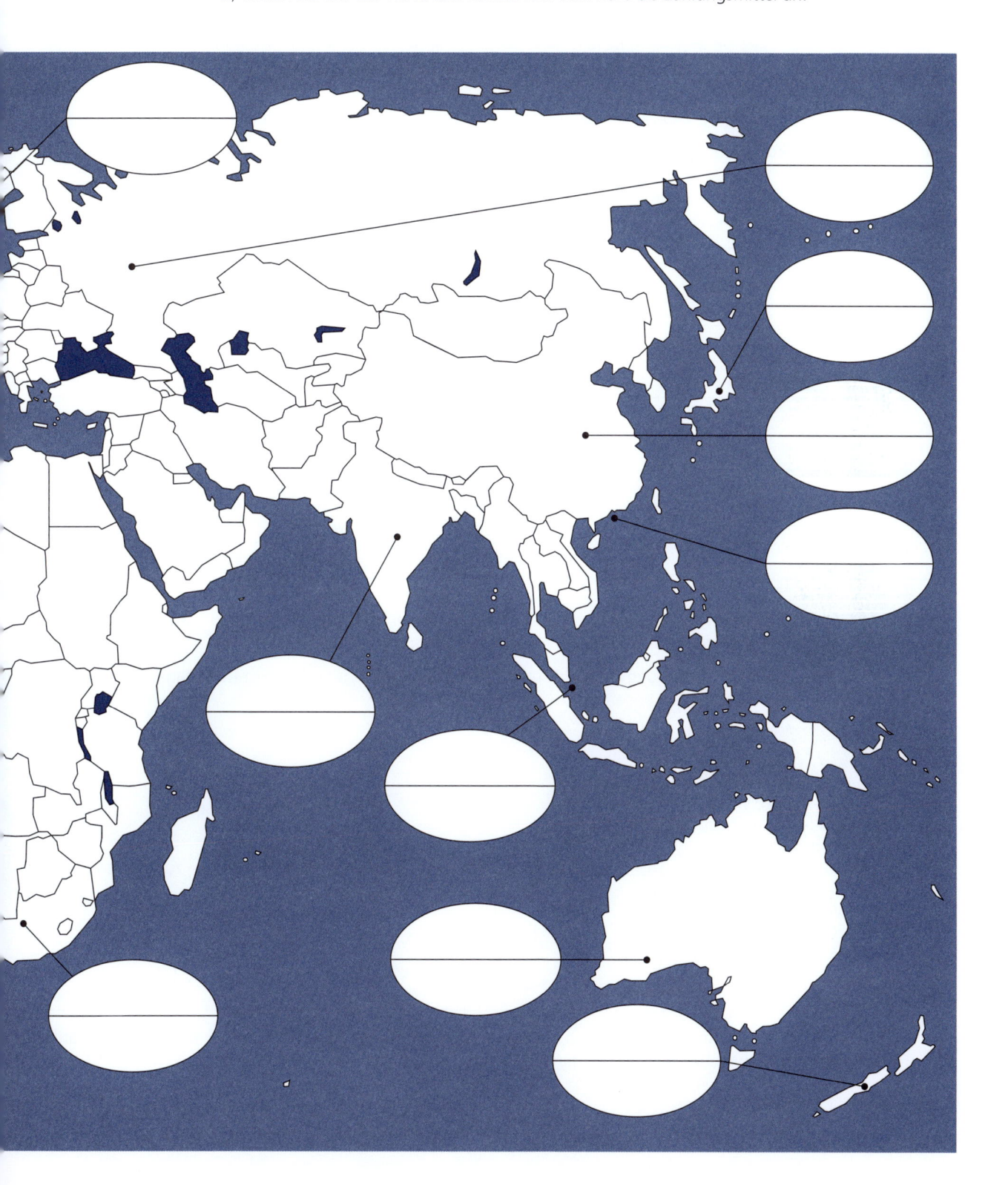

Fremde Währungen

21.02

Die Währungen der verschiedenen Länder bzw. Ländergruppen werden heute mit dem so genannten ISO-Währungskürzel bezeichnet. Diese internationalen Abkürzungen haben den Vorteil, dass sie in allen Sprachen gleich lauten. Die ersten beiden Buchstaben bezeichnen normalerweise das Land, der dritte die Währung. Für den Schweizer Franken lautet das Kürzel CHF.

a) Welche ISO-Kürzel haben die im Kursblatt aufgeführten Währungen?

Devisen- und Notenkurse vom 20. Januar 20_2

Devisen		Land	Noten		Währung	ISO-Kürzel	Notierung in Einheiten
Kauf	Verkauf		Kauf	Verkauf			
0.96	0.99	Australien	0.93	1.03	Australischer Dollar		
16.04	16.44	Dänemark	15.42	17.06	Dänische Kronen		
1.20	1.23	EWU-Länder	1.19	1.24	Euro		
1.43	1.47	Grossbritannien	1.37	1.53	Pfund-Sterling		
1.20	1.23	Japan	1.15	1.28	Yen		
0.90	0.94	Kanada	0.88	0.95	Kanadische Dollar		
15.53	15.96	Norwegen	14.93	16.55	Norwegische Kronen		
13.57	13.94	Schweden	12.95	14.56	Schwedische Kronen		
0.92	0.95	USA	0.90	0.97	US-Dollar		

b) Setzen Sie in der letzten Spalte der Tabelle bei jeder Währung ein, ob sich der Preis für eine oder für 100 Einheiten der fremden Währung versteht.

c) Die Anwendung der Kauf- und Verkaufskurse erfolgt aus der Sicht der Banken. Demzufolge bedeuten:

Kaufkurs:

Verkaufskurs:

d) In welchen Fällen kommen die Notenkurse, in welchen die Devisenkurse zur Anwendung?

Notenkurs:

Devisenkurs:

e) Begründen Sie, weshalb die Marge (das ist der Unterschied zwischen Kauf- und Verkaufskurs) bei den Devisen geringer ist als bei den Noten.

Fremde Währungen

21.03

Welchen Kurs wählt die Bank? Kreuzen Sie das richtige Feld an.

Aufgabe	Geschäftsfall	Devisen Kauf	Devisen Verkauf	Noten Kauf	Noten Verkauf
a)	Ein amerikanischer Tourist tauscht bei einer Raiffeisenbank USD-Noten in CHF-Noten um.				
b)	Eine Sängerin kauft im Flughafen Zürich kurz vor dem Abflug nach Tokio JPY und zahlt in CHF.				
c)	Ein Schweizer bezieht mit seiner Eurocard in London GBP aus dem Geldautomaten. Die Belastung erfolgt auf der Monatsrechnung in CHF.				
d)	Ein schweizerischer Importeur zahlt eine in EUR ausgestellte Rechnung durch Banküberweisung. Die Belastung erfolgt auf seinem CHF-Konto.				
e)	Einem schweizerischen Exporteur werden zur Begleichung einer Rechnung AUD überwiesen. Die Gutschrift dafür erfolgt auf seinem CHF-Konto.				
f)	Eine Schweizerin kauft auf USD lautende Reisechecks. Die Belastung erfolgt in CHF auf ihrem Salärkonto.				
g)	Ein deutscher Tourist bezieht mithilfe seiner EC-Karte an einem Bancomaten in Zürich CHF. Die Belastung erfolgt auf seinem Konto in EUR.				

21.04

Vervollständigen Sie die Tabelle mithilfe des Kursblattes von Aufgabe 21.02.

Aufgabe	Geschäftsfall	Kurs	Betrag in CHF
a)	Ein Bankkunde kauft USD 2 400.– in Banknoten.		
b)	Die Bank wechselt Banknoten von SEK 3 300.– in CHF um.		
c)	Eine Kundin beauftragt die Bank, eine Überweisung von GBP 790.– nach London auszuführen.		
d)	Ein Reisender wechselt in Zürich seine auf JPY 18 000.– lautenden Reisechecks in Bargeld um.		
e)	Die Bank schreibt einer Kundin einen Check von AUD 650.– auf ihrem Konto gut.		
f)	Ein Schweizer Importeur lässt seinem italienischen Lieferanten für eine gekaufte Maschine EUR 9 400.– überweisen.		

Fremde Währungen 21

21.05
Berechnen Sie den angewandten Kurs aus Schweizer Sicht:

Aufgabe	Geschäftsfall	Angewandter Kurs
a)	Für den Kauf von USD 720.– zahlte eine Touristin CHF 691.20.	
b)	Für GBP 2460.– erhielt ein Kunde CHF 3493.20.	
c)	Eine Überweisung nach Japan von JPY 700000.– kostet CHF 8680.–.	
d)	Ein Check von EUR 12400.– wurde mit CHF 15128.– belastet.	
e)	Für ihren Bezug am Bancomaten in Stockholm von SEK 500.– werden einer Schweizer Touristin CHF 69.75 belastet.	
f)	Für die aus Australien zurückgebrachten Reisechecks im Betrag von AUD 650.– erhält ein Reisender CHF 611.–.	

21.06
Wie lauten die Buchungen für die folgenden Geschäftsfälle? Die Buchhaltung wird in CHF geführt.

Journal

Aufgabe	Text	Buchungssatz Soll	Haben	Betrag
a)	Kreditkauf einer Maschine in Frankreich für EUR 4200.–, Kurs 1.23			
b)	Bankzahlung der Transportkosten von EUR 380.– für obige Maschine, Kurs 1.22			
c)	Kreditverkauf von Waren nach Japan im Betrag von JPY 44250.– Kurs 1.20			
d)	Bankbelastung für die Gehaltsüberweisung von CAD 6800.– für einen in Kanada tätigen Angestellten. Kurs 0.95			
e)	Bankgutschrift für den Verkauf einer Geschäftsliegenschaft in Italien für EUR 400000.–. Kurs 1.21			
f)	Die Hotelrechnung von USD 890.– für eine Geschäftsreise des Geschäftsinhabers wurde von der Bank belastet. Kurs 0.94			

Fremde Währungen

21

21.07

a) Ein Reisender kauft USD 300.– für CHF 249.–.
   Zu welchem Kurs hat die Bank umgerechnet?

b) Ein Schweizer Importeur überweist seinem Lieferanten in Birmingham GBP 467.50.
   Wie hoch ist die Bankbelastung bei einem Kurs von 1.48?

c) Ein Schweizer Exporteur reicht seiner Bank einen Check in der Höhe von JPY 47 650.– ein.
   Auf wie viel CHF lautet die Gutschrift bei einem Umrechnungskurs von 1.18?

d) Eine Schweizerin erhält für ihre belgischen Obligationen EUR 165.– Zins.
   Die Bank schreibt ihr CHF 202.95 gut. Zu welchem Kurs wurden die EUR umgerechnet?

e) Für EUR 400.– erhält ein Franzose in Paris CHF 484.–.
   Berechnen Sie, mit welchem Kurs die EUR in Paris auf die Schweiz umgerechnet wurden (Kurs in EUR auf 3 Dezimalen genau angeben).

f) Retour von einer Geschäftsreise, tauscht N. Kubli die restlichen CAD um und erhält dafür CHF 258.30 bei einem Umrechnungskurs von CHF 0.90/CAD.
   Wie viele CAD hat N. Kubli umgetauscht?

g) Für eine Vergütung an den Lieferanten in Stockholm in der Höhe von SEK 52 850.– verrechnet die Bank des Schweizer Importeurs CHF 7346.15.
   Mit welchem Umrechnungskurs hat die Bank gerechnet?

21.08

Ein Kur- und Wellnesscenter in Österreich wirbt in der Schweiz mit Gesundheitswochen zu Spezialkonditionen.

a) Wie hoch ist die Tagespauschale in CHF, wenn pro Tag EUR 125.– verlangt werden und mit einem Umrechnungskurs von 1.25 gerechnet wird?

b) Ein Schweizer Kunde zahlt seinen Kuraufenthalt mit Kreditkarte. Welchen Kurs wendet die Bank an? (Richtige Antwort ankreuzen.)

   ☐ Devisen/Geld

   ☐ Noten/Geld

   ☐ Devisen/Brief

   ☐ Noten/Brief

c) Dem Schweizer Kunden werden für 6 Tage Kuraufenthalt CHF 948.– auf seinem Bankkonto belastet.
   Mit welchem Kurs hat die Bank umgerechnet (Kurs auf 3 Dezimalen angeben)?

21.09

Daniela May kauft in Spanien eine Tasche. Sie erhält auf dem im Schaufenster angeschriebenen Preis einen Rabatt von 10%. Sie übergibt der Verkäuferin eine 50-Euro-Note und erhält ein Herausgeld von 14 Euro.

a) Mit welchem Preis war die Tasche im Schaufenster angeschrieben?

b) Zurück in der Schweiz, sieht Daniela May dieselbe Tasche in Basel in einem Schaufenster für CHF 49.90 angeschrieben.

Wie viel günstiger bzw. teurer hat sie die Tasche in Spanien gekauft, wenn ihre Euros zum Kurs 1.26 umgerechnet wurden?

c) Bei welchem EUR-Umrechnungskurs in der Schweiz hätten sich die beiden Angebote gerade entsprochen (Kurs auf 3 Dezimalen angeben)?

21.10

Die Maschinen AG exportierte Maschinen im Wert von USD 36450.– nach Chicago. Bei der Rechnungsstellung belief sich der USD-Kurs auf CHF 0.98.

a) Mit welchem Verkaufserlös in CHF hat die Maschinen AG bei Rechnungsstellung gerechnet?

b) Drei Monate nach Rechnungsstellung erfolgt die Zahlung des amerikanischen Kunden auf die Schweizer Bank zum Kurs 0.89

Welcher Betrag in CHF wird gutgeschrieben?

c) Wie gross ist der durch den Kurseinbruch erlittene Erlösrückgang in CHF und in Prozenten des bei der Rechnungsstellung angenommenen Verkaufserlöses?

21.11

Ein Schweizer Exporteur verkauft Waren nach Norwegen in drei Teillieferungen:

a) Ermitteln Sie das Total der erfolgten Bankgutschriften in CHF.

Datum	Tageskurs	Betrag in NOK	Betrag in CHF
4. 2.	15.90	2 950.–	
5. 3.	16.10	4 900.–	
11. 4.	15.80	3 875.–	

b) Berechnen Sie den für die ganze Sendung angewandten durchschnittlichen Umrechnungskurs auf 3 Dezimalen genau.

Fremde Währungen

21.12

Eine Kreditkartenorganisation verrechnete T. Liniger CHF 226.50 für zwei Übernachtungen in der Ernest Hemingway Lodge in Key West, USA. Die Kosten betrugen USD 240.–.

a) Mit welchem Umrechnungskurs hatte die Kreditkartenorganisation gerechnet, wenn bekannt ist, dass sie eine Bearbeitungsgebühr von 0,5% auf dem Rechnungsbetrag des Hotels und für die Transaktion noch CHF 1.50 verlangt?

b) Welcher Umrechnungskurs kam zur Anwendung? (Richtiges ankreuzen!)

☐ Noten

☐ Devisen

☐ Kauf

☐ Verkauf

21.13

Eine Schweizer Importunternehmung hatte im Frühjahr eine Rechnung von 360 000 Yen zu begleichen. Der Devisenkurs für JPY betrug damals CHF 1.23. Anstatt einer Direktzahlung aus der Schweiz wäre auch eine Vergütung mit USD durch eine Bank in Chicago möglich gewesen.

Hätte sich dieser Umweg über Amerika gelohnt, wenn der USD-Kurs in Zürich damals auf 0.93 stand und der Yen-Kurs in Amerika auf 1.30 (JPY 100.– = USD 1.30)? An zusätzlichen Bankkosten wären durch die indirekte Zahlung CHF 27.– angefallen.

21.14

Ein Schweizer Tourist wechselt auf dem Flugplatz Kloten für fünf 100-Franken-Noten GBP und USD um. Er möchte gleich viele Pfund- wie Dollarnoten. Die Kurse betragen für den USD 0.97 und für das GBP 1.52. Nebst den gewünschten Noten erhält er als Herausgeld noch einen Zweifränkler.

Wie viele GBP und USD erhält der Tourist?

21.15

In einem Pariser Schaufenster ist ein Kleid mit EUR 830.– angeschrieben. Mit welchem Preis müsste dasselbe Kleid in London zum Verkauf angeboten werden, wenn es dort gleich teuer wie in Paris verkauft werden soll? Der Kurs in Zürich für einen EUR beträgt 1.21 und für ein GBP 1.55.

21.16

Ein Schweizer Händler wird von seiner Bank für aus Japan importierte Autoradios mit den unten aufgeführten Beträgen belastet.

a) Ermitteln Sie die Gesamtbelastung für diese Käufe.

b) Berechnen Sie den durchschnittlich angewandten Umrechnungskurs auf Rappen genau.

Datum	Betrag in JPY	Kurs	Betrag in CHF
22. 3.	354 000.–	1.26	
15. 5.	198 000.–	1.24	
28. 6.	567 000.–	1.30	
	Total 1 119 000.–	b)	a)

21.17

Ein Schweizer kauft auf dem Flugplatz in Kopenhagen einen Artikel für DKK 1160.–. Er bezahlt bar mit einer 200-Franken-Note und erhält noch DKK 70.– Herausgeld.

a) Zu welchem Kurs wurden die Schweizer Franken umgerechnet?

b) Wie lautet aufgrund dieser Umrechnung die Kursnotierung in Dänemark auf die Schweiz?

21.18

Ein Schweizer Landmaschinenhersteller möchte Landmaschinen im Wert von CHF 10 500.– nach Russland liefern.

a) Zu welchem Preis in russischen Rubeln (RUB) offeriert der Schweizer Fabrikant die Maschine an den russischen Bauern, wenn im Zeitpunkt der Offerte CHF 1.– dem Gegenwert von RUB 33.12 entspricht?

b) Die Gutschrift der Zahlung auf der Zürcher Kantonalbank lautet auf CHF 10 680.–. Wie hat sich demzufolge der russische Rubel in der Zwischenzeit entwickelt? Liegt gegenüber dem CHF eine Auf- oder Abwertung des RUB vor?

c) Wie gross ist der Kursgewinn in Prozenten gegenüber der Offerte?

Fremde Währungen

21

21.19

Peter Zumbühl möchte mit seiner Familie eine Woche Skiferien verbringen. Zwei Angebote stehen zur Wahl:

- Ferien in Laax, Graubünden: sieben Tage Skiferien, inklusive Transport zum Ferienort und zurück, Skipass für die ganze Woche, Hotelaufenthalt mit Morgen- und Abendessen und Spa-Benutzung, zum Preis von CHF 3 640.–

- Ferien in Ischgl, Österreich: gleiches Arrangement wie das Schweizer Angebot, zum Preis von EUR 2 800.–. Für die Reise nach Österreich und zurück würden allerdings noch Zusatzkosten von CHF 120.– entstehen.

a) Bei welchem Kurs (Schweiz–Österreich) wären die Angebote einander ebenbürtig?

b) Um wie viele Prozente ist – bei einem Kurs von EUR 1.24 – das billigere Angebot günstiger?

21.20

Irene Schlegel besucht mit ihrer Freundin in Paris die Oper und geniesst die Aufführung von Figaros Hochzeit. Die Billette von je EUR 150.– zahlt sie an der Kasse mit der Kreditkarte.

a) Wer hat die Oper Figaros Hochzeit komponiert?

b) Mit welchem Kurs wurden die Billette umgerechnet, wenn die Kartenorganisation CHF 379.50 belastet?

21.21

Bei einem früheren Kurs von Zürich–London von CHF 2.50 reichte ein bestimmter Frankenbetrag für einen Ferienaufenthalt von zwölf Tagen.

Wie viele Ferientage können heute für denselben Frankenbetrag in England verbracht werden, wenn der Kurs für das englische Pfund inzwischen auf CHF 1.50 gesunken ist, die Preise in Grossbritannien seit dem früheren Aufenthalt aber durchschnittlich um 25% gestiegen sind?

21.22

Daniel Linder legt in Amerika auf einer Bank USD 5 000.– zum Zinsfuss von 3% an. Nach sieben Monaten zahlt ihm die Bank in CHF umgerechnet CHF 4 884.– aus.

Mit welchem Umrechnungskurs (Schweiz–USA) wurde gerechnet?

Fremde Währungen 21

Aufgaben zur Vertiefung

21.23

Nennen Sie die Buchungssätze und die Beträge. Die Buchhaltung wird in CHF geführt. (Auf ganze CHF runden.)

Journal

Nr.	Text	Buchung Soll	Haben	Betrag
1a)	Kreditkauf einer Maschine in Japan für JPY 780 000.–, Kurs 1.25			
b)	Bankbelastung für den Kauf obiger Maschine, Kurs 1.23			
c)	Verbuchung der Kursdifferenz			
2a)	Kreditverkauf von Waren nach Italien für EUR 40 000.–, Kurs 1.21			
b)	Gewährung eines Rabattes wegen Mängeln an der verkauften Ware 10%			
c)	Der italienische Kunde zahlt die Rechnung auf die Bank ein zum Kurs 1.19			
d)	Verbuchung der Kursdifferenz			
3a)	Kreditverkauf einer selbst hergestellten Schweissanlage nach Australien für AUD 220 000.–, Kurs 0.98			
b)	Bankgutschrift für die Überweisung des australischen Kunden zum Kurs 1.01			
c)	Verbuchung der Kursdifferenz			
4a)	Rechnung an einen Mandanten in Schweden für ein Rechtsgutachten für SEK 36 000, Kurs 13.70			
b)	Bankgutschrift für die Zahlung obiger Rechnung, Kurs 13.75			
c)	Verbuchung der Kursdifferenz			
5a)	Kreditkauf einer Produktionsanlage in England für GBP 45 000, Kurs 1.40			
b)	Nachträglich gewährter Rabatt 5%			
c)	Bankzahlung unter Abzug von 2% Skonto, Zahlungskurs 1.50			
d)	Verbuchung Kursdifferenz			

21 Fremde Währungen

21.24

Trennen Sie die Lernkarten entlang der Perforation voneinander, und üben Sie anschliessend die verschiedenen Begriffe und Fragen. Die grauen Vorderseiten enthalten die Aufgabenstellungen, die blauen Rückseiten die Lösungen.

Warum ist die Spanne zwischen Kauf- und Verkaufskurs bei den Noten grösser als bei den Devisen?

Für EUR 200.– erhält man in Luzern CHF 250.–.

Wie hoch ist der Kurs?

Ein Kreditverkauf von Waren an einen Kunden in Italien für EUR 1000.– wird zum Kurs 1.22 verbucht. Zwei Monate später schreibt die Bank die Zahlung des Kunden zum Kurs 1.22 gut. Verbuchen Sie Verkauf und Zahlung.

Ermitteln Sie die Anzahl Tage nach deutscher Usanz:
▷ 14. Mai–19. Mai 2014
▷ 15. Januar–31. Juli 2015
▷ 28. Februar–10. März 2016

Wie hoch ist der Zins, wenn ein Kapital von Fr. 10 000.– vom 20. Juni bis 20. August 20_8 zu 3% verzinst wird?

Die Bank schreibt für Kontokorrentzinsen Fr. 650.– gut.

Wie lauten die Buchungen für die Bankgutschrift und die Verrechnungssteuer?

Welches ist der Hauptzweck der Verrechnungssteuer?

Unter welchen Voraussetzungen kann eine Einzelunternehmerin die abgezogenen Verrechnungssteuern zurückfordern?

Ein Paar Jeans wird in New York für USD 50.– verkauft.

Welchem Preis in CHF entspricht dies bei einem Kurs von 0.95?

Welche drei Regeln beinhaltet die deutsche Zinsusanz?

Wodurch unterscheidet sich ein Kontokorrent von einem Darlehen?

Wozu brauchen Sie das Valuta-Datum in einem Kontokorrent?

Wie verbuchen Sie die Bankbelastung von Fr. 65.– für Zinsen auf dem Kontokorrentkredit?

Nennen Sie vier Merkmale eines Debitorenkontokorrents (Kontokorrent zugunsten der Bank).

Die Verrechnungssteuer auf dem Zins für ein Darlehen beträgt Fr. 105.–.

Wie hoch ist das Darlehen bei einem Zinsfuss von 5%?

Fremde Währungen — Aufgabe 23

Debitoren/Warenertrag 1220 Bank/Debitoren 1220	Der Kurs (d.h. der Preis für einen Euro) beträgt CHF 1.25.	Bei den Devisen müssen nur Buchungen von Konto zu Konto vorgenommen werden. Bei Noten fallen aufwändige Arbeiten an, z.B. Zählen, Sortieren, Transportieren, Sicherheitsmassnahmen. Zudem sind die Beträge meist kleiner.
Bank/Zinsertrag 650 Debitor VSt/Zinsertrag 350	$$\text{Zins} = \frac{10000 \cdot 3 \cdot 60}{100 \cdot 360} = 50$$	▷ 5 Tage ▷ 195 Tage ▷ 12 Tage
Der Preis entspricht CHF 47.50.	Steuererklärung mit Verrechnungsantrag wahrheitsgetreu ausfüllen.	Der Staat versucht, die Bürger/-innen zu zwingen, die Steuererklärungen wahrheitsgetreu auszufüllen (Verhinderung von Steuerhinterziehung).
Das Valuta-Datum ist für die Tageberechnung massgeblich.	Beim Darlehen ist die Kredithöhe fest; beim Kontokorrent verändert sie sich laufend.	▷ 1 Jahr hat 360 Tage. ▷ 1 Monat hat 30 Tage. ▷ Der letzte Kalendertag des Monats gilt als der Dreissigste.
Der Bruttozins beträgt Fr. 300.–, das Darlehen Fr. 6000.–.	▷ Der Kontoauszug weist einen Sollüberschuss auf. ▷ Der Zinsfuss ist hoch. ▷ Es erfolgt kein Verrechnungssteuerabzug. ▷ Die Zinsbelastungen erfolgen vierteljährlich oder monatlich.	Zinsaufwand/Bank 65

3. Teil Warenhandel

Wareneinkauf und Warenverkauf

30.01

Verbuchen Sie den summarisch zusammengefassten Warenverkehr der N. Mang AG, und bestimmen Sie den Warenaufwand sowie den Nettoerlös.

a) Wareneinkäufe

Nr.	Text	Buchung	Kreditoren	Warenaufwand
1	Anfangsbestand Kreditoren 90			
2	Wareneinkäufe auf Kredit 500			
3	Frachtkosten zulasten des Käufers bar bezahlt 30			
4	Gutschriften für Rücksendungen mangelhafter Ware 40			
5	Gutschriften für nachträglich gewährte Rabatte 50			
6	Bankzahlung von Rechnungen: ▷ Skonto 10 ▷ Überweisung 410			
7	Abschluss			

b) Warenverkäufe

Nr.	Text	Buchung	Debitoren	Warenertrag
1	Anfangsbestand Debitoren 100			
2	Warenverkäufe auf Kredit 900			
3	Frachtkosten zulasten des Verkäufers bar bezahlt 20			
4	Gutschriften für Rücknahmen mangelhafter Ware 25			
5	Gutschriften für nachträglich gewährte Rabatte 60			
6	Bankzahlung von Kunden: ▷ Skonto 15 ▷ Überweisung 805			
7	Abschluss			

30.02

Von der B. Stadlin AG, Handel mit Lederbekleidung, liegt der summarisch zusammengefasste Geschäftsverkehr vor.

a) Verbuchen Sie die Wareneinkäufe und die Warenverkäufe.

Wareneinkäufe

Nr.	Text	Buchung	Kreditoren		Warenaufwand
1	Anfangsbestand Kreditoren 80				
2	Wareneinkäufe auf Kredit 700				
3	Gutschriften für nachträglich erhaltene Rabatte 40				
4	Gutschriften für Rücksendungen mangelhafter Ware 20				
5	Bankzahlung von Rechnungen: ▷ Skonto 10 ▷ Überweisung 600				
6	Abschluss				

Warenverkäufe

Nr.	Text	Buchung	Debitoren		Warenertrag
1	Anfangsbestand Debitoren 130				
2	Warenverkäufe auf Kredit 1 200				
3	Frachtkosten zulasten des Verkäufers bar bezahlt 25				
4	Gutschriften für Rücknahmen mangelhafter Ware 50				
5	Bankzahlung von Kunden: ▷ Skonto 5 ▷ Überweisung 1 100				
6	Abschluss				

b) Ermitteln Sie den Bruttogewinn.

Wareneinkauf und Warenverkauf — 30

30.03

Verbuchen Sie den Warenverkehr der A. Grein GmbH, und beantworten Sie die Fragen.

a) Wareneinkauf und Warenverkauf

Nr.	Text	Buchung	Warenaufwand	Warenertrag
1	Wareneinkäufe auf Kredit 444			
2	Gutschriften von Lieferanten für nachträgliche Rabatte 18			
3	Warenverkäufe auf Kredit 900			
4	Gutschriften an Kunden für Rücknahmen mangelhafter Ware 8			
5	Ausgangsfrachten zulasten des Verkäufers bar bezahlt 10			
6	Gutschriften von Lieferanten für Rücksendungen mangelhafter Ware 7			
7	Barzahlung für Eingangsfrachten zulasten des Käufers 6			
8	Gutschriften an Kunden für nachträgliche Rabatte 9			
9	Postzahlungen an Lieferanten: ▷ Skonto 5 ▷ Überweisung 380			
10	Postzahlungen von Kunden: ▷ Skonto 3 ▷ Überweisung 910			
11	Abschluss			

b) Wie hoch ist der Bruttogewinn?

c) Was wird mit dem Bruttogewinn gedeckt?

Wareneinkauf und Warenverkauf 30

30.04

Wie lauten die Buchungssätze für den Handelsbetrieb H. Koch?

Nr.	Geschäftsfall	Buchungssatz		Betrag
		Soll	Haben	
1	Warenverkauf gegen Rechnung an C. Meyer 200			
2	Gutschrift an C. Meyer für Rücksendung mangelhafter Ware 20			
3	Wareneinkauf gegen Rechnung von E. Lirk 125			
4	E. Lirk schickt eine Gutschrift für nachträgliche Rabattgewährung von 20%.			
5	Barzahlung für Frachtkosten zulasten des Käufers auf der Lieferung von E. Lirk 10			
6	C. Meyer bezahlt seine Schuld durch Postüberweisung.			
7	Die Schuld gegenüber E. Lirk wird unter Abzug von 3% Skonto durch Bankzahlung beglichen.			
8	Wareneinkauf gegen Rechnung von S. Schmitt für brutto 50 abzüglich 12% Rabatt.			
9	Barzahlung von H. Koch für Transportkosten im Zusammenhang mit dem Wareneinkauf bei S. Schmitt 4. Es war Frankolieferung vereinbart.			
10	Begleichung der Schuld gegenüber S. Schmitt durch Bankzahlung unter Abzug von 5% Skonto			

30.05

Vervollständigen Sie das Journal für die Handelsunternehmung D. Riccardo. Die Geschäftsfälle unter derselben Nummer gehören zusammen.

Nr.	Geschäftsfall	Buchungssatz		
		Soll	Haben	Betrag
1a		Debitoren	Warenertrag	1 000
b		Warenertrag	Debitoren	30
		Bank	Debitoren	970
2a		Warenaufwand	Kreditoren	2 500
b		Kreditoren	Warenaufwand	500
c		Kreditoren	Warenaufwand	40
		Kreditoren	Bank	1 960
3	Barzahlung von D. Riccardo für Porto beim Warenverkauf (Frankolieferung)			10
4	Barzahlung von D. Riccardo für Porto beim Wareneinkauf (Frankolieferung)			7

30.06

Nennen Sie die Buchungssätze, und führen Sie die Konten Kreditoren und Warenaufwand. Die Geschäftsfälle Nr. 1 bis 5 stellen einen zusammenhängenden Geschäftsfall dar.

Nr.	Text	Buchung	Kreditoren	Warenaufwand
1	Kreditkauf von Waren für 1 300			
2	Barzahlung für Frachtkosten zulasten des Käufers 80			
3	Gutschrift des Lieferanten für Rücksendung mangelhafter Ware 300			
4	Gutschrift des Lieferanten für nachträgliche Rabattgewährung von 20%			
5	Bankzahlung für die Restschuld unter Abzug von 2% Skonto.			
6	Abschluss			

30.07

Führen Sie mithilfe der summarischen Geschäftsfälle eines Handelsbetriebs folgende Arbeiten aus:

▷ Skizzieren Sie die Konten Warenaufwand und Warenertrag.
▷ Tragen Sie den summarischen Geschäftsverkehr in die Konten ein, und schliessen Sie diese ab.
▷ Ermitteln Sie den Bruttogewinn.

▷ Ausgangsfrachten zulasten des Verkäufers	15
▷ Bei Zahlungen an Lieferanten abgezogene Skonti	11
▷ Bei Zahlungen von Kunden abgezogene Skonti	8
▷ Eingangsfrachten zulasten des Käufers	25
▷ Nachträglich erhaltene Rabatte	20
▷ Nachträglich gewährte Rabatte	30
▷ Rücksendungen mangelhafter Waren an Lieferanten	19
▷ Rücksendungen mangelhafter Waren von Kunden	22
▷ Wareneinkäufe (brutto)	265
▷ Warenverkäufe (brutto)	380

Wareneinkauf und Warenverkauf 30

30.08

Das Bankkonto der Handelsunternehmung B. Winkler weist folgende Einträge auf:

Bank

Datum	Text	Soll	Haben	Saldo
26. 12.	Übertrag	920 000	880 000	40 000
27. 12.	Zahlung von Kunde X (nach Abzug von 2% Skonto)	19 600		59 600
28. 12.	Zahlung an Warenlieferant Y (nach Abzug von 3% Skonto)		14 550	45 050
29. 12.	Barbezug		4 000	41 050
30. 12.	Checkbelastung für Fracht auf Wareneinkauf vom 23.12. (Es war Frankolieferung vereinbart; die Rechnung des Lieferanten ist noch offen.)		200	40 850
31. 12.	Zinsgutschrift brutto	600		41 450
31. 12.	Verrechnungssteuer 35%		210	41 240
31. 12.	Schlussbestand		**41 240**	
		940 200	940 200	

a) Vervollständigen Sie die Debitoren- und Kreditorenkonten

Debitoren

Datum	Text	Soll	Haben	Saldo
26. 12.	Übertrag	960 000	870 000	90 000

Kreditoren

Datum	Text	Soll	Haben	Saldo
26. 12.	Übertrag	560 000	630 000	70 000

b) Wie werden der Zins und die Verrechnungssteuer verbucht (Buchungssätze mit Betrag angeben)?

30.09

J. Bucher handelt mit dem Kosmetikartikel EverNice. Der Einstandspreis beträgt Fr. 2.–/Stück, der Verkaufspreis Fr. 3.–/Stück. Alle Käufe und Verkäufe werden bar abgewickelt.

Verbuchen Sie die Ein- und Verkäufe sowie die Vorratsveränderungen für die Monate Januar bis März.

Januar

Text
Anfangsbestand 0 Stück
Einkäufe 500 Stück
Verkäufe 500 Stück
Vorratsveränderung _____ Stück
Schlussbestand
Saldo Warenaufwand
Saldo Warenertrag

Februar

Text
Anfangsbestand 0 Stück
Einkäufe 500 Stück
Verkäufe 300 Stück
Vorratsveränderung _____ Stück
Schlussbestand
Saldo Warenaufwand
Saldo Warenertrag

März

Text
Anfangsbestand _____ Stück
Einkäufe 500 Stück
Verkäufe 600 Stück
Vorratsveränderung _____ Stück
Schlussbestand
Saldo Warenaufwand
Saldo Warenertrag

Wareneinkauf und Warenverkauf

30 Aufgabe 09

...chung		Warenvorrat		Warenaufwand		Warenertrag	

...chung		Warenvorrat		Warenaufwand		Warenertrag	

...chung		Warenvorrat		Warenaufwand		Warenertrag	

30.10

K. Ackermann kauft das Medikament SUPRANOL zu Fr. 5.– je Stück und verkauft dieses für Fr. 8.– je Stück an Ärzte und Apotheken:

Einstandspreis je Stück	Fr. 5.–
+ Bruttogewinn je Stück	Fr. 3.–
= Verkaufspreis je Stück	Fr. 8.–

a) Verbuchen Sie den Warenverkehr für die Monate Oktober bis Dezember. Die Ein- und Verkäufe erfolgen gegen bar.

b) Wie hoch ist der gesamte Bruttogewinn im Dezember?

Bruttogewinn Dezember

_____	Fr. _____
./. _____	– Fr. _____
= Bruttogewinn	Fr. _____

c) Was muss mit dem Bruttogewinn gedeckt werden können?

Oktober

Text	
Anfangsbestand 3 000 Stück	
Einkäufe 4 000 Stück	
Verkäufe 5 000 Stück	
Vorratsveränderung	
Schlussbestand	
Saldo Warenaufwand	
Saldo Warenertrag	

November

Text	
Anfangsbestand _____ Stück	
Einkäufe 6 000 Stück	
Verkäufe 5 000 Stück	
Vorratsveränderung	
Schlussbestand	
Saldo Warenaufwand	
Saldo Warenertrag	

Dezember

Text	
Anfangsbestand _____ Stück	
Einkäufe 8 000 Stück	
Verkäufe 10 000 Stück	
Vorratsveränderung	
Schlussbestand	
Saldo Warenaufwand	
Saldo Warenertrag	

Wareneinkauf und Warenverkauf

Aufgabe 10

hung	Warenvorrat		Warenaufwand		Warenertrag	

hung	Warenvorrat		Warenaufwand		Warenertrag	

hung	Warenvorrat		Warenaufwand		Warenertrag	

30.11

Von einem Handelsbetrieb sind folgende Kontensalden (Kurzzahlen) bekannt:

Abschreibungsaufwand	15
Personalaufwand	140
Raumaufwand	40
Übriger Aufwand	30
Warenaufwand	650
Warenertrag	900
Zinsaufwand	5

a) Erstellen Sie die zweistufige Erfolgsrechnung in Kontoform:

Erfolgsrechnung 20_1 (in Fr. 1000.–)

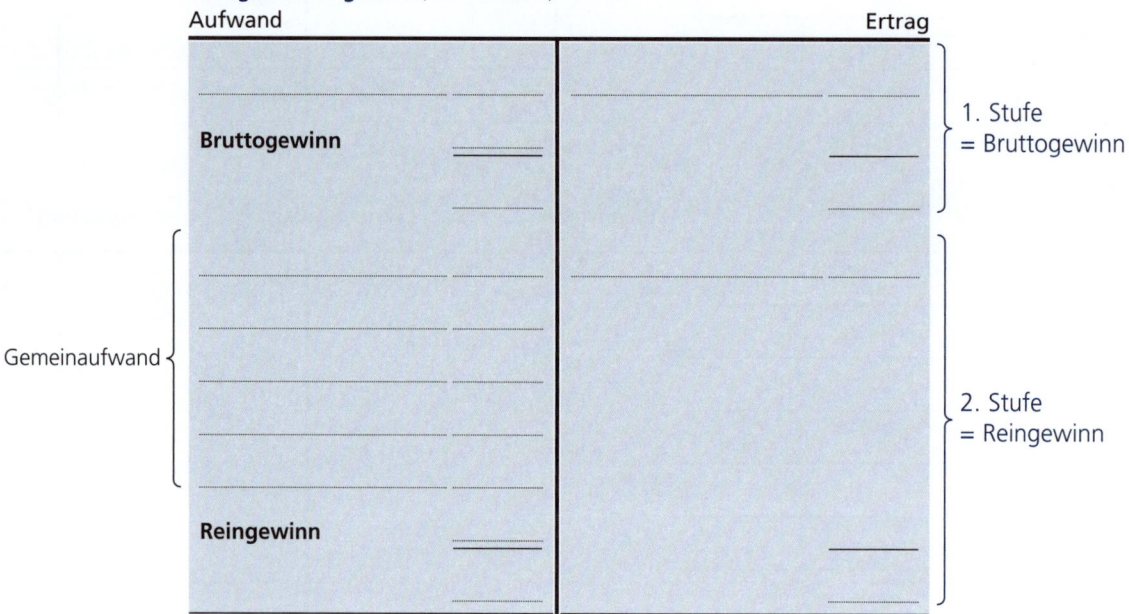

Aufwand		Ertrag	
Warenaufwand	650	Warenertrag	900
Bruttogewinn	250		
	900		900
Personalaufwand	140	Bruttogewinn	250
Raumaufwand	40		
Abschreibungsaufwand	15		
Zinsaufwand	5		
Übriger Aufwand	30		
Reingewinn	20		
	250		250

1. Stufe = Bruttogewinn
2. Stufe = Reingewinn

b) Erstellen Sie die zweistufige Erfolgsrechnung in Berichtsform:

Erfolgsrechnung 20_1 (in Fr. 1000.–)

Warenertrag		900
– Warenaufwand		650
= Bruttogewinn		250
– Personalaufwand	140	
– Raumaufwand	40	
– Abschreibungsaufwand	15	
– Zinsaufwand	5	
– Übriger Aufwand	30	230
= Reingewinn		20

1. Stufe = Bruttogewinn
2. Stufe = Reingewinn

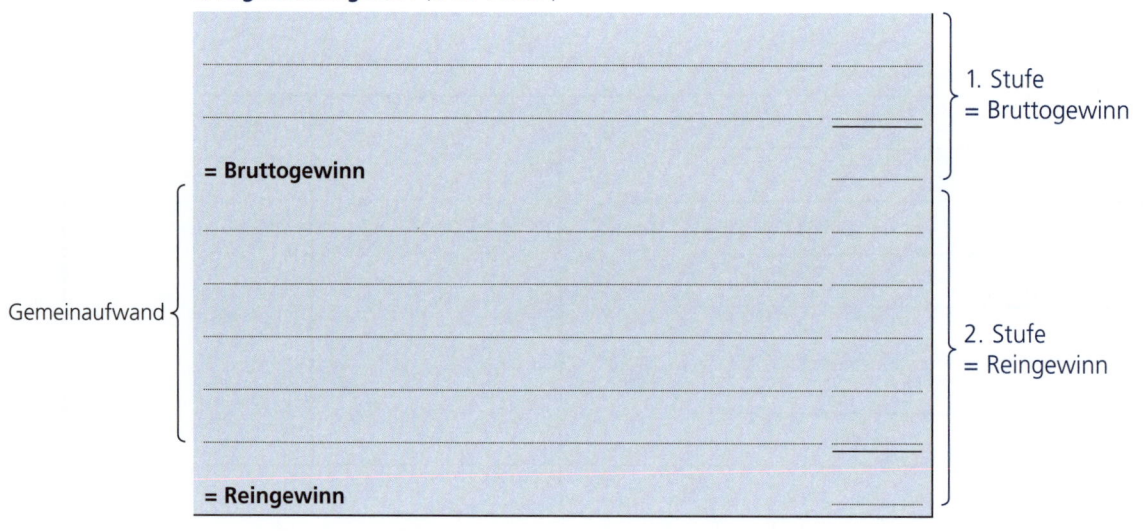

30.12

Vom Handelsbetrieb N. Widmer AG liegen folgende Informationen vor:

Anfangsbestand der Vorräte	70
Wareneinkäufe brutto	500
Bezugskosten bei Wareneinkäufen	40
Von Lieferanten gewährte Rabatte und Skonti	30
Warenverkäufe brutto	840
Den Kunden gewährte Rabatte und Skonti	15
Gutschriften an Kunden für zurückgesandte mangelhafte Ware	25
Schlussbestand der Vorräte gemäss Inventar	80

a) Führen Sie diese drei Konten unter Angabe von Texten und Beträgen:

Warenvorrat

Warenaufwand

Warenertrag

b) Ermitteln Sie folgende Grössen:

Einstandswert der eingekauften Waren	
Zunahme Warenvorrat	
Einstandswert der verkauften Waren	
Warenaufwand	
Nettoerlös	
Bruttogewinn	

30.13

Bestimmen Sie die fehlenden Grössen:

Aufgabe	Anfangs-bestand	Schluss-bestand	Vorrats-veränderung	Einstands-wert der einge-kauften Waren	Waren-aufwand (Einstands-wert der verkauften Waren)	Netto-erlös	Brutto-gewinn
a)	10		+ 5	65		90	
b)	25	40		125		200	
c)	18	8		70		130	
d)		30	+ 10	200			100
e)		15	+ 3		80	120	
f)	20		− 7		100		50
g)	40			200	180	300	
h)	14	18				100	40
i)		24		150		210	60
k)		11		+ 4		200	70

Wareneinkauf und Warenverkauf

30.14

Lösen Sie diese Aufgaben:

a) Wann entspricht der Einstandswert der eingekauften Waren dem Warenaufwand?

b) Welche Begriffe sind synonym (gleichbedeutend)?
   ▷ Warenaufwand
   ▷ Einstandswert der eingekauften Waren
   ▷ Einstandswert der verkauften Waren
   ▷ Nettoerlös
   ▷ Verkaufswert der verkauften Waren

c) Vervollständigen Sie die schematisch dargestellten Konten mit den passenden Bezeichnungen.

Warenvorrat

Warenaufwand

Wareneinkäufe brutto

Bezugskosten

d) Was versteht man unter Nettoerlös?

e) Wie heissen die fehlenden Grössen in der folgenden Darstellung?

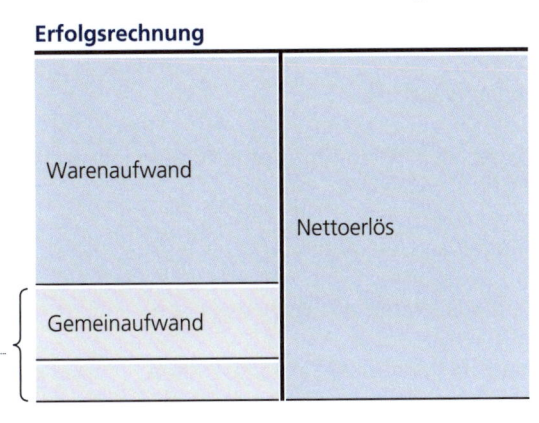

Erfolgsrechnung

Warenaufwand

Nettoerlös

Gemeinaufwand

f) Aus welchen Aufwänden setzt sich der Gemeinaufwand zusammen?

Wareneinkauf und Warenverkauf

30.15

Die Geschäftsfälle des Gartencenters PLANTISSIMO sind summarisch, ohne Datum und in Kurzzahlen dargestellt. Unter Waren werden Pflanzen sowie weitere Artikel wie Dünger, Pflanzenschutzmittel und Gartengeräte verstanden.

a) Verbuchen Sie die Geschäftsfälle gemäss Lösungshilfe rechts.

b) Wie lautet die zweistufige Erfolgsrechnung (in Berichtsform dargestellt)?

Erfolgsrechnung

```
    ........................................................................
./. ........................................................................
= Bruttogewinn
./. ........................................................................
./. ........................................................................
./. ........................................................................
= Reingewinn
```
(Gemeinaufwand umfasst die drei ./. Positionen)

Nr.	Geschäftsfall
1	Anfangsbestand 150
2	Krediteinkäufe 600
3	Gutschrift für nachträglich erhalte Rabatte 20
4	Rückgaben wegen mangelhafter Lieferung 30
5	Zahlungen an Lieferanten 500: ▷ Skonto 10 ▷ Bankbelastungen 490
6	Kreditverkäufe 1 100
7	Den Kunden nachträglich gewährt Rabatte 25
8	Rücknahmen mangelhafter Waren 15
9	Zahlungen von Kunden 1000: ▷ Skonto 20 ▷ Bankgutschriften 980
10	Bankzahlungen für Löhne 210
11	Abschreibungen auf Anlagevermögen 80
12	Bankzahlungen für übrigen Aufwand (wie Miete, Energie, Dünger, Werbung) 130
13	
14	Schlussbestand Warenvorrat gemäss Inventar 135
15	Saldo Warenaufwand
16	Saldo Warenertrag

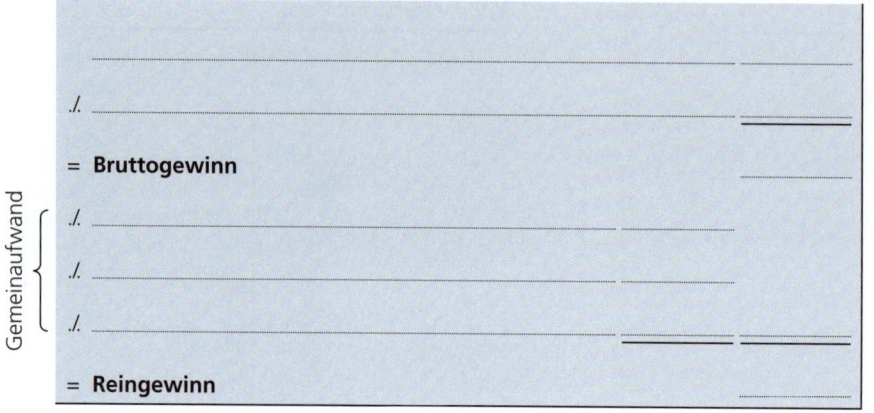

c) Was bedeutet der Saldo im Konto Warenertrag (ankreuzen)?

☐ Einstandswert der verkauften Waren

☐ Totalbetrag aller Rechnungen an Kunden

☐ Nettoerlös aus dem Verkauf von Waren

☐ Warenaufwand

d) Was bedeutet der Saldo im Konto Warenaufwand (ankreuzen)?

☐ Zahlungen an Lieferanten

☐ Einkauf von Waren zu Einstandspreisen

☐ Verkauf von Waren zu Einstandspreisen

☐ Bruttogewinn

e) Weshalb wird im Text zu Geschäftsfall Nr. 7 das Wort *nachträglich* verwendet?

Wareneinkauf und Warenverkauf — Aufgabe 15

:hung	Warenvorrat		Warenaufwand		Warenertrag	

Wareneinkauf und Warenverkauf 30

30.16
Vervollständigen Sie das Journal für diesen Handelsbetrieb.

Journal

Nr.	Text	Buchungssatz Soll	Haben	Betrag
1	Anfangsbestand Warenvorrat			100
2	Wareneinkäufe auf Kredit			500
3	Bankzahlungen von Kunden unter Abzug von 2% Skonto (Skonto = 18)			18
4	Gutschrift eines Lieferanten für nachträglich gewährten Rabatt			50
5		Warenaufwand	Kreditoren	1 600
6	Gutschrift eines Lieferanten für die Rücksendung mangelhafter Ware			4
7		Debitoren	Warenertrag	3 500
8	Gutschrift an einen Kunden für die Rücknahme mangelhafter Ware			20
9	Bankzahlungen an Lieferanten unter Abzug von 2% Skonto (Skonto = 38)			38
10	Nachträgliche Rabattgewährung an einen Kunden			13
11		Warenertrag	Debitoren	40
		Bank	Debitoren	1 960
12	Bestandeskorrektur Warenvorrat			
13	Schlussbestand Warenvorrat			120
14	Saldo Warenaufwand			
15	Saldo Warenertrag			

30.17

Ein Lieferant bietet auf seiner Rechnung folgende Zahlungsbedingung an: 30 Tage netto oder 10 Tage 2% Skonto.

a) Welcher Jahreszinsfuss liegt dieser Zahlungsbedingung zugrunde?

b) Warum wurde der Skonto in Teilaufgabe a) auf ein Jahr umgerechnet?

c) Lohnt es sich als Kunde, den Skonto abzuziehen?

d) Was veranlasst den Lieferanten, Skonto zu gewähren?

30.18

Auf einer Faktura steht folgende Zahlungsbedingung: 60 Tage netto, 20 Tage 3% Skonto. Welchem Jahreszinsfuss entspricht dieser Skonto?

30.19

Bestimmen Sie die fehlenden Grössen.

	Einstandswert der Wareneinkäufe	Einstandswert der Warenverkäufe (Warenaufwand)	Anfangsbestand des Warenvorrats	Schlussbestand des Warenvorrats	Vorratsveränderung
a)	200	180	30		
b)	600	700		150	
c)	60			15	+ 10
d)		150	40		+ 20
e)	300			60	− 30

Wareneinkauf und Warenverkauf

30.20
Bestimmen Sie die fehlenden Grössen.

	Anfangs-bestand Vorrat	Schluss-bestand Vorrat	Vorrats-veränderung	Einstands-wert Waren-einkäufe	Waren-aufwand	Nettoerlös	Brutto-gewinn
a)		80	+ 10	350		400	
b)	200		+ 50		800		300
c)	20		– 3	70		90	
d)	0	30				160	40
e)		300	– 80			800	100

30.21
Bestimmen Sie die fehlenden Grössen.

	Vorrats-veränderung	Einstands-wert Waren-einkäufe	Waren-aufwand	Nettoerlös	Brutto-gewinn	Gemein-aufwand	Erfolg
a)	+ 20	220		300		70	
b)		40	50		30		+ 5
c)		400	350			60	+ 20
d)	– 60		600		200	220	
e)	– 30			200	80		– 10

30.22

Für Röbi Spühlers Veloshop in Rafz sind folgende Konten in alphabetischer Reihenfolge gegeben:

Abschreibungen	Kreditoren
Bank	Maschinen und Werkzeuge
Debitoren	Raumaufwand
Eigenkapital	Übriger Aufwand
Ertrag Ersatzteilverkauf	Warenaufwand Ersatzteile
Ertrag Reparaturen	Warenaufwand Velos
Ertrag Veloverkauf	Werbeaufwand
Fahrzeuge	

Führen Sie ein Journal für folgende Geschäftsfälle:

1. Die Firma Scott schickt die Rechnung für den Einkauf von Velos:

Fakturabetrag brutto	8 000.–
./. Rabatt 10%	– 800.–
= Fakturbetrag netto	7 200.–

2. Rechnung an einen Kunden für ausgeführte Reparaturen:

Verwendete Ersatzteile	40.–
+ Geleistete Arbeit 0,5 Stunden	30.–
= Gesamtbetrag	70.–

3. Die Rechnung der Firma Scott wird unter Abzug von 2% Skonto durch Bankzahlung beglichen.

4. Die Rechnung von Fr. 180.– für ein Kleininserat im «Rafzer Weibel», der Lokalzeitung für das Rafzerfeld, wurde irrtümlicherweise wie folgt verbucht:

   Übriger Aufwand/Debitoren 180.–

   Der Fehler ist zu korrigieren.

5. Beim Kauf eines neuen Lieferwagens nimmt der lokale Garagist ein Mountain-Bike sowie das bisherige Geschäftsauto (zum Buchwert) an Zahlung. Der Restbetrag wird vorläufig geschuldet.

Listenpreis Lieferwagen	32 000.–
+ Aufpreis für Sonderausstattungen	3 000.–
= Gesamtbetrag (= zu verbuchende Rechnung)	35 000.–
./. Verkauf Mountain-Bike	– 2 000.–
./. Buchwert bisheriges Geschäftsauto	– 6 000.–
= Restbetrag	27 000.–

30.23

U. Bucheli kauft im In- und Ausland Luxuslebensmittel ein und verkauft diese an ausgesuchte Grosskunden wie Restaurants oder Fachgeschäfte in der Schweiz.

Verbuchen Sie den summarischen Geschäftsverkehr in Kurzzahlen, und weisen Sie den Gewinn im Jahresabschluss[1] doppelt nach.

Eröffnungsbilanz per 1. 1. 20_4

Aktiven		Passiven	
Bank	40	Kreditoren	180
Debitoren	270	Eigenkapital	250
Warenvorrat	30		
Mobilien	90		
	430		430

Journal 20_4

Nr.	Geschäftsfall	Buchungssatz		Betrag
		Soll	Haben	
1	Warenverkäufe gegen Rechnung			2 500
2	Gutschriften an Kunden für zurückgenommene Waren und nachträgliche Rabatte			120
3	Zahlungen von Kunden: ▷ Skontoabzüge 26 ▷ Bankgutschriften 2 400			
4	Eingegangene Rechnungen für: ▷ Wareneinkäufe 2 000 ▷ Kauf eines Fahrzeugs 60 ▷ Diversen Aufwand 230			
5	Gutschriften von Lieferanten für nachträgliche Rabatte und zurückgesandte Waren			170
6	Zahlungen an Lieferanten: ▷ Skontoabzüge bei Warenlieferanten 22 ▷ Bankbelastungen 2 150			
7	Bankzahlungen für Löhne			210
8	Abschreibung Mobilien (20% des Buchwerts der vorhandenen Mobilien)			
9	Gemäss Inventar nahm der Warenvorrat um 8 zu.			

[1] Der Jahresabschluss bei der Einzelunternehmung wird in Kapitel 50 ausführlich besprochen.

Wareneinkauf und Warenverkauf — 30 — Aufgabe 23

Hauptbuch 20_4

Bank

Kreditoren

Warenaufwand

Warenertrag

Debitoren

Eigenkapital

| S | 250 | A | 250 |

Personalaufwand

Abschreibungen

Übriger Aufwand

Warenvorrat

Mobilien

Schlussbilanz 31. 12. 20_4

Erfolgsrechnung 20_4

233

Wareneinkauf und Warenverkauf 30

30.24

Von einem Handelsunternehmen sind folgende Kontensalden gegeben:

Abschreibungen	20	Immobilien	150	Raumaufwand	60
Bank	25	Kasse	5	Übriger Aufwand	80
Debitoren	70	Kreditoren	80	Warenaufwand	500
Eigenkapital	?	Mobilien	90	Warenertrag	800
Hypotheken	120	Personalaufwand	100	Warenvorrat	60

Erstellen Sie eine gut gegliederte Bilanz sowie eine zweistufige Erfolgsrechnung.

Bilanz

Aktiven | Passiven

Erfolgsrechnung

= **Bruttogewinn**

=

Dreistufige Erfolgsrechnungen

31.01

Im Handelsregister ist als Geschäftszweck der Konsum AG der Handel mit Gütern des täglichen Bedarfs eingetragen. Die einstufige Erfolgsrechnung zeigt folgendes Bild:

Erfolgsrechnung 20_1

Warenertrag	200
+ Liegenschaftenertrag	45
+ Ausserordentlicher Ertrag	30
./. Warenaufwand	− 140
./. Personalaufwand	− 40
./. Mietaufwand	− 10
./. Übriger Betriebsaufwand	− 25
./. Liegenschaftenaufwand	− 20
= Unternehmungsgewinn	**40**

Der Gewinn der gesamten Unternehmung ist zwar sehr hoch. Aber wie steht es mit der Wirtschaftlichkeit des Handelsbetriebs, der Kerntätigkeit dieser Unternehmung?

Um diese Frage zu beantworten, werden Sie beauftragt, eine mehrstufige Erfolgsrechnung aufzustellen, die den Erfolg in drei Stufen zeigt:

▷ 1. Stufe: Bruttogewinn

▷ 2. Stufe: Betriebserfolg (je nach Vorzeichen als Betriebsgewinn oder Betriebsverlust zu bezeichnen)

▷ 3. Stufe: Unternehmungsgewinn

Zur Lösung dieser Aufgabe stehen zusätzlich folgende Informationen zur Verfügung:

▷ Der Liegenschaftenertrag und der Liegenschaftenaufwand betreffen mehrere Wohnblöcke, die zwar der Konsum AG gehören, aber nichts mit dem eigentlichen Handelsbetrieb zu tun haben (so genannte betriebsfremde Tätigkeit).

▷ Durch den Verkauf einer nicht mehr benötigten Landreserve mit einem Buchwert von 80 zu einem Verkaufspreis von 110 entstand ein Gewinn von 30. Dieses einmalige Ereignis in der Firmengeschichte ist als ausserordentlicher Ertrag zu betrachten.

Dreistufige Erfolgsrechnungen

31 Aufgabe 01

Erfolgsrechnung 20_1

= Bruttogewinn

= Betriebsverlust

= Unternehmungsgewinn

31.02

Wie verändern sich bei der Handel AG der Bruttogewinn, der Betriebsgewinn und der Unternehmensgewinn durch die folgenden Buchungen?

Für die Antwort sind diese Zeichen zu verwenden:

+	bedeutet Zunahme
–	bedeutet Abnahme
0	bedeutet keine Veränderung

Nr.	Buchung	Brutto-gewinn	Betriebs-gewinn	Unterneh-mensgewinn
1	Debitoren/Warenertrag			
2	Personalaufwand/Bank			
3	Ausserordentlicher Aufwand/Post			
4	Warenaufwand/Kreditoren			
5	Kreditoren/Fahrzeugaufwand			
6	Maschinen/Kreditoren			
7	Maschinen/Gewinn aus Veräusserung			
8	Steueraufwand/Bank			

Dreistufige Erfolgsrechnungen 31

31.03

Wie lautet die dreistufige Erfolgsrechnung dieses Handelsbetriebs?

Erfolgsrechnung

- Abschreibungen 12
- Ausserordentlicher Ertrag 8
- Betriebsfremder Aufwand 15
- Betriebsfremder Ertrag 45
- Personalaufwand 60
- Raumaufwand 35
- Übriger Betriebsaufwand 40
- Warenaufwand 160
- Warenertrag 300

31.04

Die Mercato AG ist ein Warenhandelsbetrieb, der seine Betriebstätigkeit in gemieteten Räumen abwickelt. Die Unternehmung besitzt noch eine Wohnliegenschaft, die buchhalterisch als neutraler Unternehmungsteil erfasst wird.

Erstellen Sie aufgrund der folgenden Zahlen eine dreistufige Erfolgsrechnung.

Warenvorrat Anfang Jahr 30, Warenvorrat Ende Jahr 40, Warenertrag 500, Wareneinkauf 310, Hypothekarzinsen 6, Abschreibung Liegenschaft 7, übriger Immobilienaufwand 8, Immobilienertrag 29, Personalaufwand 90, Aufwand für Brand in den Verkaufsräumen 16, einmaliger Gewinn aus dem Verkauf eines Fahrzeugs 9, Raumaufwand 30, Zinsaufwand für das betriebliche Kontokorrent 8, Abschreibungen auf den betrieblichen Sachanlagen 12, übriger Betriebsaufwand 40, Gewinnsteuern 4.

Dreistufige Erfolgsrechnungen 31

31.05

Wie lauten die Abschlussrechnungen dieses Handelsbetriebs? Die Bilanz ist in vier Kontengruppen zu gliedern, die Erfolgsrechnung in drei Stufen.

- Abschreibungen 50
- Ausserordentlicher Aufwand 7
- Betriebsfremder Aufwand 11
- Betriebsfremder Ertrag 38
- Debitoren 80
- Eigenkapital 195
- Fahrzeuge 60
- Finanzanlagen 120
- Flüssige Mittel (Kasse, Bank) 20
- Kreditoren 40
- Bankschuld 120
- Rückstellungen 20
- Mobiliar 70
- Personalaufwand 124
- Raumaufwand 48
- Übriger Betriebsaufwand 42
- Warenaufwand 400
- Warenertrag 700
- Warenvorrat 40
- Werbeaufwand 35
- Zinsaufwand (betrieblich) 6

Schlussbilanz

Aktiven	Passiven

Erfolgsrechnung

Mehrwertsteuer

32.01

Die Mehrwertsteuer (MWST) ist eine indirekte Bundessteuer. Sie heisst so, weil der von einer Unternehmung geschaffene Mehrwert besteuert wird. Normalerweise beträgt der Steuersatz 8,0%.

a) Berechnen Sie für die folgenden Unternehmungen die der Eidgenössischen Steuerverwaltung abzuliefernde Mehrwertsteuer.

Holzsägerei

Die Sägerei verkauft Holz aus dem eigenen Wald an eine Schreinerei:

Verkaufswert des Holzes	30 000.–
+ Mehrwertsteuer 8,0%	2 400.–
Faktura	32 400.–

MWST-Abrechnung

Umsatzsteuer[1]	2 400.–
./. Vorsteuer[2]	–.–
Abzuliefernde MWST	2 400.–

Schreinerei

Die Schreinerei verarbeitet das Holz zu Möbeln und verkauft diese an einen Möbelhändler:

Verkaufswert der Möbel	90 000.–
+ Mehrwertsteuer 8,0%	7 200.–
Faktura	97 200.–

MWST-Abrechnung

Umsatzsteuer	
./. Vorsteuer	
Abzuliefernde MWST	

Möbelhändler

Der Möbelhändler verkauft die Möbel an die Kunden:

Verkaufswert der Möbel	160 000.–
+ Mehrwertsteuer 8,0%	12 800.–
Faktura	172 800.–

MWST-Abrechnung

Umsatzsteuer	
./. Vorsteuer	
Abzuliefernde MWST	

---

[1] Unter **Umsatzsteuer** versteht man die auf dem Verkaufsumsatz geschuldete Mehrwertsteuer.

[2] Unter **Vorsteuer** versteht man die auf Lieferungen und Leistungen bezahlten Mehrwertsteuern. Diese können von den geschuldeten Umsatzsteuern abgezogen werden. Den abzugsfähigen Betrag nennt man auch Vorsteuerabzug.

Die Vorsteuer beträgt bei der Sägerei Fr. 0.–, weil das Holz aus dem eigenen Wald stammt und die Forstwirtschaft steuerbefreit ist. Der Einfachheit halber werden Vorsteuern auf gekauften Produktionsmitteln wie Sägemaschinen oder Traktoren vernachlässigt.

Mehrwertsteuer **32** Aufgabe 01

b) Überprüfen Sie die in Teilaufgabe a) ausgewiesenen Mehrwertsteuern, indem Sie zuerst die von den Unternehmungen geschaffenen Mehrwerte ermitteln und anschliessend die MWST von 8,0% berechnen.

	Mehrwert	Mehrwertsteuer
Sägerei		
Schreinerei		
Möbelhändler		
Total		

32.02

Welche Mehrwertsteuersätze gelangen bei den folgenden Gütern und Dienstleistungen zur Anwendung? Die richtigen Sätze sind anzukreuzen.

		8,0%	2,5%	0%
a)	Arzneimittel			
b)	Mobiliar			
c)	Wohnungs- und Geschäftsmiete			
d)	Theaterbillette			
e)	Versicherungsleistungen			
f)	Ess- und Trinkwaren (ohne Alkohol) im Lebensmittelgeschäft			
g)	Spitalbehandlung und Arztkonsultationen			
h)	Autoimporte			
i)	Weiterbildungskurse, Privatunterricht			
k)	Zeitungen, Zeitschriften			
l)	Treibstoff			
m)	Schnittblumen			
n)	Haarschnitt beim Coiffeur			
o)	Übernachtung und Frühstück			

Mehrwertsteuer

32.03

Das Haushaltwarengeschäft Meier & Co. in Zürich hat im letzten Quartal 20_1 folgende Umsätze getätigt und bittet Sie, den abzuliefernden Mehrwertsteuerbetrag zu bestimmen (die steuerpflichtigen Umsätze verstehen sich inklusive MWST).

Umsätze in Fr. (inkl. allfällige MWST)		MWST-Satz in %	MWST-Guthaben (Vorsteuer)	MWST-Schuld (Umsatzsteuer)	
Wareneinkauf	507 600.–				
Kauf Mobilien	31 320.–				
Warenverkäufe	803 520.–				
Kauf Büromaterial	4 590.–				
Werbeausgaben	9 180.–				
Honorar an Treuhandunternehmung	7 020.–				
Finanzaufwand	2 365.–				
Private Warenbezüge zu Verkaufspreisen	1 620.–				
Blumenschmuck Laden und Büro	2 562.50				
Energie (Elektrisch, Heizung)	1 566.–				abzuliefernde MWST
Total		–			

32.04

a) Weshalb bezeichnet man die MWST als **Mehrphasensteuer?**

b) Worin besteht der Unterschied zwischen der Steuerabrechnung nach **vereinbartem** und nach **vereinnahmtem** Entgelt? (Richtige Antworten ankreuzen.)

☐ Nach vereinbartem Entgelt bedeutet, dass die MWST aufgrund der Rechnungen an die Kunden abgerechnet wird.

☐ Nach vereinnahmtem Entgelt wird die Vorsteuer aufgrund der an die Lieferanten geleisteten Zahlungen abgerechnet.

☐ Die Abrechnung nach vereinnahmtem Entgelt ist vor allem bei Bargeschäften vorteilhaft.

☐ Die MWST-Verwaltung wünscht die Abrechnung nach vereinnahmtem Entgelt, da sie so rascher zu ihren Steuergeldern kommt.

☐ Im Gegensatz zum vereinbarten Entgelt sind beim vereinnahmtem Entgelt die Rabatte, Skonti, Debitorenverluste und Rücknahmen mangelhafter Waren berücksichtigt.

☐ Die Abrechnung der MWST nach vereinbartem und nach vereinnahmtem Entgelt führt letztlich zur gleich hohen MWST-Belastung.

c) In welchem zeitlichen Rhythmus muss die MWST von den steuerpflichtigen Unternehmen an die Eidgenössische Steuerverwaltung abgeliefert werden?

d) Weshalb sind die Umsätze auf dem Export von der MWST **befreit?**

e) Geben Sie drei Beispiele von Umsätzen, welche von der MWST **ausgenommen** sind.

f) Worin besteht der Unterschied zwischen von der MWST **befreiten** und **ausgenommenen** Umsätzen?

32.05

Verbuchen Sie die Geschäftsfälle dieses Warenhandelsbetriebs. Die Einkäufe erfolgen auf Kredit, die Verkäufe werden bar abgewickelt.

Datum	Geschäftsverkehr	
3. 1.	Kauf Ladeneinrichtung	
	Kaufpreis	8 000
	+ MWST 8,0%	640
	Rechnung	8 640
4. 1.	Wareneinkauf	
	Kaufpreis	40 000
	+ MWST 8,0%	3 200
	Rechnung	43 200
Div.	Warenverkäufe	
	Verkaufspreis	60 000
	+ MWST 8,0%	4 800
	Kassabeleg	64 800
20. 2.	Energierechnungen	
	Nettobetrag	4 500
	+ MWST 8,0%	360
	Rechnung	4 860
10. 3.	Wareneinkauf	
	Kaufpreis	20 000
	+ MWST 8,0%	1 600
	Rechnung	21 600
Div.	Warenverkäufe	
	Verkaufspreis	50 000
	+ MWST 8,0%	4 000
	Kassabeleg	54 000
31. 3.	MWST-Abrechnung	
	Umsatzsteuerschuld	8 800
	./. Vorsteuerguthaben	5 800
	Abzuliefernde MWST	3 000
5. 4.	Postüberweisung der MWST netto	3 000

Mehrwertsteuer — Aufgabe 05

chung		Betrag	Debitor Vorsteuer		Kreditor Umsatzsteuer	
	Haben					

Mehrwertsteuer

32.06

Von der Mobil AG, Handel mit Autoutensilien aller Art, liegen für das dritte Quartal 20_7 folgende Angaben vor:

1	Warenverkäufe, bar	98 496	inklusive MWST
2	Wareneinkäufe auf Kredit	48 384	inklusive MWST
3	Lieferwagenkauf, bar	27 648	inklusive MWST
4	Kreditkauf von Ladeneinrichtungsgegenständen	10 584	inklusive MWST
5	Rechnungen für Energie, Werbung, Telefone usw.	5 022	inklusive MWST
6	Postzahlungen für TV-Gebühren und diverse Zeitschriftenabonnements	820	inklusive MWST
7	Abnahme Warenvorrat	2 000	MWST?

Verbuchen Sie die Geschäftsfälle. Die MWST ist für das dritte Quartal abzurechnen und durch die Bank an die Steuerverwaltung zu überweisen.

Nr.	Geschäftsfall	Buchung	Betrag	Debitor Vorsteuer	Kreditor Umsatzsteuer
1					
2					
3					
4					
5					
6					
7	Abnahme Warenvorrat				
8	MWST-Abrechnung Umsatzsteuerschuld ./. Vorsteuerguthaben Abzuliefernde MWST				
9	Banküberweisung MWST				

32.07

Die Einzelunternehmung M. Zindl, Handel mit Sportartikeln, wurde neu eröffnet.

a) Ab welchem Umsatz wird M. Zindl mehrwertsteuerpflichtig?

Ab einem Jahresumsatz von CHF 100 000.– wird M. Zindl mehrwertsteuerpflichtig.

b) Für die MWST-Abrechnung Ende Quartal sind folgende Umsätze massgeblich. Berechnen Sie die MWST für jeden Umsatz getrennt.

Nr.	MWST-Umsätze	Betrag inkl. MWST	MWST-Satz	MWST
1	Einkäufe von Sportartikeln	216 000.–	8,0 %	16 000.–
2	Aufwände wie Energieverbrauch, Werbematerial, Büromaterial, Telefon	7 776.–	8,0 %	576.–
3	Aufwände wie Fachzeitschriften, Fachbücher, Wasserverbrauch, Radio- und Fernsehgebühr, Schnittblumen	2 460.–	2,5 %	60.–
4	Spesenaufwand für Kundenbesuche (Übernachtung/Frühstück)	1 557.–	3,8 %	57.–
5	Käufe von Anlagevermögen	10 044.–	8,0 %	744.–
6	Verkäufe von Sportartikeln	367 200.–	8,0 %	27 200.–

c) Wie hoch ist die Vorsteuer und die Umsatzsteuer für dieses Quartal?

Vorsteuer	Umsatzsteuer
16 000 + 576 + 60 + 57 + 744 = **17 437.–**	**27 200.–**

d) Wie lauten die Buchungssätze für die MWST-Abrechnung am Ende des Quartals?

Nr.	Text	Soll	Haben	Betrag
1	Verrechnung der Vorsteuer mit der Umsatzsteuer	Umsatzsteuer	Vorsteuer	17 437.–
2	Banküberweisung der geschuldeten Umsatzsteuer	Umsatzsteuer	Bank	9 763.–

Mehrwertsteuer

32.08

Nennen Sie die Buchungen, und führen Sie die beiden Konten.

Nr.	Text	Buchungen	Debitoren	Kreditor Umsatzsteuer
1	Kreditwarenverkauf inkl. 8% MWST, Fr. 54 000.–			
2	Gutschrift für nachträglich gewährten Rabatt von 20%			
3	Bankzahlung des Kunden unter Abzug von 1% Skonto			
4	Salden	–		

32.09

Nennen Sie die Buchungen, und führen Sie die beiden Konten.

Nr.	Text	Buchungen	Debitor Vorsteuer	Kreditoren
1	Kreditwareneinkauf inkl. 8% MWST, Fr. 43 200.–			
2	Gutschrift für nachträglich erhaltenen Rabatt von 25%			
3	Bankzahlung an den Lieferanten unter Abzug von 2% Skonto			
4	Salden	–		

Mehrwertsteuer

32.10

Führen Sie das Journal für die ausgewählten Geschäftsfälle der Kleiderboutique C. Rudolphi. Die Beträge sind auf fünf Rappen zu runden.

Nr.	Geschäftsfall		Betrag
1	Rechnung eines Lieferanten für den Einkauf von Kleidern: Bruttopreis inkl. MWST Fr. 15 120.– abzüglich 20% Rabatt		
2	Transportkosten (zulasten der Boutique) auf der Sendung von Nr. 1 bar bezahlt		108.–
3	Bankzahlung der Rechnung gemäss Nr. 1 unter Abzug von 2% Skonto		
4	Kleiderverkauf gegen bar inkl. MWST		1 080.–
5	Kreditkauf von zwei neuen Gestellen für die Präsentation der Waren, inkl. MWST		5 400.–
6	Gutschrift für 10% Rabatt wegen kleinerer Mängel an den Gestellen (vgl. Nr. 5)		
7	Aufnahme eines Bankdarlehens zur Finanzierung des Ladenumbaus von Fr. 20 000.– am 30. 4. 20_1. Zinsfuss 6%. Zinstermine halbjährlich am 30. 4. und am 31. 10., MWST?		20 000.–
8	Bankbelastung für Zinszahlung vom 31.10. auf Darlehen gemäss Nr. 7		
9	Bankzahlung für die Miete des Geschäftslokals, MWST?		6 000.–
10	Gutschrift für nachträglichen Umsatzbonus eines Lieferanten (es bestehen noch offene Rechnungen gegenüber dem Lieferanten)		756.–
11	Rechnung für den Service am Geschäftsauto		972.–
12	Mehrwertsteuer-Abrechnung für das zweite Quartal: ▷ Umsatzsteuer ▷ Vorsteuer		60 800.– 39 400.–
13	Banküberweisung der gemäss Nr. 12 geschuldeten Mehrwertsteuer		
14	Kauf eines neuen Geschäftsautos:		
	Grundpreis	25 000.–	
	+ Sonderzubehör	5 000.–	
	= **Bruttokaufpreis**	**30 000.–**	
	./. Rabatt 10%	– 3 000.–	
	= **Nettokaufpreis ohne MWST**	**27 000.–**	
	+ MWST 8%	2 160.–	
	= **Nettokaufpreis inkl. MWST**	**29 160.–**	
	./. Übergabe des bisherigen Geschäftsautos zum Buchwert von Fr. 7 000.– zuzüglich 8% MWST an Zahlungs statt	– 7 560.–	
	= **Rechnungsbetrag**	**21 600.–**	
15	Das Geschäftsauto von Nr. 14 wird um 40% des Buchwerts abgeschrieben		
16	Bankgutschrift für Zinsen auf dem Kontokorrent (Verrechnungssteuer auch buchen)		260.–
17	Korrekturbuchung Zunahme Warenvorrat		4 000.–

32.11

Von der Handelsunternehmung M. Leonforte sind die Eröffnungsbilanz sowie der summarisch zusammengefasste Geschäftsverkehr gegeben.

a) Führen Sie das Journal sowie das Hauptbuch, und erstellen Sie per Ende Jahr die Schlussbilanz und die Erfolgsrechnung.

Eröffnungsbilanz per 1. 1. 20_3

Aktiven		Passiven	
Bank	13 000	Kreditoren	24 000
Debitoren	50 000	Kreditor Umsatzsteuer	4 000
Warenvorrat	20 000	Eigenkapital	95 000
Einrichtungen	40 000		
	123 000		123 000

Journal 20_3

Nr.	Text	Sollbuchung	Habenbuchung	Betrag
1	Warenverkäufe auf Kredit, Fr. 486 000.– inkl. MWST 8,0%			
2	Bankzahlungen von Kunden, Fr. 480 000.–			
3	Wareneinkäufe auf Kredit, Fr. 313 200.– inkl. MWST 8,0%			
4	Bankzahlungen für Lohnaufwand inkl. Sozialleistungen, Fr. 72 000.–			
5	Rechnungen für übrigen Aufwand: ▷ Nettobetrag 36 500.– ▷ MWST 2 050.–			
6	Bankzahlungen an Kreditoren, Fr. 350 000.–			
7	Banküberweisung für Miete, Fr. 24 000.–			
8	Verrechnung der Vorsteuer mit der Umsatzsteuer			
9	Banküberweisungen für MWST-Schulden, Fr. 11 000.–			
10	Zunahme Warenvorrat gemäss Inventar, Fr. 5 000.–, MWST ?			
11	Abschreibung der Einrichtungen, 40% des Buchwerts			

b) Warum bestehen Anfang und Ende Jahr MWST-Schulden, obwohl die Konten Debitor Vorsteuer und Kreditor Umsatzsteuer jeweils auf Ende jedes Quartals miteinander verrechnet werden?

c) Wie lauten andere Bezeichnungen für Debitoren und Kreditoren?

Hauptbuch 20_3

Bank

Kreditoren

Warenaufwand

Warenertrag

Personalaufwand

Debitoren

Kreditor Umsatzsteuer

Mietaufwand

Abschreibungen

Debitor Vorsteuer

Eigenkapital

Übriger Aufwand

Warenvorrat

Erfolgsrechnung 20_3

Einrichtungen

Schlussbilanz 31. 12. 20_3

Mehrwertsteuer 32

32.12

Die Anwendung von **Saldosteuersätzen** ermöglicht kleineren Betrieben eine einfachere Steuerabrechnung. Hauptvorteil ist, dass die auf dem Umsatz anrechenbare Vorsteuer nicht ermittelt und verbucht werden muss.

a) Kreuzen Sie an, bis zu welchem Höchstumsatz nach Saldosteuersatzmethode abgerechnet werden darf:

☐ Fr. 2 008 000.– Umsatz ☐ Fr. 3 012 000.– Umsatz ☐ Fr. 5 020 000.– Umsatz

b) Kreuzen Sie an, welchen Höchstbetrag die Steuern nach Saldosteuersatzmethode jährlich nicht überschreiten dürfen:

☐ Fr. 43 000.– ☐ Fr. 65 000.– ☐ Fr. 109 000.–

c) Kreuzen Sie an, wie häufig nach Saldosteuersatzmethode mit der Steuerverwaltung abgerechnet werden muss:

☐ Vierteljährlich ☐ Halbjährlich ☐ Jährlich

d) Bei den Saldosteuersätzen handelt es sich um so genannte Multiplikatoren, d. h., der Gesamtumsatz inklusive Steuer entspricht 100% und ist mit dem massgebenden Saldosteuersatz zu multiplizieren.

Berechnen Sie für die aufgeführten Betriebe die fehlenden Grössen:

Nr.	Betriebsart	Umsatz inkl. MWST	Saldo-steuersatz	Abzuliefernde MWST
1	Lebensmittelhändler	2 400 650.–	0,6%	
2	Drogerie	1 275 400.–	1,3%	
3	Damen- und Herrenkonfektion	890 350.–		18 697.35
4	Möbelgeschäft		2,1%	34 524.–
5	Velo- und Motogeschäft (Handel und Reparaturen)	767 200.–	1,3%	
6	Autooccasionshändler		0,6%	5 535.60
7	Plattenleger	278 600.–		12 258.40
8	Car- und Transportunternehmen	567 450.–		24 967.80
9	Fitnesscenter	396 800.–	4,4%	
10	Fotograf		5,2%	9 165.–
11	Nachtclub	413 900.–		21 522.80
12	Softwarehersteller	321 800.–	6,1%	

e) Weshalb ist der Saldosteuersatz beim Lebensmittelhändler geringer als beim Softwarehersteller?

Datum	Geschäftsverkehr	
Div.	Honorarrechnungen	
	Nettopreis	330 00
	+ MWST 8,0%	26 40
	Rechnungen	356 40
10. 6.	Mobiliarkauf	
	Kaufpreis	30 00
	+ MWST 8,0%	2 40
	Rechnung	32 40
20. 6.	Energierechnungen	
	Nettobetrag	2 50
	+ MWST 8,0%	20
	Rechnung	2 70
30. 6.	MWST-Abrechnung	
	MWST 5,2% vom Honorarumsatz von 356 400.–	
2. 7.	Postüberweisung der geschuldeten MWST	
	(Provisorischer) Saldo	

Mehrwertsteuer

32.13

Die Werbeagentur Promotion erzielt im ersten Halbjahr 20_3 einen Umsatz von Fr. 356 400.– inklusive Mehrwertsteuer. Gegenüber den Kunden rechnet sie die MWST mit 8,0% ab, gegenüber der Steuerverwaltung hingegen nur zum bewilligten **Saldosteuersatz von 5,2%.** (Der Einfachheit halber werden die MWST-Beträge auf ganze Franken gerundet.)

Verbuchen Sie den Geschäftsverkehr gemäss den folgenden Angaben.

...hung	Haben	Betrag	Kreditor Umsatzsteuer	Honorarertrag

32.14

Von der Bootswerft Windrose, Reparaturen, Überwinterung und Handel mit Gebrauchtyachten, liegen folgende zusammengefassten Umsätze zum ersten Halbjahr 20_4 vor. Alle Umsätze werden auf Kredit getätigt und verstehen sich inklusive MWST. Der bewilligte Saldosteuersatz beträgt 4,4%.

1. Einkauf Ersatzteile	Fr. 35 740.–
2. Kauf von 2 Occasionssegelyachten	Fr. 76 560.–
3. Kauf eines hydraulischen Hebekrans	Fr. 24 168.–
4. Rechnungen für übrigen Betriebsaufwand	Fr. 3 850.–
5. Ertrag aus Bootsverkauf	Fr. 123 680.–
6. Ertrag aus Service- und Reparaturleistungen	Fr. 530 210.–
7. Gewährte Skonti und Rabatte auf Service- und Reparaturleistungen	Fr. 8 320.–

Die Umsätze sind im Journal zu verbuchen, und die MWST ist auf den 30. 6. 20_4 abzurechnen und durch die Post zu überweisen. (Der Einfachheit halber sind die MWST-Beträge auf ganze Franken zu runden.)

Es stehen folgende Konten zur Verfügung:

Aktiven	Passiven	Aufwand	Ertrag
Post	Kreditoren	Bootsaufwand	Verkaufs- und Reparaturertrag
Debitoren	Kreditor Umsatzsteuer	Übriger Aufwand	
Ersatzteillager			
Occasionsboote			
Einrichtungen			

Journal

Nr.	Geschäftsverkehr
1	
2	
3	
4	
5	
6	
7	
8	MWST-Abrechnung
9	Postüberweisung der geschuldeten MWST
	Saldo

Mehrwertsteuer — Aufgabe 14

chung	Haben	Betrag	Kreditor Umsatzsteuer	Verkaufs- und Reparaturertrag

Mehrwertsteuer

32.15

Die folgenden Geschäftsfälle der Koch GmbH, Rüti, Musikinstrumente, sind mithilfe der Kontierungsstempel zu verbuchen Anstelle der textlichen Kontenbezeichnungen sind die Kontennummern gemäss Kontenrahmen KMU im Anhang zu verwenden. Die Mehrwertsteuer ist nach der effektiven Abrechnungsmethode zu erfassen (keine Saldosteuersätze).

a) Rechnung an Kunde P. Hochmann, Wetzikon, für den Verkauf von Musikinstrumenten, Fr. 2 160.– inkl. 8% MWST

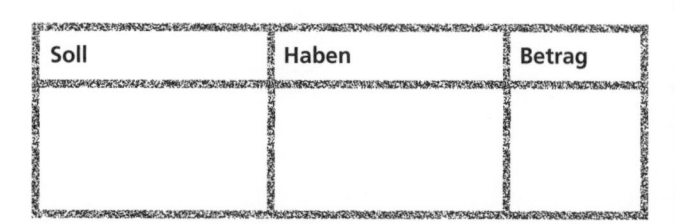

Soll	Haben	Betrag

b) Gutschrift an Kunde P. Hochmann, Wetzikon, für die Rücksendung mangelhafter Ware, Fr. 270.– inkl. 8% MWST

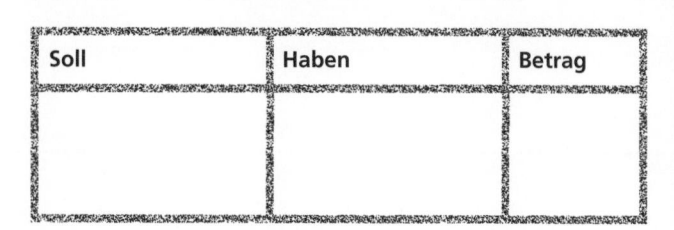

Soll	Haben	Betrag

c) Bankzahlung des Restbetrags aus den Geschäftsfällen a) und b) durch Kunde P. Hochmann, Wetzikon, unter Abzug von 2% Skonto.

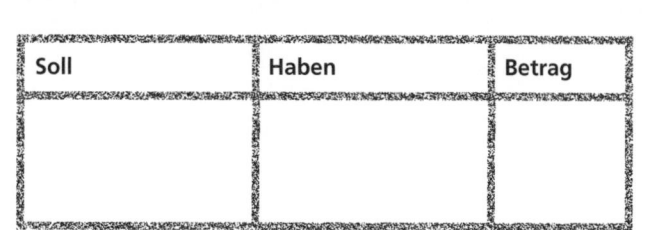

Soll	Haben	Betrag

d) Einkauf von Musikinstrumenten auf Kredit bei Musicimport, Zürich, für Fr. 25 650.– inkl. 8% MWST

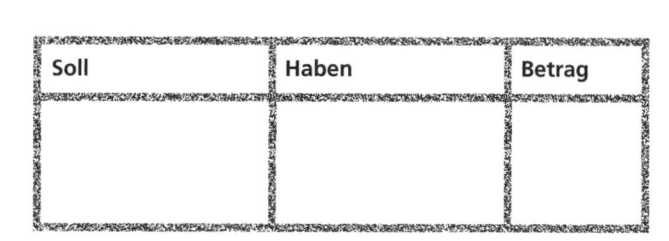

Soll	Haben	Betrag

e) Gutschriftsanzeige der Bank für Kontokorrentzinsen Fr. 117.– (Verrechnungssteuer auch buchen)

Soll	Haben	Betrag

32.16

Damit die steuerpflichtige Person den Vorsteuerabzug problemlos geltend machen kann, sollten gemäss MWSTG Art. 26 Abs. 2 die ausgestellten Rechnungen folgende Angaben enthalten:

> a) den Namen und den Ort des Leistungserbringers oder der Leistungserbringerin, wie er oder sie im Geschäftsverkehr auftritt, sowie die Nummer, unter der er oder sie im Register der steuerpflichtigen Personen eingetragen ist;
>
> b) den Namen und den Ort des Leistungsempfängers oder der Leistungsempfängerin, wie er oder sie im Geschäftsverkehr auftritt[①];
>
> c) Datum oder Zeitraum der Leistungserbringung, soweit diese nicht mit dem Rechnungsdatum übereinstimmen;
>
> d) Art, Gegenstand und Umfang der Leistung;
>
> e) das Entgelt für die Leistung;
>
> f) den anwendbaren Steuersatz und den vom Entgelt geschuldeten Steuerbetrag; schliesst das Entgelt die Steuer ein, so genügt die Angabe des anwendbaren Steuersatzes.

Ein Aussendienstmitarbeiter der Phoenix AG hat geschäftsbedingt im Gasthof Löwen übernachtet und die Rechnung des Hotels mit seiner privaten Kreditkarte bezahlt. Im Rahmen seiner Spesenabrechnung übergibt er seinem Arbeitgeber den auf der rechten Seite abgebildeten Beleg.

a) Welche Angaben fehlen auf dem Beleg?

b) Wie würden Sie den Beleg verbuchen, wenn er vollständig wäre und der Spesenbetrag dem Mitarbeiter bar ausbezahlt würde? (Der Kontierungsstempel ist von der Buchhaltung der Phoenix AG bereits angebracht.)

GASTHOF LÖWEN

Bergstrasse 27
8704 Herrliberg

Telefon +411-822-5050
Fax +411-822-5055

| 1 Übernachtung mit Frühstück | Fr. 155.70 (inkl. MWST) |

Soll	Haben	Betrag
Beleg Nr.	Visum	

Bankverbindung:
ZKB, Filiale Herrliberg, Konto 1133-0730.240

[①] Bei Kassenzetteln wie Coupons von Registrierkassen oder Tickets für Parkhäuser bis Fr. 400.– kann im Sinne einer Vereinfachung auf die Angabe von Name und Adresse des Leistungsempfängers verzichtet werden.

32.17

Das Sporthaus Matterhorn hat die Ein- und Verkäufe für die Monate Januar und Februar 20_2 bereits nach der effektiven Abrechnungsmethode verbucht. Für die MWST werden die beiden Konten Debitor Vorsteuer 8,0% und Kreditor Umsatzsteuer 8,0% geführt. Die übrigen Konten können Sie frei wählen.

a) Verbuchen Sie die folgenden Geschäftsfälle:

18. 3.	Krediteinkauf von Kleidern und Schuhen	Fr. 187 920.–	inklusive MWST
21. 3.	Barverkauf von Sportkleidern	Fr. 140 400.–	inklusive MWST
26. 3.	Barkauf eines neuen Verkaufskorpusses	Fr. 4 860.–	inklusive MWST
28. 3.	Barverkauf Sportkleider	Fr. 24 840.–	inklusive MWST
30. 3.	Einkauf von Tauchgeräten auf Kredit	Fr. 9 180.–	inklusive MWST
31. 3.	Verrechnung von Vorsteuer mit Umsatzsteuer		
4. 5.	Postüberweisung der geschuldeten MWST		

b) Wie hoch wäre die abzuliefernde MWST, wenn im Sportgeschäft Matterhorn mit einem Saldosteuersatz von 2,1% abgerechnet würde?

Journal

Datum	Geschäftsverkehr
Div. 18. 3.	Verkehr Januar und Februar
21. 3.	
26. 3.	
28. 3.	
30. 3.	
31. 3.	
4. 5.	
	Total

Mehrwertsteuer · Aufgabe 17

.hung	Haben	Betrag	Debitor Vorsteuer		Kreditor Umsatzsteuer	
rse			21 653			53 947

32.18

Gärtnermeister M. Schwaiger rechnet die Mehrwertsteuer nach der Saldosteuersatzmethode ab. Die Saldosteuersätze betragen:
▷ 4,4% für Gartenbauleistungen
▷ 0,6% für separat fakturierte Pflanzenlieferungen

Für das erste Halbjahr 20_3 liegen folgende Zahlen aus der Buchhaltung vor:
▷ Lieferantenrechnungen für den Kauf von Pflanzen, Fr. 24 600 inkl. 2,5% MWST
▷ Lieferantenrechnung für den Kauf einer Motorsense, Fr. 864 inkl. 8% MWST
▷ Barkäufe von Dünger und Saatgut, Fr. 1 845 inkl. 2,5% MWST
▷ Rechnungen für Diverses wie Werbung, Telefon, Benzin, Fr. 1 728 inkl. 8% MWST
▷ Kundenrechnungen für Gartenbauleistungen, Fr. 183 600 inkl. 8% MWST
▷ Kundenrechnungen für Pflanzenlieferungen, Fr. 30 750 inkl. 2,5% MWST

a) Wie viel beträgt die für das erste Halbjahr 20_3 abzuliefernde MWST?

b) Wie hoch wäre die geschuldete MWST für die ersten beiden Quartale 20_3 nach der effektiven Abrechnungsmethode?

32.19

Die Autospenglerei A. Rüdisüli rechnet die Mehrwertsteuer mit einem Saldosteuersatz von 4,4% ab.

Über das vergangene Geschäftsjahr 20_8 sind folgende Grössen (alle inkl. MWST) bekannt:

Kundenrechnung für Reparaturen	324 000
Lieferantenrechnungen für Material	75 600
Zahlungen für Löhne inkl. Sozialleistungen	183 600
Zahlungen für Raumaufwand	25 920
Rechnungen Dritter für Unterhalt und Reparaturen an Einrichtungen	12 960
Rechnungen für Energieverbrauch	4 104
Rechnungen für Werbung	1 188
Bankbelastungen für Zinsen	2 592
Abschreibungen	12 960

a) Wie gross ist die abzuliefernde MWST im Geschäftsjahr 20_8?

b) Wie hoch wäre die zu entrichtende MWST mit der effektiven Abrechnungsmethode gewesen?

c) Bei welchem Personalaufwand kann A. Rüdisüli gerade noch schwarze Zahlen schreiben (Abrechnung nach effektiver Methode)?

Mehrwertsteuer

32.20

Trennen Sie die Lernkarten entlang der Perforation, und üben Sie anschliessend die verschiedenen Begriffe und Fragen. Die grauen Vorderseiten enthalten als Aufgabenstellung die Fragen, die roten Rückseiten die Lösung.

Kreditkauf einer Maschine für 1080 inkl. MWST, 8,0%.

Wie lauten die Buchungen?

Auf einem Warenverkauf von 1080 inkl. 8% MWST wird nachträglich ein Rabatt von 10% gewährt.

Wie lauten die Buchungen beim Lieferanten?

Kreditwareneinkauf 1080 inkl. MWST 8,0%.

Wie lauten die Buchungen?

Kreditwarenverkauf 1080 inkl. MWST 8,0%

Wie lauten die Buchungen?

Der Verkaufsumsatz beträgt 432 000 inkl. 8% MWST.

Wie viel beträgt die geschuldete MWST bei einem Saldosteuersatz von 3,9%?

Die MWST-Abrechnung ergibt eine Vorsteuer von 800 und eine Umsatzsteuer von 1900.

Wie lautet die Buchung für die Verrechnung von Vorsteuer und Umsatzsteuer?

Banküberweisung für die geschuldete MWST von 1100.

Wie lautet die Buchung?

Wie werden von Kunden abgezogene Skonti und nachträglich gewährte Rabatte sowie Debitorenverluste bei der MWST-Abrechnung nach **vereinbartem** Entgelt berücksichtigt?

Wie werden von Kunden abgezogene Skonti und nachträglich gewährte Rabatte sowie Debitorenverluste bei der MWST-Abrechnung nach **vereinnahmtem** Entgelt berücksichtigt?

Worin besteht der Hauptunterschied zwischen von der MWST befreiten und von der MWST ausgenommenen Umsätzen?

Welche Umsätze sind von der MWST ausgenommen? Ankreuzen.

☐ Versicherungsprämien
☐ Nahrungsmittel
☐ Wohnungsmiete
☐ Energieverbrauch
☐ Exporte

Weshalb ist die MWST-Abrechnung mittels Saldosteuersätzen bei kleineren Unternehmungen beliebt?

Ins Ausland auf Kredit verkaufte Waren im Fakturawert von 1000 werden zurückgenommen.

Wie wird dieser Geschäftsfall verbucht?

Mangelhafte Ware im Einstandswert von 540 wird an den Lieferanten zurückgeschickt.

Wie lautet die Buchung, wenn die Ware auf Kredit bezogen wurde und die MWST 8,0% beträgt?

Woher rührt der Name Mehrwertsteuer?

Mehrwertsteuer — Aufgabe 20

Warenaufwand/Kreditoren 1 000 Debitor Vorsteuer/Kreditoren 80	Warenertrag/Debitoren 100 Kreditor Umsatzsteuer/Debitoren 8	Maschinen/Kreditoren 1 000 Debitor Vorsteuer/Kreditoren 80
Kreditor Umsatzsteuer/ Debitor Vorsteuer 800	3,9% von 432 000 = 16 848	Debitoren/Warenertrag 1 000 Debitoren/ Kreditor Umsatzsteuer 80
Da die MWST-Abrechnung aufgrund der effektiv eingegangenen Zahlungen erfolgt, sind diese Entgeltsminderungen bereits berücksichtigt.	Entgeltsminderungen bei Abrechnung nach vereinbartem Entgelt wie Skonti, Rabatte und Debitorenverluste können in der MWST-Abrechnung abgezogen werden.	Kreditor Umsatzsteuer/Bank 1 100
Der administrative Aufwand ist geringer, weil keine Vorsteuern zu buchen sind und die MWST-Abrechnung nur halbjährlich erstellt werden muss.	[x] Versicherungsprämien [ ] Nahrungsmittel [x] Wohnungsmiete [ ] Energieverbrauch [ ] Exporte	Bei von der Steuer ausgenommenen Umsätzen kann kein Vorsteuerabzug geltend gemacht werden.
Die Steuer wird nur auf dem von einer Unternehmung geschaffenen Mehrwert erhoben.	Kreditoren/Warenaufwand 500 Kreditoren/Debitor Vorsteuer 40	Warenertrag/Debitoren 1 000

Kalkulation im Handel

33.01

Von der Boutique Véronique in Genf liegt die folgende Erfolgsrechnung vor:

Erfolgsrechnung für 20_2

Nettoerlös			**528 000**
./. Warenaufwand			– 200 000
= **Bruttogewinn**			**328 000**
./. Gemeinaufwand			
▷ Personalaufwand		– 190 000	
▷ Raumaufwand		– 72 000	
▷ Übriger Aufwand		– 18 000	– 280 000
= **Reingewinn**			**48 000**

a) Setzen Sie im Kalkulationsschema die fehlenden Grössen aus der Erfolgsrechnung ein. Die Grössenverhältnisse sind nicht massstabgetreu.

Kalkulation im Handel · 33 · Aufgabe 01

b) Errechnen Sie die Zuschlagssätze aufgrund der Gesamtkalkulation, und bestimmen Sie den Preis für ein neues Sommerkleid mit einem Einstandspreis von Fr. 100.–.

Gesamtkalkulation		Gemein-kosten-Zuschlag	Reingewinn-Zuschlag	Brutto-gewinn-Zuschlag	Einzelkalkulation Kleid
Einstandswert		100%		100%	
+ Gemeinkosten					
= Selbstkosten			100%		
+ Reingewinn					
= Nettoerlös					

c) Wie lauten die Berechnungsformeln in Worten?

Gemeinkostenzuschlag = _____

Reingewinnzuschlag = _____

Bruttogewinnzuschlag = _____

Bruttogewinnmarge (Bruttogewinnquote) = _____

d) Zu welchem Preis wird das Sommerkleid im Laden angeschrieben, wenn im Verkaufspreis die Mehrwertsteuer von 8,0% eingerechnet ist?

e) Weshalb werden die in der Kalkulation zu addierenden Prozentsätze Zuschlagssätze genannt?

f) Worin unterscheidet sich die Bruttogewinnmarge vom Bruttogewinnzuschlag?

g) Ist die Mehrwertsteuer grundsätzlich als Zuschlagssatz oder als Marge zu behandeln?

Kalkulation im Handel

33.02

Vom Yachtshop in Arbon liegt die folgende Erfolgsrechnung vor:

Erfolgsrechnung für 20_1

Nettoerlös		1 100 000
./. Warenaufwand		– 500 000
= **Bruttogewinn**		600 000
./. Gemeinaufwand		
▷ Personalaufwand	– 350 000	
▷ Raumaufwand	– 48 000	
▷ Übriger Aufwand	– 102 000	– 500 000
= **Reingewinn**		100 000

a) Vervollständigen Sie das Kalkulationsschema mit dem passenden Text, und fügen Sie die Zahlen aus der Erfolgsrechnung ein.

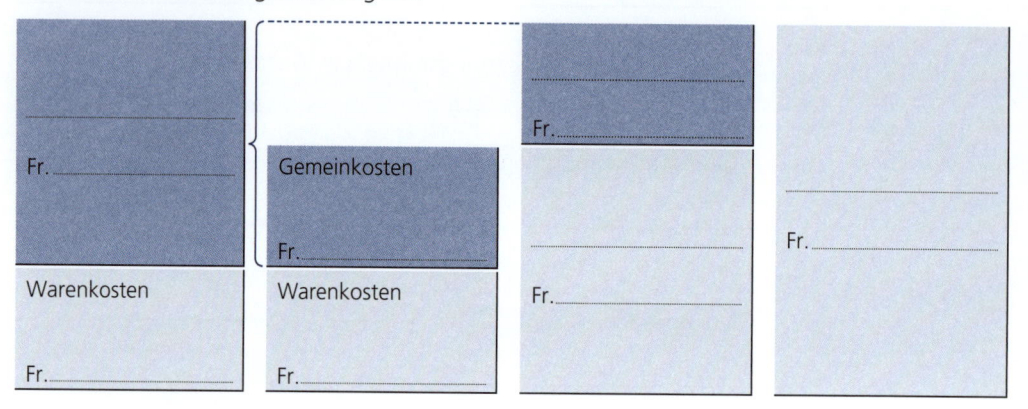

b) Ermitteln Sie aufgrund des Kalkulationsschemas die Zuschlagssätze in Worten und Zahlen:

- Bruttogewinnzuschlag _____ _____ %
- Gemeinkostenzuschlag _____ _____ %
- Reingewinnzuschlag _____ _____ %

Kalkulation im Handel — 33 — Aufgabe 02

c) Berechnen Sie mithilfe der Zuschlagssätze den Verkaufspreis für einen Ölanzug, dessen Einstandpreis Fr. 80.– beträgt.

Variante 1

Einstandpreis	Fr. 80.–	100%	
+ Gemeinkosten	Fr. _____	_____	
= _____	Fr. _____		100%
+ _____	Fr. _____		_____
= Verkaufspreis ohne MWST	Fr. _____		_____

Variante 2

Einstandpreis	Fr. 80.–	100%	
+ _____	Fr. _____	_____	
= Verkaufspreis ohne MWST	Fr. _____	_____	

d) Zu welchem Preis wird der Ölanzug im Laden angeschrieben, wenn im Verkaufspreis die Mehrwertsteuer von 8,0% eingerechnet ist?

e) Wie hoch ist die Bruttogewinnmarge (Bruttogewinnquote)?

f) Handelt es sich bei der unter d) errechneten Mehrwertsteuer um eine Vorsteuer oder um eine Umsatzsteuer? Begründen Sie Ihre Antwort.

33.03

Von der Loewe SA sind folgende Daten bekannt:

Bruttogewinn vom Einstand (Bruttogewinnzuschlag)	75%
Reingewinn von den Selbstkosten (Reingewinnzuschlag)	25%

a) Wie viele Prozente des Nettoerlöses beträgt der Reingewinn?

b) Wie gross ist der erzielte Umsatz (Nettoerlös), wenn die Gemeinkosten Fr. 120 000.– betragen?

c) Bei welchem Warenaufwand beträgt der Reingewinn 15 000.–, wenn die Gemeinkosten gegenüber b) gleich bleiben?

Kalkulation im Handel

33.04

Der Einstandspreis einer Bello-Matratze kommt die Minder & Co. auf Fr. 200.– zu stehen.

Aufgrund der Gesamtkalkulation betragen der Gemeinkostenzuschlag 50% und der Reingewinnzuschlag 20%. Im Verkaufspreis sind 2% Skonto und 10% Abholrabatt einzurechnen. Die Mehrwertsteuer auf Matratzen beträgt 8,0%.

a) Errechnen Sie mithilfe des Kalkulationsschemas den Bruttoverkaufspreis inklusive MWST (auf Rappen genau).

Einzelkalkulation

		Fr.		%		%
	Einstandspreis	Fr.		%		
+	Gemeinkosten	Fr.		%		
=	Selbstkosten	Fr.		%		%
+	Reingewinn	Fr.				%
=	Nettoerlös	Fr.		%		%
+	Skonto	Fr.		%		
=	Rechnungsbetrag	Fr.		%		%
+	Abholrabatt	Fr.				%
=	Bruttoverkaufspreis ohne MWST	Fr.				%
+	MWST	Fr.				%
=	Bruttoverkaufspreis mit MWST	Fr.				%

b) Wie gross ist der Bruttogewinn in Franken und in Prozenten des Einstandspreises?

c) Weshalb wird hier von einer aufbauenden Kalkulation gesprochen?

d) Weshalb entspricht der Bruttogewinnzuschlag nicht der Summe aus Gemeinkosten- und Reingewinnzuschlag?

e) Weshalb ist der Bruttogewinn eine zentrale Grösse in der Handelskalkulation?

f) Welchem Begriff in der obigen Darstellung entspricht der Listenpreis?

33.05

Verbinden Sie die Berechnungen auf der linken Seite mit den entsprechenden Kalkulationsbegriffen auf der rechten Seite.

Warenaufw. (Einstandswert) + Gemeinkosten	Bruttogewinn
Selbstkosten + Reingewinn	Reingewinnzuschlag
Gemeinkosten + Reingewinn	Nettoerlös
Bruttogewinn ./. Gemeinkosten	Selbstkosten
Reingewinn in Prozenten der Selbstkosten	Reingewinn
Selbstkosten ./. Warenaufw. (Einstandswert)	Warenaufwand (Einstandswert)
Bruttogewinn in Prozenten des Warenaufwandes	Gemeinkostenzuschlag
Selbstkosten ./. Gemeinkosten	Gemeinkosten
Gemeinkosten in Prozenten des Warenaufwandes	Bruttogewinnzuschlag
Nettoerlös + Skonto	Bruttogewinnquote
Rechnungsbetrag + Rabatt	Bruttoverkaufspreis
Bruttogewinn in Prozenten des Nettoerlöses	Rechnungsbetrag

33.06
Ermitteln Sie die fehlenden Grössen:

Aufgabe	Nettoerlös (Zahlung)	Skonto	Rechnungsbetrag	Rabatt	Listenpreis (Bruttoverkaufspreis)
a)		3%		10%	2 800.–
b)	490.–	2%		20%	
c)	665.–		700.–	12½%	
d)	177.30	1½%			240.–
e)		2½%	400.–		480.–

33.07
Berechnen Sie anhand der folgenden Grössen den Listen- oder Bruttoverkaufspreis. (Resultate auf 5 Rp. runden.)

	a)	b)	c)	d)	e)
Nettoerlös	7 425.–	2 058.–	3 710.25	1 477.50	418.–
Skonto	1%	2%	3%	1½%	5%
Rabatt	25%	12½%	10%	16⅔%	20%

33.08
Berechnen Sie anhand der folgenden Grössen den Nettoerlös. (Resultate auf 5 Rp. runden.)

	a)	b)	c)	d)	e)
Bruttokreditverkaufspreis	5 000.–	900.–	1 600.–	6 000.–	5 400.–
Rabatt	20%	10%	12½%	25%	16⅔%
Skonto	2%	3%	5%	2%	1%

33.09
Grossist L. Gruber kalkuliert seine Katalogpreise wie folgt:

▷ Verkaufssonderkosten 5% vom Nettoerlös
▷ Skonto 2%
▷ Wiederverkaufsrabatt 33⅓%

a) Wie gross ist der Gesamtzuschlag in Prozenten des Nettoerlöses? (Ergebnis auf 2 Dez. runden.)
b) Wie gross ist der Gesamtzuschlag in Prozenten des Katalogpreises? (Ergebnis auf 2 Dez. runden.)
c) Wie hoch ist der Katalogpreis für einen Artikel, dessen Nettoerlös Fr. 150.– beträgt? (Ergebnis auf 5 Rp. runden.)

Kalkulation im Handel

33.10

Ergänzen Sie die folgende Tabelle mit den fehlenden Grössen.

	Einstands-preis	Gemeinkosten in Fr.	Gemeinkosten in % des Ein-standes	Selbst-kosten	Reingewinn in Fr.	Reingewinn in % der Selbst-kosten	Nettoerlös	Bruttogewinn in Fr.	Bruttogewinn in % des Ein-standes
a)	4 000.–	1 200.–			650.–				
b)	1 600.–			3 200.–			3 600.–		
c)	150.–				90.–			210.–	
d)			50%	750.–		20%			
e)			66⅔%	350.–			315.–		
f)					400.–			800.–	40%
g)				48.–		12½%		18.–	
h)	3 500.–			8 400.–	– 2 100.–				
i)		225.–		375.–			450.–		
k)	180.–		200%						250%
l)		300.–	100%		– 180.–				
m)①			66⅔%			20%		396.–	

33.11

Berechnen Sie aus den folgenden Angaben eines Velohändlers den Einstandspreis, den Netto-erlös und den Reingewinnzuschlag für ein Mountainbike:

Bruttogewinnzuschlag	60%
Gemeinkostenzuschlag	50%
Reingewinn	Fr. 80.–

① Die Aufgabe ist richtig gestellt. Versuchen Sie es mit einer Gleichung, oder konsultieren Sie Ihren Lehrer.

33.12

Kreuzen Sie die Aussagen als richtig an, oder begründen Sie, weshalb diese falsch sind.

Nr.	Aussage	Richtig	Aussage ist falsch, weil…
1	Unter Kalkulation versteht man vor allem das Errechnen der Selbstkosten und des Nettoerlöses.		
2	Die Zuschlagssätze lassen sich aus der Einzelkalkulation ableiten.		
3	Kosten und Erlöse sind Begriffe aus der Kalkulation, Aufwand und Ertrag aus der Finanzbuchhaltung.		
4	In der Einzelkalkulation werden nur die Kosten für einen Artikel oder eine Leistung erfasst.		
5	Wird vom grossen zum kleinen Wert gerechnet, spricht man von aufbauender Kalkulation.		
6	Der Einstandswert der verkauften Waren entspricht dem Warenaufwand.		
7	Die Bruttogewinnmarge ist ein Synonym für Bruttogewinnzuschlag.		
8	Die aufbauende Einzelkalkulation kommt v.a. bei Waren ohne Marktpreis zur Anwendung.		
9	Die wichtigsten Gemeinkosten sind die Waren-, Personal-, Raum- und Abschreibungskosten.		
10	Der Bruttogewinnzuschlag ergibt sich aus der Addition von Gemeinkosten- und Reingewinnzuschlag		
11	Im Nettoerlös ist die MWST noch nicht eingerechnet.		
12	Wird ein Rabatt gewährt, vermindert sich auch die abzuliefernde MWST um denselben Prozentsatz.		
13	Häufig wird der Nettoerlös auch als Verkaufsumsatz bezeichnet.		

33.13

Das Notebook-Center möchte mit einem speziellen Angebot von günstigen Schüler-Notebooks die Konkurrenz hinter sich lassen. Dies ist jedoch nur möglich, wenn es gelingt, die Notebooks im Laden zu höchstens Fr. 1200.– anzubieten. Zu diesem Zweck wird ein Angebot eines Notebook-Herstellers aus Taiwan geprüft, der zu folgenden Bedingungen offeriert:

Listenpreis des Herstellers (umgerechnet in CHF)	850.–
Mengenrabatt ab 50 Stück	10%
Skonto bei Sofortzahlung	3%

Abklärungen haben ergeben, dass die Bezugskosten beim Bezug von 50 Stück mit 12% des Zahlungsbetrages an den Lieferanten veranschlagt werden müssen.

Das Notebook-Center rechnet mit einem Bruttogewinnzuschlag von 30%. An Schüler und Studenten soll ein Spezialrabatt von 5% gewährt werden.

a) Ermitteln Sie aufgrund der obigen Angaben den Verkaufspreis inklusive MWST für ein einzelnes Notebook:

	Listenpreis des Lieferanten	Fr. 850.00	100%		
./.	Mengenrabatt	Fr. 85.00	10%		
=	Rechnungsbetrag des Lieferanten	Fr. 765.00	90%	100%	
./.	Skonto	Fr. 22.95		3%	
	Zahlung an den Lieferanten	Fr. 742.05		97%	100%
+	Bezugskosten	Fr. 89.05			12%
=	Einstandspreis	Fr. 831.10			112%
+	Bruttogewinn	Fr. 249.33			30%
=	Nettoerlös	Fr. 1080.43			95%
+	Spezialrabatt	Fr. 56.87			5%
=	Bruttoverkaufspreis ohne MWST	Fr. 1137.30			100%
+	MWST	Fr. 87.57			7.7%
=	Bruttoverkaufspreis mit MWST	Fr. 1224.87			107.7%

b) Die Konkurrenz plant ebenfalls ein Billigangebot unter Fr. 1200.–.

Wie hoch darf der Listenpreis des taiwanesischen Herstellers höchstens sein, wenn das Notebook-Center bei gleichen Einkaufsbedingungen wie bei a) einen Nettoerlös von maximal Fr. 1000.– anstrebt?

33.14

Der Grossist M. Arnold kalkuliert mit folgenden Prozentsätzen für seine technischen Produkte:

Gemeinkosten vom Einstandspreis (Gemeinkostenzuschlag)	30%
Reingewinn von den Selbstkosten (Reingewinnzuschlag)	10%
Skonto	2%
Wiederverkaufsrabatt	40%

a) Wie gross ist der Gesamtzuschlag in Prozenten des Einstandspreises?

b) Wie gross ist der Listenpreis eines Artikels (ohne MWST) mit einem Einstandspreis von Fr. 40.–?

c) Wie gross ist der Einstandspreis eines Artikels, der im Verkaufskatalog von M. Arnold für Fr. 89.– angeboten wird?

33.15

Aus der Erfolgsrechnung eines Handelsunternehmens können folgende Prozentsätze entnommen werden:

Bruttogewinn vom Einstand (Bruttogewinnzuschlag)	50%
Reingewinn vom Nettoerlös (Reingewinnmarge)	20%

a) Wie viele Prozente der Selbstkosten beträgt der Reingewinn?

b) Wie gross ist der erzielte Umsatz, wenn die Gemeinkosten Fr. 146 300.– betragen?

c) Bei welchem Warenaufwand beträgt der Reingewinn Fr. 50 000.–, wenn die Gemeinkosten gegenüber b) gleich bleiben?

33.16

Die Christ GmbH handelt mit Modeschmuck. Aus der letzten Jahresrechnung können folgende Zahlen entnommen werden:

Warenaufwand	Fr. 720 000.–
Bruttogewinnmarge	60%
Reingewinn von den Selbstkosten	20%

a) Wie gross sind die Gemeinkosten bei der Christ GmbH?

b) Wie gross ist der Bruttogewinnzuschlag?

c) Im neuen Jahr wird mit einer Zunahme der Gemeinkosten von 10% gerechnet. Bei welchem Verkaufsumsatz kann der gleiche Reingewinn wie im Vorjahr erzielt werden, gleiche Bruttogewinnmarge vorausgesetzt?

33.17

Die Geiger & Co. kauft Autozubehör in Italien ein und muss mit durchschnittlich 10% Bezugskosten auf dem Ankaufspreis beim Lieferanten rechnen.

a) Wie hoch ist der Einstandspreis in CHF für eine Sendung Nardi-Steuerräder, wenn dem Lieferanten EUR 1350.– überwiesen werden? Kurs 1.25.

b) Wie hoch ist der Verkaufspreis inklusive MWST von 8,0% für ein Steuerrad mit Fr. 90.– Einstandspreis, wenn die Geiger & Co. mit einem Bruttogewinnzuschlag von 50% rechnet und ein Stammkundenrabatt von 10% im Verkaufspreis einkalkuliert wird?

c) Mit welchem Gesamtzuschlag in Prozenten kann die Geiger & Co. direkt vom Einstandspreis auf den Verkaufspreis inklusive MWST schliessen?

d) Wie hoch ist der Einstandspreis einer Alarmanlage, die im Laden mit Fr. 180.– angeschrieben ist?

33.18

Ein Pferdehändler verkauft zwei Reitpferde zu Fr. 24 000.–. Das eine Pferd bringt ihm einen Verlust von 20% der Selbstkosten, das andere einen Gewinn von 20% der Selbstkosten.

Hat der Pferdehändler durch diesen Verkauf gesamthaft einen Gewinn oder einen Verlust erzielt? Begründen Sie Ihre Antwort zahlenmässig.

33.19

Aus der Buchhaltung eines Händlers für Elektrozubehör sind die folgenden Daten bekannt:

Gemeinkosten	Fr. 134 700.–
Warenaufwand	Fr. 449 000.–
Nettoerlös	Fr. 671 255.–

a) Erstellen Sie die Gesamtkalkulation, und berechnen Sie die Zuschlagssätze für die Gemeinkosten, den Reingewinn und den Bruttogewinn.

b) Wie hoch sind die Selbstkosten für einen Transformator, dessen Ankaufspreis beim Lieferanten pro Stück Fr. 21.50 beträgt? Der Transformator ist in Kisten zu 10 Stück verpackt, die Transportkosten belaufen sich auf Fr. 33.– pro Kiste.

c) Wie hoch ist der Listenpreis inklusive MWST von 8,0% für einen Transformator?

Kalkulation im Handel 33

33.20

Die Wein-Import AG gewährt ihren Kunden bei Barzahlung einen Skonto von 2%. Sie verrechnet keine Versandkosten, belohnt jedoch die Käufer mit einem Rabatt von 10%, wenn sie die Flaschen selber abholen. Nun plant sie eine besondere Verkaufsaktion mit einem kalifornischen Cabernet Sauvignon, der ausgezeichnet zu allen Fleischgerichten schmeckt. Zudem besticht er durch einen kräftigen Körper und ist lang anhaltend im Abgang.

a) Wie hoch ist der Listenpreis inklusive MWST einer Flasche dieses Cabernets, wenn die Wein-Import AG einen Nettoerlös von Fr. 9.80 erzielen will?

b) Wie viel zahlt Kunde A. Rollin für 2 Kartons à 6 Flaschen, wenn er sich die Flaschen nach Hause schicken lässt und die Lieferung nach 30 Tagen durch Banküberweisung begleicht?

c) Wie viel Prozent günstiger kommt eine Flasche Wein zu stehen, wenn sie selber abgeholt und bar bezahlt wird? (Resultat auf 2 Dezimalen runden)

d) In der Tageszeitung entdecken Sie ein Inserat eines Grossverteilers, der dieselbe Flasche Wein desselben Herstellers als Aktion anbietet: Beim Kauf eines Kartons à 6 Flaschen werden nur 5 Flaschen verrechnet.
Welchem Aktionsrabatt in Prozenten entspricht dies?

33.21

Von einer Handelsunternehmung sind folgende Daten bekannt:

Bruttogewinn vom Einstand (Bruttogewinnzuschlag)	90%
Gemeinkosten vom Einstand	70%

Wie gross sind Einstandswert und erzielter Umsatz, wenn die Gemeinkosten Fr. 142 100.– betragen?

33.22

Ein Grossist kalkuliert mit folgenden Prozentsätzen:

Gemeinkosten vom Einstandspreis	60%
Reingewinn von den Selbstkosten	20%
Skonto	4%
Wiederverkaufsrabatt	33⅓%

Wie gross ist der Listenpreis eines Artikels bei einem Einstandspreis von Fr. 50.–?

33.23

Händler P. Maurer kalkuliert mit nachstehenden Zuschlagssätzen (alle Resultate auf 5 Rp. runden).

Gemeinkosten vom Einstandspreis	30%
Reingewinn von den Selbstkosten	20%
Skonto	2%
Wiederverkaufsrabatt	40%

a) Wie gross ist der Gesamtzuschlag vom Einstandspreis bis zum Bruttoverkaufspreis in Prozenten des Einstandspreises?

b) Zu welchem Preis wird ein neuer Artikel mit einem Einstandspreis von Fr. 8.– angeboten?

c) Wie gross ist der Einstandspreis eines Artikels, der im Laden für Fr. 79.– angeboten wird?

Kalkulation im Handel

33.24
Welche Grössen werden durch die aufgeführten Kalkulationsschritte ermittelt?

Nr.	Berechnung	Grösse (Ergebnis)
1	Bruttogewinn in % des Nettoerlöses	
2	Gemeinkosten + Reingewinn	
3	Nettoerlös + Skonto	
4	Rechnungsbetrag + Rabatt	
5	Selbstkosten + Reingewinn	
6	Nettoerlös - Einstandspreis	
7	Bruttogewinn – Gemeinkosten	
8	Bruttoverkauf - Rabatt	
9	Einstandspreis + Gemeinkosten	
10	Nettoerlös - Bruttogewinn	
11	Rechnungsbetrag - Skonto	
12	Nettoerlös – Reingewinn	
13	Selbstkosten – Einstandspreis	

33.25
Der Erfolgsrechnung der Handelsunternehmung Zinsli AG kann entnommen werden, dass sie mit einem Bruttogewinnzuschlag von 50% und einem Reingewinnzuschlag von 20% rechnet.

Wie gross ist der Nettoerlös, wenn die Gemeinkosten Fr. 88 000.– betragen?

33.26

Für eine Maschine zur Herstellung von Butter zahlt ein Zwischenhändler in Zürich beim Lieferanten Fr. 488 160.– inkl. 8% MWST. Weil es sich bei der Maschine um ein letztjähriges Modell handelt, gewährt der Lieferant 15% Sonderrabatt und bei Zahlung innert 20 Tagen einen Skonto von 2% (MWST ist bereits abgezogen, alle Resultate sind auf 5 Rp. zu runden).

a) Wie hoch ist der Einstandspreis der Maschine, wenn der Händler die Rechnung sofort begleicht?

Der Zwischenhändler errechnet den Nettoerlös für die Buttermaschine mit einem Bruttogewinnzuschlag von 30% auf dem Einstandswert. Zur Ermittlung des Katalogpreises werden für Verkaufssonderkosten 5% einkalkuliert und bei Zahlung innert zehn Tagen wird dem Käufer ein Skonto von 3% gewährt.

b) Mit welchem Nettoerlös rechnet der Zwischenhändler?

c) Zu welchem Bruttoverkaufspreis offeriert der Händler die Maschine an einen ostschweizerischen Butterhersteller, wenn er gemäss obigen Angaben kalkuliert und die MWST von 8% einrechnet?

d) Wie gross ist die Banküberweisung der Molkerei aus der Ostschweiz für die Zahlung der Buttermaschine, wenn sie vom Skonto Gebrauch macht?

33.27

R. Huggenberger importiert Darjeeling Highland Tea, der in Kartonboxen zu 20 Beuteln geliefert wird, für GBP 2 800.–/100 000 Teebeutel.

a) Wie hoch ist der Einstandspreis je Box bei einem Kurs von 1.45, wenn für Bezugskosten wie Transport, Versicherung und Zoll noch CHF 400.–/100 000 Teebeutel anfallen (auf Rappen genau)?

b) Berechnen Sie für die Offerte an einen Grosskunden den Bruttoverkaufspreis je 100 Boxen inkl. 2,5% MWST, wenn ein Rabatt von 10% und ein Skonto von 2% gewährt werden sollen und der Bruttogewinnzuschlag 15% beträgt (auf 5 Rappen genau).

33.28

Die Torelli & Co. kauft Velozubehör in Italien ein und rechnet mit durchschnittlich 10% Bezugskosten auf dem Ankaufspreis beim Lieferanten.

a) Wie hoch ist der Einstandspreis in CHF für eine Sendung, wenn dem Lieferanten EUR 1 250.– überwiesen werden? Kurs 1.25.

b) Wie hoch ist der Verkaufspreis inklusive 8% MWST für ein Hinterrad mit Fr. 60.– Einstandspreis, wenn die Torelli & Co. mit einem Bruttogewinnzuschlag von 50% rechnet und einen Rabatt von 10% im Verkaufspreis einkalkuliert?

c) Wie hoch ist der Einstandspreis für eine Ledersaccoche, die im Laden mit Fr. 162.– (inkl. MWST) angeschrieben ist?

Kalkulation im Handel

33.29

Trennen Sie die Lernkarten entlang der Perforation, und üben Sie anschliessend die verschiedenen Begriffe und Fragen zur Kalkulation. Die grauen Vorderseiten enthalten als Aufgabenstellung die Fragen, die blauen Rückseiten die Lösung. Die Aufgabe umfasst zwei Doppelseiten.

Was versteht man unter Bruttogewinnzuschlag?

Nettoerlös
./. Selbstkosten
= ?

Einstandswert
+ Bruttogewinn
= ?

Einstandswert
+ Gemeinkosten
= ?

Selbstkosten
+ Reingewinn
= ?

Bruttogewinn
./. Reingewinn
= ?

Selbstkosten
./. Warenaufwand
= ?

Was versteht man unter Reingewinnzuschlag?

Was versteht man unter Gemeinkostenzuschlag?

Nettoerlös
./. Warenaufwand
= ?

Was versteht man unter Bruttogewinnmarge (auch Bruttogewinnquote)?

Nettoerlös
+ Skonto
= ?

Bruttoverkaufspreis, Listenpreis
./. Rabatt
= ?

$$\frac{\text{Bruttoverkaufspreis} \cdot 108{,}0\%}{100\%}$$

Gemeinkosten
+ Reingewinn
= ?

Kalkulation im Handel — Aufgabe 29

Nettoerlös	Reingewinn	Bruttogewinn in % des Warenaufwandes (Einstand)
Gemeinkosten	Nettoerlös	Selbstkosten
Gemeinkosten in % des Warenaufwandes (Einstand)	Reingewinn in % der Selbstkosten	Gemeinkosten
Rechnungsbetrag (Faktura)	Bruttogewinn in % des Nettoerlöses	Bruttogewinn
Bruttogewinn	Bruttoverkaufspreis inklusive MWST	Rechnungsbetrag (Faktura)

Kalkulation im Handel — Aufgabe 29

Selbstkosten ./. Gemeinkosten = ?	Personalkosten + Raumkosten + Abschreibungen + Übrige Betriebskosten (ohne Warenkosten) = ?	Bruttoverkaufspreis ./. Rabatt ./. Skonto = ?
Gemeinkosten ./. Bruttogewinn (GK > BG) = ?	Rechnungsbetrag + Rabatt = ?	Wie lautet bei der Einzelkalkulation ein Synonym für Zahlung?
Wie lautet ein Synonym für Rechnungsbetrag?	Wie lautet ein Synonym für Einstandswert der verkauften Waren?	Welche Informationen aus der Gesamtkalkulation werden für die Einzelkalkulation benötigt?
Welchem Zweck dient die Einzelkalkulation?	Worin liegt der Unterschied zwischen Vorsteuer und Umsatzsteuer bei der MWST?	Ankaufspreis beim Lieferanten + Bezugskosten = ?
Wie heisst die Kalkulation, wenn vom kleinen zum grossen Wert gerechnet wird?	Wie lautet ein Synonym für Verkaufsumsatz?	Wie lautet ein Synonym für Listenpreis?

Kalkulation im Handel — Aufgabe 29

Nettoerlös (Zahlung)	Gemeinkosten	Warenaufwand (Einstandswert)
Nettoerlös, Nettoverkaufspreis	Bruttoverkaufspreis, Listenpreis	Reinverlust
In der Gesamtkalkulation werden die Zuschlagssätze für die Einzelkalkulation ermittelt.	Warenaufwand	Faktura(wert) oder Fakturabetrag
Einstandspreis	Die Umsatzsteuer ist die auf dem Verkaufsumsatz geschuldete MWST, die Vorsteuer die auf den Lieferungen und Leistungen bezahlte MWST.	Der Ermittlung der Selbstkosten und des Nettoerlöses für eine Leistung oder einen Artikel
Bruttoverkaufspreis	Nettoerlös(umsatz)	Aufbauende Kalkulation

Anhang 1 Fallbeispiel

Peter Heim ist ein unabhängiger Versicherungsberater in Herisau, der kleine und mittlere Unternehmungen (KMU) sowie Privatpersonen in Versicherungsfragen berät.

Als erste Dienstleistung klärt er die Versicherungswünsche und -bedürfnisse eines Kunden ab. Wenn diese feststehen, sucht er auf Wunsch der Kunden die günstigste Versicherungsgesellschaft. Die entsprechenden Versicherungsverträge werden zwischen den Versicherungsgesellschaften und den Versicherten abgeschlossen; Peter Heim ist nicht Vertragspartner.[1]

Peter Heim wird für seine Tätigkeiten wie folgt entschädigt:

▷ Für fachmännische Beratungen ohne Versicherungsabschluss kann er den Kunden Rechnung stellen.

▷ Kommt durch seine Vermittlung ein Versicherungsvertrag zustande, zahlen die Versicherungsgesellschaften eine einmalige Abschluss-Provision, und auf den laufenden Versicherungsverträgen erhält er jährlich wiederkehrende Folge-Provisionen.[2]

Aufgaben

a) Führen Sie die Buchhaltung der Einzelunternehmung Peter Heim für das erste Quartal des Jahres 20_4 mit **EasyAccounting:**

▷ Der Kontenplan ist bereits erfasst und auf EasyAccounting unter **Fall zu Band 1** hinterlegt. Die Eröffnung des Geschäftsjahres 20_4 ist schon verbucht.

▷ Die folgenden Geschäftsfälle der Monate Januar bis März 20_4 sind zu verbuchen. Für die blau geschriebenen Geschäftsfälle sind vor der Verbuchung zuerst die auf den nächsten Seiten abgebildeten Originalbelege zu kontieren. Mehrwertsteuer vernachlässigen.

▷ Erstellen Sie einen provisorischen Quartalsabschluss.

b) Weshalb ist der ausgewiesene Quartalserfolg nur bedingt aussagekräftig?

---

[1] Der Fachausdruck für diese Tätigkeit heisst **Makler.** Ein Makler vermittelt nur zwischen den Vertragswilligen; er ist nie selbst Vertragspartner. Ein anschauliches Beispiel für einen Makler ist der Heiratsvermittler, der ja nicht selbst heiratet, sondern nur Heiratswillige zusammenführt.

[2] Eine Provision ist eine unter Kaufleuten übliche Bezeichnung für eine Vergütung, die meist in Prozenten des Umsatzes berechnet wird.

Anhang 1

Geschäftsfälle 20_4

Datum	Geschäftsfall	Beleg Nr.	Betrag
3. 1.	Bankbelastung für den Mietzins des 1. Quartals	1	
14. 1.	Gutschriftsanzeige der RegioBank für eine Kundenzahlung	2	1 700.–
16. 1.	Kauf eines Druckers bei IT-Shop	3	
19. 1.	Rechnung für die Versicherungsberatung von Medicus GmbH	4	
22. 1.	Rechnung der Swisscom für Telefon und Internet	5	730.40
26. 1.	Lohnbezug von Peter Heim durch Banküberweisung	6	6 000.–
29. 1.	Bankgutschrift für Abschluss-Provisionen der Life-Versicherungsgesellschaft[1]	7	6 620.–
1. 2.	Rechnung der Druckerei Koller AG für Prospekte	8	591.80
10. 2.	Bankgutschrift für Folge-Provisionen der Patienta-Krankenkasse[1]	9	5 950.90
15. 2.	Rechnung der Petrolia Tankstelle AG für Benzinbezüge	10	185.10
18. 2.	Belastungsanzeige der RegioBank für Zahlung an IT-Shop	11	1 080.–
22. 2.	Rechnung der Swisscom für Telefon und Internet	12	645.60
23. 2.	Bankgutschrift für das Inkasso von Zinsen	13	
26. 2.	Lohnbezug von Peter Heim durch Banküberweisung	14	6 000.–
2. 3.	Rechnung der Fiduzia-Treuhand GmbH für die Buchführung	15	1 200.–
5. 3.	Rechnung der Touring-Garage AG für Autoservice	16	623.30
7. 3.	Bankbelastung für Überweisungen an Kreditoren	17	1 562.70
8. 3.	Beim Umstellen des Büros fällt der Flachbildschirm auf den Boden und wird zerstört. Der Bildschirm war noch mit einem Buchwert von Fr. 1300.– im Anlagevermögen enthalten.	18	1 300.–
8. 3.	Rechnung für den Kauf eines Flachbildschirms bei IT-Shop	18	2 830.–
11. 3.	Bankgutschrift für Abschluss-Provisionen der Bâloise[1]	19	13 514.40
16. 3.	Bankbelastung für den Kauf von Aktien	20	
17. 3.	Rechnung des Elektrizitätswerks für Strombezüge	21	180.–
22. 3.	Rechnung der Swisscom für Telefon und Internet	22	716.20
25. 3.	Rechnung des Strassenverkehrsamtes für die Motorfahrzeugsteuer	23	
26. 3.	Lohnbezug von Peter Heim durch Banküberweisung	24	6 000.–
27. 3.	Bankbelastung für Überweisungen an Kreditoren	25	2 030.70
28. 3.	Rechnung von Restaurant Alpenstübli für Geschäftsessen	26	

[1] Die Provisionszahlungen werden verbucht, sobald die Bankgutschrift erfolgt ist. Für den Verkehr mit den Versicherungsgesellschaften werden keine Debitorenkonten geführt.

Bank Appenzell Ausserrhoden
Filiale Herisau   Bahnhofstr. 7, 9100 Herisau

Peter Heim
Versicherungsberatung
Säntisstrasse 32
9100 Herisau

Datum	3. Januar 20_4
Auftrags-Nr.	746-005-00146-0017
Konto	33-HE-4147
Währung	CHF
Valuta	3. Januar 20_4

Belastungsanzeige

Total	CHF 3 300.–
Mitteilungen:	
Mietzinszahlung zugunsten von:	
Immobilia AG Im Gern 9042 Speicher	

Ohne manuelle Ergänzung gültig ohne Unterschrift

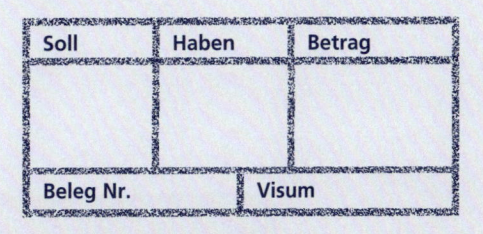

Soll	Haben	Betrag
Beleg Nr.	Visum	

9100 Herisau, 16. Januar 20_4

IT-Shop AG

Rechnung

Sie haben heute bei uns abgeholt:

1 HP 66GX Drucker, Kopierer, Fax, Scanner	Fr. 820.–
4 Ersatzpatronen für Drucker	Fr. 180.–
Total exkl. MWST	Fr. 1 000.–
+ MWST 8%	Fr. 80.–
Total inkl. MWST	**Fr. 1 080.–**

Druckerkabel gratis.

Wir danken für Ihren Auftrag und bitten um Überweisung des Betrags mit beiliegendem Einzahlungsschein innert 30 Tagen netto.

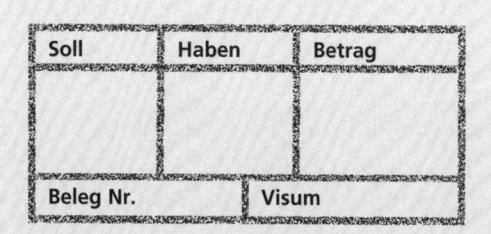

Soll	Haben	Betrag
Beleg Nr.	Visum	

IT-Shop AG, Kantonsstrasse 22, 9100 Herisau, MWST-Nr. 503 929

Peter Heim
Versicherungsberatung

9100 Herisau, 19. Januar 20_4

Medicus GmbH
Hauptstrasse 23
9064 Hundwil

Honorarrechnung

Für die im Januar 20_4 durchgeführte Versicherungsberatung erlaube ich mir, Ihnen wie folgt Rechnung zu stellen:

Honorar	Fr. 900.–
+ MWST 8%	Fr. 72.–
= Total	Fr. 972.–

Ich bitte Sie, diesen Betrag mit dem beiliegenden Einzahlungsschein innert 30 Tagen auf mein Konto Nr. 33-HE-4147 bei der Bank Appenzell Ausserrhoden in Herisau zu überweisen.

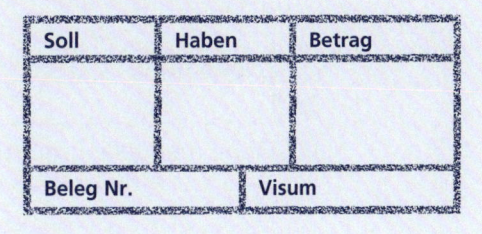

Soll	Haben	Betrag
Beleg Nr.	Visum	

Peter Heim   Versicherungsberatung
Säntisstrasse 32
9100 Herisau
MWST-Nr. 410622

Anhang 1

Bank Appenzell Ausserrhoden
Filiale Herisau   Bahnhofstr. 7, 9100 Herisau

BAA — Ihr Schlüssel zum ERFOLG

Peter Heim
Versicherungsberatung
Säntisstrasse 32
9100 Herisau

Datum	23. Februar 20_4
Abrechnungs-Nr.	A40001-009933
Konto	33-HE-4147
Währung	CHF
Valuta	23. Februar 20_4

Ertragsabrechnung

Für das Inkasso von Zinsen schreiben wir Ihnen gut:	
Schweizerische Eidgenossenschaft 20_1 bis 20_8	
Valor Nr. 001107734	
Zinstermin 23. Februar	
Zinsfuss 4% p. a.	
Nominalwert CHF 50 000.–	
Bruttoertrag	CHF 2 000.–
Verrechnungssteuer 35%	CHF 700.–
Nettoertrag	CHF 1 300.–

Ohne manuelle Ergänzung gültig ohne Unterschrift

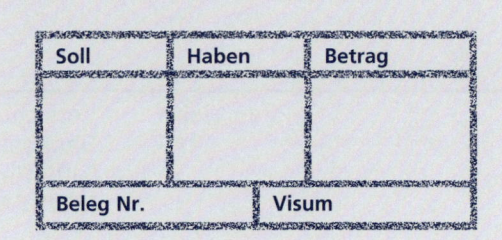

Soll	Haben	Betrag
Beleg Nr.	Visum	

Anhang 1

Bank Appenzell Ausserrhoden
Filiale Herisau   Bahnhofstr. 7, 9100 Herisau

BAA — Ihr Schlüssel zum **ERFOLG**

Peter Heim
Versicherungsberatung
Säntisstrasse 32
9100 Herisau

Datum	23. Februar 20_4
Auftrags-Nr.	BA00-1033-0064-0001
Konto	33-HE-4147
Depot	72-HE-6655
Effektenhändler	801100
Valuta	16. März 20_4

Effektenabrechnung

Ihr Kauf an der SWX:	
Namen-Aktien Nestlé SA (NESN)	
Valor Nr. 001205604	
50 Stück zum Kurs CHF 350.–	CHF 17 500.–
Spesen:	
Kommission	
Eidg. Abgaben	
Börsengebühr	CHF 175.–
Netto zu Ihren Lasten	CHF 17 675.–

Ohne manuelle Ergänzung gültig ohne Unterschrift

Über «Chancen und Risiken im Wertschriftengeschäft» klärt Sie unsere gleich lautende Broschüre auf.

Soll	Haben	Betrag
Beleg Nr.	Visum	

**Strassenverkehrsamt
des Kantons Appenzell Ausserrhoden**

Dorfplatz 5, 9043 Trogen

Rechnungsauskünfte:
Telefon 071 343 63 11

Trogen, 25. März 2004

Peter Heim
Versicherungsberatung
Säntisstrasse 32
9100 Herisau

Rechnung

Text	Tage	Betrag	Total
Kategorie 1, Kontrollschild: AR 88412 Audi, Stamm-Nr. 131.278.944, 2770 cm^3			
Jahresrechnung für Verkehrsabgabe vom 01.01.20_4 bis 31.12.20_4	365	525.00	525.00

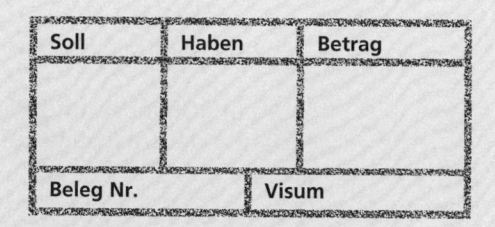

Soll	Haben	Betrag
Beleg Nr.		Visum

Beachten Sie bitte die beiliegenden Hinweise und den Einzahlungsschein.

Restaurant Alpenstübli

Inhaberin Rosa Alder   Alpsteinweg 7   9107 Urnäsch

Gans besonders gut!

Herr Peter Heim
Versicherungsberatung
Säntisstrasse 32
9100 Herisau

Urnäsch, 28. März 2004

Rechnung

Wir danken für Ihren Besuch und erlauben uns, Ihnen für das gestrige Geschäftsessen wie folgt Rechnung zu stellen:

3 x Fois gras	24.00	72.00
3 x Magret de canard	46.00	138.00
3 x Dessertwagen	14.00	42.00
3 Glas Sauternes	12.50	37.50
1 Flasche Syrah	75.00	75.00
3 x Kaffee	4.00	12.00
Total inkl. 8,0% MWST		**376.50**

MWST-Nr. 287 744

Soll	Haben	Betrag
Beleg Nr.	Visum	

Anhang 2   Fachwörterverzeichnis (Glossar)

Fachwort	Erklärung
Abbauende Kalkulation	Kalkulation vom grossen zum kleinen Betrag, z. B. vom Nettoerlös zum Einstand.
Abschreibung	Buchhalterische Erfassung von Wertverminderungen, v. a. auf Sachanlagen.
Aktiengesellschaft	Rechtsform für eine Gesellschaft, bei welcher das Eigenkapital bei der Gründung durch einen oder mehrere Aktionäre aufgebracht wird und die Haftung auf das Gesellschaftsvermögen beschränkt ist.
Aktiven	Sollseite der Bilanz. Vermögen.
Anlagevermögen	Vermögensteile, die der Unternehmung für lange Zeit (länger als ein Jahr) zur Nutzung bereitstehen.
Aufbauende Kalkulation	Kalkulation vom kleinen zum grossen Betrag, z. B. vom Einstand zu Nettoerlös.
Aufwand	Durch den Umsatzprozess (Leistungserstellung und -veräusserung) verursachte Vermögensabnahmen oder Schuldenzunahmen.
Ausserordentliche Aufwände und Erträge	Aufwände und Erträge aus ungewöhnlichen, seltenen, nicht wiederkehrenden Ereignissen.
Bank	Kurzfristiges Guthaben oder kurzfristige Schuld bei einer Bank, meist in Form eines Kontokorrents.
Bestandesrechnung	Bilanz.
Betriebsfremde Aufwände und Erträge	Aufwände und Erträge, die aus nicht betriebstypischen Tätigkeiten entstehen.
Bezugskosten	Beim Kauf von Waren oder Anlagevermögen entstehende Kosten für Transport, Versicherung oder Zoll.
Bilanz	Gegenüberstellung von Aktiven und Passiven zu einem bestimmten Zeitpunkt.
Bilanzsumme	Total der Aktiven = Total der Passiven.
Briefkurs	Verkaufskurs.
Bruttogewinn	Im Handel die Differenz zwischen Warenertrag (Nettoerlös) und Warenaufwand (Einstandswert).
Bruttogewinnmarge (Bruttogewinnquote)	Bruttogewinn in Prozenten des Warenertrages (Nettoerlöses).
Bruttogewinnzuschlag	Bruttogewinn in Prozenten des Warenaufwands (Einstand).
Buchungssatz	Kurzform zur Darstellung der Verbuchung eines Geschäftsfalls. Besteht aus Sollkonto, Habenkonto und Betrag.
Darlehen	Meist Darlehensschuld. Fester, langfristiger Kredit.
Debitor VSt	Guthaben aus Verrechnungssteuer gegenüber den Steuerbehörden.

Anhang 2

Fachwort	Erklärung
Debitoren	Forderungen gegenüber Kunden. Offene (noch nicht bezahlte) Kundenrechnungen.
Devisenkurs	Wechselkurs für Buchgeld (z.B. Konten in fremder Währung, Checks, Kreditkartenzahlungen).
Dividenden	Gewinnausschüttungen an die Teilhaber von Kapitalgesellschaften (z.B. an die Aktionäre).
EasyAccounting	Elektronisches Buchhaltungsprogramm unter www.verlagskv.ch/EasyAccounting.
Eigenkapital	Reinvermögen. Überschuss des Vermögens (Aktiven) über die Schulden (Fremdkapital).
Einstandspreis	Ankaufspreis für Waren inkl. Bezugskosten.
Einzelkalkulation	Ermittlung der Kosten und des Verkaufspreises für einen Artikel bzw. eine Leistung.
Einzelunternehmung	Rechtsform für eine Unternehmung, bei der das Eigenkapital durch den unbeschränkt haftenden Inhaber aufgebracht wird.
Erfolg	Oberbegriff für Gewinn oder Verlust. Saldo der Erfolgsrechnung. Differenz zwischen Aufwand und Ertrag.
Erfolgsrechnung	Gegenüberstellung von Aufwand und Ertrag eines Zeitraums (z.B. ein Jahr).
Ertrag	Durch den Umsatzprozess (Leistungserstellung und -veräusserung) verursachte Vermögenserhöhungen oder Schuldenabnahmen.
Fertigfabrikate	Von einem Fabrikationsbetrieb hergestellte und zum Verkauf bestimmte Erzeugnisse.
Fremdkapital	Schulden. Verbindlichkeiten gegenüber Dritten.
Geldkurs	Kaufkurs.
Gemeinaufwand, Gemeinkosten	Aufwand (Kosten), der nicht direkt einem einzelnen Produkt zugerechnet werden kann, sondern gemeinsam für mehrere Produkte entsteht. Beispiele: Raumaufwand, Verwaltungsaufwand, Zinsaufwand.
Gesamtkalkulation	Ermittlung der Kosten für alle Produkte oder Leistungen zusammen.
Gewinn	Positiver Erfolg. Ertrag ist grösser als Aufwand.
Gewinnvortrag	Nicht ausgeschütteter Gewinnrest aus dem Vorjahr. Teil des Eigenkapitals, vor allem bei der Aktiengesellschaft.
GmbH	Gesellschaft mit beschränkter Haftung. Rechtsform für eine Gesellschaft, bei der das Eigenkapital (Stammkapital) bei der Gründung durch eine oder mehrere Personen aufgebracht wird und die Haftung auf das Gesellschaftsvermögen beschränkt ist.
Haben	Rechte Seite eines Kontos.
Hauptbuch	Gesamtheit aller Konten.
Hypothek	Grundpfandgesichertes Darlehen.
Immobilien	Liegenschaften (Land, Gebäude, Stockwerkeigentum).
Inventar	Detailliertes Verzeichnis aller Vermögens- und Schuldenteile zu einem bestimmten Zeitpunkt.
Inventur	Inventaraufnahme (Tätigkeit).
Investition	Einkleidung von finanziellen Mitteln in andere Vermögenswerte, zum Beispiel Kauf einer Maschine.

Fachwort	Erklärung
Journal	Chronologische (zeitlich geordnete) Aufzeichnung aller Buchungen. Besteht aus Datum, Soll- und Habenbuchung, Text sowie Betrag.
Kalkulation	Berechnung von Kosten und Preisen bzw. Erösen.
Kapital	Passiven. Habenseite der Bilanz.
Kapital X	Kapitaleinlage von Gesellschafter/in X (bei einer Kollektivgesellschaft)
Kaufkurs (von Fremdwährungen)	Geldkurs. Preis für den Kauf von fremden Währungen aus der Sicht der Bank.
Kollektivgesellschaft	Rechtsform für eine Gesellschaft, bei der das Eigenkapital durch mindestens zwei unbeschränkt haftende Teilhaber aufgebracht wird.
Konto	Zweiseitige Rechnung für die Verbuchung von Geschäftsfällen. Linke Seite = Soll, rechte Seite = Haben.
Kontokorrent	Konto bei der Bank oder Post, bei dem sich der Saldo mit jedem Geschäftsfall laufend verändert.
Kreditor VSt	Schulden aus Verrechnungssteuern gegenüber der eidg. Steuerverwaltung.
Kreditoren	Offene (noch nicht bezahlte) Rechnungen, vor allem gegenüber Lieferanten. Kurzfristige Schulden.
Kurs (von Fremdwährungen)	Preis in Schweizer Franken für 1 oder 100 fremde Währungseinheiten.
Liquide Mittel	Zusammenfassung kurzfristig verfügbarer Zahlungsmittel wie Kasse, Post und Bank.
Liquidität	Fähigkeit, die Zahlungsverpflichtungen rechtzeitig erfüllen zu können.
Listenpreis	Verkaufspreis gemäss Preisliste. Bruttoverkaufspreis.
Marge	Differenz zwischen zwei Grössen, ausgedrückt in Prozenten des oberen Wertes.
Marchzins	Zins für einen Bruchteil des Jahres.
Mehrstufige Erfolgsrechnung	Erfolgsrechnung in mehreren Stufen zur differenzierten Analyse der unternehmerischen Tätigkeit.
Mehrwertsteuer, MWST	Indirekte Bundessteuer auf dem von den Unternehmungen geschaffenen Mehrwert.
Mobiliar	Büromöbel, Einrichtungen.
Mobilien	Oberbegriff für Mobiliar, EDV-Anlagen, Büromaschinen und manchmal Fahrzeuge.
Nettoerlös	Bruttoerlös ./. Erlösminderungen. Aus dem Verkauf von Produkten und Leistungen netto resultierender Betrag.
Nettomethode (MWST)	Die MWST auf den laufenden Einkäufen und Verkäufen wird sofort verbucht. Die Umsatzkonten zeigen die Beträge ohne MWST, d.h. netto.
Neutraler Aufwand und Ertrag	Oberbegriff für betriebsfremde und ausserordentliche Aufwände und Erträge.
Notenkurs	Wechselkurs für Noten und Münzen.
Passiven	Habenseite der Bilanz. Kapital.
Rabatt	Preisermässigung.

Fachwort	Erklärung
Reingewinn	Gewinn.
Reinvermögen	Eigenkapital. Aktiven abzüglich Schulden.
Rentabilität, Rendite	Prozentuales Verhältnis zwischen Ergebnis und Kapitaleinsatz.
Rentabilität des Eigenkapitals	Gewinn in Prozenten des Eigenkapitals.
Reserven	Zurückbehaltener (nicht ausgeschütteter) Gewinn. Teil des Eigenkapitals, vor allem bei Aktiengesellschaften.
Rohmaterial	Ausgangsstoffe zur Herstellung von Produkten im Fabrikationsbetrieb.
Rückstellungen	Schulden, die bezüglich Höhe oder Zeitpunkt des Eintritts unbestimmt sind.
Saldo	Rest in einem Konto oder bei einer Abrechnung. Ausgleichsbetrag zwischen Soll und Haben.
Saldomethode, Saldosteuersatz (MWST)	Besteuerung des Verkaufsumsatzes mittels eines branchenabhängigen Saldosteuersatzes. Ein Vorsteuerabzug ist nicht möglich.
Saldovortrag	Der aus der Vorperiode übernommene Bestand (Saldo) eines Aktiv- oder Passivkontos. Der Anfangsbestand der laufenden Periode entspricht dem Schlussbestand der Vorperiode.
Schulden	Fremdkapital. Verbindlichkeiten gegenüber Dritten.
Skonto	Abzug für frühzeitige Zahlung.
Soll	Linke Seite eines Kontos.
Storno, Stornierung	Rückgängig machen einer falschen Buchung durch eine zusätzliche umgekehrte Buchung.
Umlaufvermögen	Flüssige Mittel und Vermögensteile, die innerhalb eines Jahres zur Umwandlung in flüssige Mittel bestimmt sind.
Umsatz	Nettoerlös, Warenertrag, Verkaufserlös.
Umsatzsteuer (MWST)	Auf den Verkäufen geschuldete MWST.
Usanz	Brauch, Gepflogenheit im Geschäftsverkehr. Vgl. Zinsusanz.
Valuta	Für die Zinsberechnung massgebliches Datum.
Vereinbartes Entgelt (MWST)	Die MWST wird aufgrund der Rechnungen erhoben.
Vereinnahmtes Entgelt (MWST)	Die MWST wird aufgrund der Zahlungen erhoben.
Verkaufskurs (von Fremdwährungen)	Briefkurs. Preis für den Verkauf von fremden Währungen aus der Sicht der Bank.
Verlust	Negativer Erfolg. Aufwand ist grösser als Ertrag.
Verlustvortrag	Verlust, der auf die nächste Periode übertragen wird. Wertberichtigungskonto zum Eigenkapital.
Vermögen	Aktiven. Sollseite der Bilanz.
Verrechnungssteuer	Steuer des Bundes von 35% auf dem Ertrag von beweglichem Kapitalvermögen (z.B. auf Zins- und Dividendenerträgen).

Fachwort	Erklärung
Vorsteuer (MWST)	Bei Käufen abzugsberechtigte MWST.
Warenaufwand, Warenkosten	Einstandswert der verkauften Waren. Verbrauch von Warenvorräten.
Wertschriften	Zur Kapitalanlage geeignete Wertpapiere wie Aktien oder Obligationen. Je nach ihrem Charakter als Umlauf- oder Anlagevermögen zu bilanzieren.
Zins	Preis für die vorübergehende Kapitalüberlassung.
Zinsfuss	Jahreszins in Prozenten des Kapitals.
Zinsusanz	Bei Banken übliche Art, die Tage zu berechnen. Am bekanntesten sind die deutsche, englische und französische Zinsusanz.
Zuschlagssatz	Bei der (aufbauenden) Kalkulation verwendeter prozentualer Zuschlag.

Anhang 3 Kontenrahmen KMU

Schweizer Kontenrahmen für kleine und mittlere Unternehmen in Produktion, Handel und Dienstleistung von Sterchi, Mattle, Helbling (Auszug für Schulzwecke)

1	Aktiven
10	**Umlaufvermögen**
100	**Flüssige Mittel**
1000	Kasse
1010	Post
1020	Bank
1050	Kurzfristige Geldanlagen
1060	Wertschriften
110	**Forderungen**
1100	Debitoren (Forderungen aus Lieferungen und Leistungen)
1109	*Delkredere (Wertberichtigung Debitoren)*[1]
1140	Vorschüsse und Darlehen
1170	Debitor Vorsteuer (MWST)
1176	Debitor VSt (Verrechnungssteuer)
120	**Vorräte**
1200	(Handels-)Waren
1210	Rohmaterial
1260	Fertige Erzeugnisse
1270	Unfertige Erzeugnisse
1280	Nicht fakturierte Dienstleistungen
130	**Aktive Rechnungsabgrenzung**
1300	Aktive Rechnungsabgrenzung (Transitorische Aktiven)
14	**Anlagevermögen**
140	**Finanzanlagen**
1440	Aktivdarlehen
1480	Beteiligungen
150	**Mobile Sachanlagen**
1500	Maschinen, Apparate
1509	*Wertberichtigung*[1]
1510	Mobiliar, Einrichtungen
1520	Büromaschinen, Informatik, Kommunikation
1530	Fahrzeuge
1540	Werkzeuge, Geräte
160	**Immobile Sachanlagen**
1600	Immobilien (Liegenschaften)
1609	*Wertberichtigung*[1]
170	**Immaterielle Anlagen**
1700	Patente, Lizenzen

2	Passiven
20	**Fremdkapital**
200	**Kurzfristiges Fremdkapital**
2000	Kreditoren (Verbindlichkeiten aus Lieferungen und Leistungen)
2100	Bank
2200	Kreditor Umsatzsteuer (MWST)
2206	Kreditor VSt (Verrechnungssteuer)
2260	Dividenden
2270	Kreditoren Sozialversicherungen
2300	Passive Rechnungsabgrenzung (Transitorische Passiven)
2330	Kurzfristige Rückstellungen
240	**Langfristiges Fremdkapital**
2400	Bankdarlehen
2430	Obligationenanleihen
2450	Passivdarlehen
2451	Hypotheken
2600	Langfristige Rückstellungen
28	**Eigenkapital**[2]
	Einzelunternehmung
2800	Eigenkapital
2850	Privat
	Aktiengesellschaft
2800	Aktienkapital
2900	Gesetzliche Kapitalreserve
2950	Gesetzliche Gewinnreserve
2960	Freiwillige Gewinnreserven
2970	Gewinnvortrag

Anhang 3

Betriebsertrag aus Lieferungen und Leistungen

- 00 Ertrag aus dem Verkauf von Erzeugnissen (Produktionserlös)
- 30 Bestandesänderungen an unfertigen und fertigen Erzeugnissen
- 00 Warenertrag (Handelserlös)
- 00 Dienstleistungsertrag
- 00 *Debitorenverluste (Verluste aus Forderungen)*

Aufwand für Material, Waren und Dienstleistungen

- 00 Materialaufwand
- 00 Warenaufwand
- 00 Aufwand für Drittleistungen

Personalaufwand

- 00 Lohnaufwand
- 00 Sozialversicherungsaufwand
- 00 Übriger Personalaufwand

Übriger Betriebsaufwand sowie Zinsen

- 00 Raumaufwand/Mietaufwand
- 00 Unterhalt und Reparaturen
- 00 Fahrzeugaufwand
- 00 Versicherungsaufwand
- 00 Energie- und Entsorgungsaufwand
- 00 Verwaltungsaufwand
- 00 Werbeaufwand
- 00 Sonstiger Betriebsaufwand
- 00 Abschreibungen
- 00 Zinsaufwand (Finanzaufwand)
- 50 Zinsertrag (Finanzertrag)

7 Betrieblicher Nebenerfolg

- **740 Wertschriften-/Beteiligungserfolg**
- 7400 Wertschriftenertrag
- 7410 Wertschriftenaufwand
- 7450 Beteiligungsertrag
- 7460 Beteiligungsaufwand
- **750 Liegenschaftserfolg**
- 7500 Liegenschaftsertrag
- 7510 Liegenschaftsaufwand

8 Neutraler Erfolg

- 8000 Betriebsfremder Aufwand
- 8100 Betriebsfremder Ertrag
- 8500 Ausserordentlicher Aufwand[3]
- 8600 Ausserordentlicher Ertrag
- 8900 Direkte Steuern[4]

9 Abschluss

- 9000 Erfolgsrechnung
- 9100 Bilanz

---

[1] Wertberichtigungsposten sind auch bei anderen Aktiven möglich. Für Wertberichtigungskonten wird an der vierten Stelle jeweils die Ziffer 9 verwendet.

[2] Das Eigenkapital wird je nach Rechtsform unterschiedlich gegliedert.

[3] Ausserordentlich umfasst hier als Oberbegriff auch die vom Obligationenrecht genannten einmaligen oder periodenfremden Ereignisse.

[4] Bei der Aktiengesellschaft als juristischer Person werden auf diesem Konto die direkten Steuern verbucht. Bei der Einzelunternehmung ist der Steueraufwand der natürlichen Person des Inhabers/der Inhaberin auf dem Privatkonto zu buchen.

Im **Kontenrahmen KMU** wurden die Kontennummern in den Kontenklassen 3 bis 8 so gewählt, dass sich problemlos eine mehrstufige Erfolgsrechnung in Berichtsform nach dem Gesamtkostenverfahren (sogenannte Produktions-Erfolgsrechnung) gemäss folgendem Muster erstellen lässt (Kontenklassen bzw. Kontengruppen in der hintersten Spalte).

Erfolgsrechnung

	Nettoerlöse aus Lieferungen und Leistungen	3
+/−	Bestandesänderungen an unfertigen und fertigen Erzeugnissen bzw. nicht fakturierten Dienstleistungen	3
=	**Betrieblicher Ertrag aus Lieferungen und Leistungen**	
./.	Material- und Warenaufwand sowie Aufwand für Drittleistungen	4
./.	Personalaufwand	5
./.	Übriger Betriebsaufwand (ohne Abschreibungen und Zinsen)	60–67
=	**Betriebsergebnis vor Zinsen, Steuern und Abschreibungen (EBITDA)**[1]	
./.	Abschreibungen	68
=	**Betriebsergebnis vor Zinsen und Steuern (EBIT)**	
+/−	Zinsaufwand und Zinsertrag (Finanzaufwand und Finanzertrag)	69
=	**Betriebsergebnis vor Steuern**	
+/−	Aufwand und Ertrag von Nebenbetrieben	7
+/−	Betriebsfremder Aufwand und Ertrag	8
+/−	Ausserordentlicher Aufwand und Ertrag	8
=	**Unternehmenserfolg vor Steuern**	
./.	Direkte Steuern	89
=	**Unternehmenserfolg**	

Je nach Branche und Anwendungsfall können noch Zwischenergebnisse hinzugefügt oder weggelassen werden.

---

[1] EBITDA = Earnings before Interest, Taxes, Depreciation and Amortization
  ▷ Interest = Zinsen
  ▷ Taxes = Steuern
  ▷ Depreciation = Abschreibung von materiellem Anlagevermögen
  ▷ Amortization = Abschreibung von immateriellem Anlagevermögen